华东政法大学
65周年校庆文丛编委会

主　任　曹文泽　叶　青
副主任　顾功耘　王　迁
委　员（以姓氏笔画为序）

马长山　王立民　朱应平　刘　伟　孙万怀
杜志淳　杜　涛　杨忠孝　李秀清　李　峰
肖国兴　吴新叶　何益忠　何勤华　冷　静
沈福俊　张明军　张　栋　陈金钊　陈　刚
林燕萍　范玉吉　金可可　屈文生　贺小勇
徐家林　高　汉　高奇琦　高富平　唐　波

华东政法大学65周年校庆文丛

金融犯罪的刑法治理
以刑法谦抑为视角

安曦萌 / 著

图书在版编目(CIP)数据

金融犯罪的刑法治理:以刑法谦抑为视角/安曦萌著. —北京:北京大学出版社,2017.10

ISBN 978-7-301-28845-0

Ⅰ.①金… Ⅱ.①安… Ⅲ.①金融犯罪—刑事政策—研究—中国 Ⅳ.①D924.334

中国版本图书馆 CIP 数据核字(2017)第 249898 号

书　　名	金融犯罪的刑法治理——以刑法谦抑为视角 JINRONG FANZUI DE XINGFA ZHILI——YI XINGFA QIANYI WEI SHIJIAO
著作责任者	安曦萌　著
责任编辑	朱梅全　杨丽明
标准书号	ISBN 978-7-301-28845-0
出版发行	北京大学出版社
地　　址	北京市海淀区成府路 205 号　100871
网　　址	http://www.pup.cn
电子信箱	sdyy_2005@126.com
新浪微博	@北京大学出版社
电　　话	邮购部 62752015　发行部 62750672　编辑部 021-62071998
印　刷　者	三河市博文印刷有限公司
经　销　者	新华书店
	730 毫米×1020 毫米　16 开本　14.5 印张　212 千字 2017 年 10 月第 1 版　2017 年 10 月第 1 次印刷
定　　价	42.00 元

未经许可,不得以任何方式复制或抄袭本书之部分或全部内容。
版权所有,侵权必究
举报电话: 010-62752024　电子信箱: fd@pup.pku.edu.cn
图书如有印装质量问题,请与出版部联系,电话: 010-62756370

崛起、奋进与辉煌

——华东政法大学65周年校庆文丛总序

2017年,是华东政法大学65华诞。65年来,华政人秉持着"逆境中崛起,忧患中奋进,辉煌中卓越"的精神,菁莪造士,棫朴作人。学校始终坚持将学术研究与育人、育德相结合,为全面推进依法治国做出了巨大的贡献,为国家、为社会培养和输送了大量法治人才。一代代华政学子自强不息,青蓝相接,成为社会的中坚、事业的巨擘、国家的栋梁,为社会主义现代化和法治国家建设不断添砖加瓦。

65年栉风沐雨,华政洗尽铅华,砥砺前行。1952年,华政在原圣约翰大学、复旦大学、南京大学、东吴大学、厦门大学、沪江大学、安徽大学、上海学院、震旦大学9所院校的法律系、政治系和社会系的基础上组建而成。历经65年的沧桑变革与辛勤耕耘,华政现已发展成为一所以法学为主,兼有政治学、经济学、管理学、文学、工学等学科,办学特色鲜明的多科性大学,人才培养硕果累累,科研事业蒸蒸日上,课程教学、实践教学步步登高,国际交流与社会合作事业欣欣向荣,国家级项目、高质量论文等科研成果数量长居全国政法院校前列,被誉为法学教育的"东方明珠"。

登高望远,脚踏实地。站在新的起点上,学校进一步贯彻落实"以人为本,依法治校,质量为先,特色兴校"的办学理念,秉持"立德树人,德法兼修"的人才培养目标,努力形成"三全育人"的培养管理格局,培养更多应用型、复合型的高素质创新人才,为全力推进法治中国建设和高等教育改革做出新的贡献!

革故鼎新,继往开来。65周年校庆既是华东政法大学发展史上的重要里程碑,更是迈向新征程开创新辉煌的重要机遇。当前华政正抢抓国家"双一流"建设的战略机遇,深度聚焦学校"十三五"规划目标,紧紧围绕学校综合改革"四梁八柱"整体布局,坚持"开门办学、开放办学、创新办学"发展理念,深化"教学立校、学术兴校、人才强校"发展模式,构建"法科一流、多科融合"发展格局,深入实施"两基地(高端法律及法学相关学科人才培养基地、法学及相关学科的研究基地)、两中心(中外法律文献中心、中国法治战略研究中心)、一平台('互联网+法律'大数据平台)"发展战略,进一步夯实基础、深化特色、提升实力。同时,华政正着力推进"两院两部一市"共建项目,力争能到本世纪中叶,把学校建设成为一所"国际知名、国内领先,法科一流、多科融合,特色鲜明、创新发展,推动法治文明进步的高水平应用研究型大学和令人向往的高雅学府"。

薪火相传,生生不息。65周年校庆既是对辉煌历史的回望、检阅,也是对崭新篇章的伏笔、铺陈。在饱览华政园风姿绰约、恢弘大气景观的同时,我们始终不会忘却风雨兼程、踏实肯干的"帐篷精神"。近些年来,学校的国家社科基金法学类课题立项数持续名列全国第一,国家社科基金重大项目和教育部重大项目取得历史性突破,主要核心期刊发文量多年位居前茅。据中国法学创新网发布的最新法学各学科的十强排名,学校在法理学和国际法学两个领域排名居全国第一。当然我们深知,办学治校犹如逆水行舟,机遇与挑战并存,雄关漫道,吾辈唯有勠力同心。

为迎接65周年校庆,进一步提升华政的学术影响力、贡献力,学校研究决定启动65周年校庆文丛工作,在全校范围内遴选优秀学术成果,集结成书出版。文丛不仅囊括了近年来华政法学、政治学、经济学、管理学、文学等学科的优秀学术成果,也包含了华政知名学者的个人论文集。这样的安排,既是对华政65华诞的贺礼,也是向广大教职员工长期以来为学校发展做出极大贡献的致敬。

65芳华,荣耀秋菊,华茂春松,似惊鸿一瞥,更如流风回雪。衷心祝愿华政铸就更灿烂的辉煌,衷心希望华政人做出更杰出的贡献。

华东政法大学65周年校庆文丛编委会

2017年7月

目 录

导言 001

第一章 刑法谦抑的内容与依据 003
第一节 刑法谦抑的基本内容 004
第二节 刑法谦抑的理论依据 011

第二章 金融犯罪概念与范畴 042
第一节 金融犯罪的概念:刑事立法的界定 043
第二节 金融犯罪的范畴:刑事司法的反馈 066

第三章 金融犯罪刑法治理的基础 095
第一节 金融犯罪的现状 095
第二节 金融犯罪刑法治理的影响因素 105

第四章 金融犯罪刑事政策的挑战 123
第一节 金融犯罪刑事政策的价值冲击:功利主义 124
第二节 金融犯罪刑事政策的现实影响:金融监管 147

第五章 刑法谦抑视野下的刑法规制:以证券犯罪为例 ... 167
第一节 证券犯罪刑事政策与刑法谦抑 167
第二节 内幕犯罪、泄露内幕信息罪与刑法谦抑 188

主要参考文献 217

导　言

目前，我国已经成为金融大国。截至2016年末，我国银行业金融机构资产达到232.25万亿元，较2012年末的133.62万亿元，增加将近100万亿元。我国正处于金融改革的关键时期，金融市场日渐开放、多元。于是，金融安全的保障至关重要。

如今，金融安全已经成为国家安全的重要组成部分，对于我国经济社会发展发挥着重要作用。同时，随着金融渗透在日常生活的点滴中，金融安全也为越来越多的人所关注。因此，如何保障金融安全，确保金融市场的良性发展，成为全社会关注的重点议题之一。

那么，作为金融市场中的公共服务提供者，刑法可以做些什么？

显然，时至今日，金融的发展已经远远超出刑法规范诞生之时所涵盖的情况，成文法自身的局限性使刑法越发有了僵化、保守之嫌。刑事法律的制度供应以及刑事司法的实践操作与金融市场的现实要求之间开始出现了种种难以避免的矛盾。在金融安全的现实需求给金融犯罪的防控带来的压力下，金融犯罪的刑法规制将面临变革。如何把握刑法参与金融市场规制的边界，就有了进一步探讨的必要性。

然而，刑罚作为最严厉的规制手段，也有着自身的优势和劣势。所以，人们已经形成了共识，应当谨慎使用刑罚。其中，谦抑是刑法领域的一个传统议题,它所发挥的正是保护人权、防止刑罚滥用的作用。同时,谦抑也是一个在当下社会有基础、有活力的思想主张,体现在诸多刑事立法与司法领域。因此,本文将以谦抑为基本视角,结合对金融犯罪的立法与司法的考察,探寻合理的刑法规制路径。

第一章　刑法谦抑的内容与依据

　　近代以来,人们逐渐认识到,即使是为了实现刑法目标,保护法益免受侵害或威胁,刑罚权的发动也不是接下来的必然步骤。毕竟,刑罚的程序一经发起,不仅需要动用人力、物力等社会资源,而且更重要的是,刑罚权毫无疑问地产生剥夺人权的后果。当然,权利剥夺在此情形下往往是合法的,背后有国家机器作为后盾,然而,姑且不论其间产生错误的概率、与之相伴的副作用,此种剥夺是否指向刑罚发动的目的,是否实现了立法与司法所追求的一般预防和特殊预防的效果?亦或是达到了何种程度的效果?遗憾的是,现实中解答这些问题依然艰难,甚至有意识地被忽视。刑罚背后的国家权力,如何合理介入法益保护,遏制其扩张的本性,一直是刑法研究者考虑的问题。因此,人们认为,应当对刑法的使用、刑罚的发起保持慎重的态度,防止刑罚权的滥用或过度扩张。正如有学者所总结的:"只有在具有不得不使用刑罚进行处罚的法益侵害或者威胁的时候,才可以将该行为作为犯罪,动用刑罚手段进行制裁。"[1]这就是人们所倡导的刑罚权发动的划界理念:"谦抑"。

---

[1] 黎宏:《日本刑法精义》,法律出版社2008年版,第36页。

第一节　刑法谦抑的基本内容

如今,刑法谦抑逐渐成为伴随刑法发展的一个不可或缺的话题。"谦抑思想或者谦抑主义,这一术语本身或许不太成熟,但其本意在对刑罚的行使必须抑制。毋庸置疑,虽然谦抑的问世本身要受时代、社会的制约,但在国家机构安定和各种价值观并存的多元化的社会状况下,谦抑思想则发挥着愈来愈重要的作用。可以说,其已不是适用于刑法某一部分的原理,而是贯穿全部刑事法领域的基本理念。"在刑法谦抑的标题下,学者们讨论如何克制、合理地运用刑罚手段。除了经常使用的刑法谦抑性之外,还有刑法谦抑原则、刑法谦抑主义、刑法谦抑思想、刑法谦抑理念、刑法的抑制性、刑法谦抑等称谓,亦具有各自的支持者。正如有学者提出的,称谓的不同并不能代表学者们在刑法谦抑认识上的本质差异。一方面,所谓的原则、主义、思想、观念等词汇原本的含义就十分模糊,内容弹性、解释空间富裕反而是这些词汇在现实生活中的优势所在,也是它们在各种场合被广为使用的原因之一;另一方面,这些词汇作为谦抑的后缀亦并不足以清晰地彰显彼此之间的差异,如果要在解释、推行刑法谦抑内容的时候刻意追求其内涵区别,无异于画蛇添足,给思想的传播人为增加难度。同时,学者们对刑法谦抑的大致认识一致,不存在明显的矛盾和争议,只是在具体的语境下侧重点有所不同,因此,笔者无意花费过多笔墨讨论这些用词上的争议,而是仅结合金融犯罪的预防和控制需要,选取刑法谦抑的某些面向进行分析和探讨。

一、刑法谦抑的内涵

对于社会运行而言,刑罚工具必不可少。可以说,刑罚的运用贯穿了整个人类的发展史。实际上，刑法谦抑是如何恰当地运用刑罚工具的理性思考。一般认为，刑法谦抑包括刑法的辅助性、刑法的片段性、刑法的宽容性三方面内容。

首先，刑法的辅助性，又称刑法的补充性，是指刑法作为犯罪预防和控制的最后手段。众所周知，刑法的任务可以概括为保护法益，采用的方法是禁止和惩罚侵犯（包括侵害与威胁）法益的犯罪行为。[①] 辅助性则决定了刑法在保护法益时所扮演的角色。因为保护法益的制度体系不仅仅包括了刑法，在整个问题解决流程中，刑法作为"社会政策的最后手段"，只有在其他解决方式不能发挥作用的情况下，才被允许使用。这就是谦抑的表现之一——刑法保护法益的辅助性原则。它意味着，刑法仅仅参与法益保护制度体系的一个部分。那么，采用刑法手段需经过人为选择并加以限制，应当慎用，也就是只有其他相对轻缓的手段，如民法、行政法等，不能够确保法益保护的效果时才能使用。换言之，如果没有穷尽其他轻缓手段之前，原则上不宜直接动用刑法作为法益保护的手段。

其次，刑法的片段性，又称刑法的不完整性，是指刑法对法益的保护不能事无巨细、自始至终。在民法领域，只要出现侵害他人权利的行为，无论故意还是过失，都应当承担损害赔偿责任。但对于刑法而言，并非处罚所有违法、有责的行为，而是应当处罚符合法律明确规定的构成要件的行为。换言之，刑法并非保护所有法益，而是有目的地选择部分法益，择取其中对人权侵害最严重的部分，特地将可罚的行为规定出来加以处罚。在这一层面上，刑法具有"零碎"性质。[②] 该思想主要是用于主张限制刑法分则中的犯罪构成来消除"刑法的过度臃肿"，同时对辅助原则有着重要的表现意

[①] 参见张明楷：《刑法学》（第五版），法律出版社2016年版，第21页。
[②] 参见〔德〕罗克辛：《德国刑法学总论（第1卷）》，王世洲译，法律出版社2005年版，第23页。

义。① 总之，整体上，刑罚的触角不会伸展到社会生活的各个角落，仅仅筛选出部分值得保护的法益。具体而言，只有行为侵犯法益达到严重程度，行为表现出严重的社会危害性时，才可引入刑罚工具进行规制。

最后，刑法的宽容性，可谓是刑法出于对个人自由的尊重，加上对刑罚动用必要性的考量基础上所作的让步。日本学者平野龙一认为，刑法的宽容性是对个人自由的尊重。"即使市民的自由受到了侵害，其他的控制手段又不能发挥其效果，但刑法也没有必要对其不折不扣地都予以处罚。"② 否则，反而使刑法妨害到他人行动的自由。进一步讲，"即使实际上已经实行了犯罪，只要刑罚的动用对于刑法目的的实现来说不是迫不得已必需的，就应当重视宽容的精神，不作处罚"③。因此，需要考量两个层面的宽容：一是刑罚使用的必要性，即行为对法益虽然有一定的侵犯，刑罚只有明确存在使用刑罚的必要性时，才能使用刑罚；二是刑罚程度的必要性，即使需要动用刑罚手段进行规制，依然需要考察刑罚严厉程度，优先适用轻缓的刑罚。

二、刑法谦抑的定位

一般认为，刑法谦抑是刑事立法和刑法解释与适用所遵循的原则，同时也是司法原则。④ 德国学者罗克辛认为，辅助原则，同时也是谦抑思想⑤，更是刑事政策性的准则。"在法益保护问题上，立法者处于相当严格的限制之下，但是，辅助性思想却为立法裁量提供了广阔的裁量空间。虽然在法

---

① 参见王世洲：《刑法的辅助原则与谦抑原则的概念》，载《河北法学》2008年第10期。
② 〔日〕平野龙一：《刑法的基础》，黎宏译，中国政法大学出版社2016年版，第91页。
③ 〔日〕大谷实：《刑法讲义（总论）》，成文堂1994年第4版，第7页。转引自刘淑珺：《日本刑法学中的谦抑主义之考察》，载《刑事法评论》（第22卷），第285页。
④ 参见刘淑珺：《日本刑法学中的谦抑主义之考察》，载《刑事法评论》（第22卷），第285页。
⑤ 按照译者观点，辅助原则也可翻译为谦抑原则。参见〔德〕罗克辛：《德国刑法学总论（第1卷）》，王世洲译，法律出版社2005年版，第20页。

律上，符合比例原则是一个宪法性原则，因此，将一种轻微的违法行为犯罪化的做法，本来就应当由于违反禁止超过必要限度原则而无效，但是，在实践中，立法者为轻微违法行为规定相应轻微刑罚的做法，长期以来就一直没有被宣布为违反宪法。当不确定轻微的手段（例如单纯的民事惩罚）是否足以充分保障结果的时候，立法者还享有对此行使自行评价的特权。因此，辅助性原则就更属于一种刑事政策性的准则，而不是一种强制性规定。这是一种社会政策性的决定，说明立法者可以在什么范围内将犯罪行为转变为违反秩序行为，或者可以认为将诸如商店里的盗窃或者工厂里的盗窃非犯罪化是恰当的。"①从谦抑思想延伸出对立法者的持续性要求，"应当提出一种经过精心设计的社会政策性预防措施的计划……正是在这里而不是在一种无效率的犯罪化中，存在着我们这个时代的任务。"②这里，谦抑成为一个指导性原则，并无界限分明的区分功能，只能理解为一种社会政策，以权衡个人请求国家保护的要求是否需要，国家对个人的干涉是否正当。③谦抑对立法者来说仅仅具有政策上的指导作用，但并不能成为限制立法权的工具。

  对此，我国有学者提出，鉴于在我国刑事立法与司法现实中长期存在着较为严重的重刑主义思想，因此，"我们谈谦抑性，应当包括处罚范围与处罚程度两个方面"④。有学者提出，我国刑法应当在三方面实现谦抑：在立法方面慎重对待犯罪化；在司法方面包括起诉和审判两方面的制度设计，同时在具体案件中注重对处罚合理性的考虑；行刑方面，能够减刑的予以减刑，能够假释的予以假释。⑤还有学者将谦抑的思想运用在刑事诉讼法

---

① 〔德〕罗克辛：《德国刑法学总论（第1卷）》，王世洲译，法律出版社2005年版，第24页。
② 同上书，第20页。
③ 参见王世洲：《刑法的辅助原则与谦抑原则的概念》，载《河北法学》2008年第10期。
④ 张明楷：《刑法的基础观念》，中国检察出版社1995年版，第144页。
⑤ 参见马克昌：《我国刑法也应以谦抑为原则》，载《云南大学学报（法学版）》2008年第5期。

中,认为从刑事一体化的角度讲,如果过程不谦抑,也不可能真正实现结果谦抑;刑法与刑事诉讼法之间存在天然的、密不可分的关系,因而不能有意识地将刑法的谦抑与刑事诉讼法的谦抑截然分开。[①] 还有相似的观点认为,刑法谦抑对于刑罚的制定、发动、裁量和执行均有着重要意义:在刑事立法过程中,刑法谦抑性体现在犯罪圈的合理控制;在刑事司法过程中,法院、检察院、公安机关都应遵循刑法谦抑性;在行刑过程中,应尽早体现人道主义,给予受刑者人道的关怀,力求其尽早回归社会。[②] 有观点认为,谦抑原则与罗克辛论及的辅助原则相似,均或多或少地体现出人性的、动态的、政策的特征。辅助原则的根源在于个人与集体的关系中,国家只有在个人力不能及的时间和地点内才能够向个人提供帮助,并且对于如何判断,则只能从实际情况和实际需要所引导的并在实际背景下的动态过程中才能发现。进而,辅助原则也只能作为一种社会政策,指导社会政治行为的方向,同时在理论上支持着对刑事立法恰当性的批评。[③]

可以说,上述观点从不同层面探讨了刑法谦抑可能发挥的价值。笔者认为,将谦抑界定为政策指导思想,更为妥当。一方面,刑法谦抑本身具有导向性特征,比起罪刑法定原则等传统刑法原则来说,内容还具有一定的模糊性、不确定性。如何解决刑罚处罚的合理性问题受到当时当下现实情况的影响,适用于公共政策制定及其运行的情境。另一方面,从政策的角度,刑法谦抑需要在各个刑事实践领域予以贯彻才能体现,包括刑事政策的制定以及相关的刑事立法与司法实践、刑罚执行均应贯彻刑法谦抑的思想。

---

① 参见郭云忠:《刑事诉讼谦抑论》,北京大学出版社2008年版,第5页。
② 参见王明星:《刑法谦抑精神研究》,武汉大学2004年博士学位论文,第25页。
③ 参见王世洲:《刑法的辅助原则与谦抑原则的概念》,载《河北法学》2008年第10期。

三、刑法谦抑的标准

显然,为了实现谦抑的内容,必须解决的问题是,以何种标准来判断刑罚的必要性。即使谦抑要求体现刑法的辅助性、片段性、宽容性,这也不等于刑法在解决社会问题时必须处于从属地位,更不能得出只要不动用刑罚就好的推论。所以,如何才能达到避无可避的刑法的必要性,是实现谦抑所必须回应的问题。

根据美国学者帕克的观点,达到刑事制裁的最优状态应当以下方面作为基准点:第一,行为须是在大多数人看来有显著的社会危害性的行为,且不专属于任何意义的社会阶层。第二,该行为纳入刑事制裁不会违背惩罚的目的。第三,抑制该行为不会约束人们合乎社会需要的行为。第四,须通过公平且不歧视的执行来处理。第五,通过刑事程序来控制该行为,不会使该程序面临严重的定性或定量的负担。第六,没有合理的刑事制裁替代措施来处理该行为。[①] 据此,对行为进行犯罪化可以考虑以下两方面:一是动用刑事制裁的前提。刑事制裁应当限制于针对危害性或对社会的威胁明显且不可为社会所容忍的行为,在此范围内围绕刑罚的目的进行设计,并注意减少刑事制裁的负面社会效果。二是刑事制裁的运行。刑事制裁需要在别无其他适当方法替代的情况下发起,并且遵循公平、公正的原则运行,同时考虑刑事诉讼过程中的现实压力。

关于经济领域的刑事制裁,帕克认为,应当达到以下几个条件才可谓对刑罚手段的谨慎使用。首先,行为人应当被清楚地认定为责任方。其次,行为的性质应当足够简单,可以被非专业的法官和陪审团所理解。再次,在行为能够被理解的前提下,该行为被社会主流看作是错的。最后,应当

[①] 参见〔美〕哈伯特·L.帕克:《刑事制裁的界限》,梁根林等译,法律出版社2008年版,第293—294页。

有理由相信有争议的经济法规执法适用于某一具体被告人不是武断或歧视性的。① 沿着帕克的思路,如果对经济领域的一些行为进行刑法规制,应当考虑以下问题:其一,如果要将某类主体视为经济犯罪的适格行为人,那么,该主体的边界应当清楚,并且主体行为与危害结果之间具备清晰的因果关系,使得法益损害的责任追究师出有名。其二,经济行为纷繁芜杂,时常体现出较强的专业性,但是,刑事制裁需要进行的是表象之下的判断,从行为的性质方面足以解释刑罚介入的合理性。其三,即使在经济领域,行为若要达到需要刑罚规制的程度,也需要符合当下社会生活的普遍的价值选择。实际上,某种法益是否需要刑罚来保护,不仅要看有无保护的必要性,而且要看这种法益有何价值。其四,刑事处罚应当尊重经济活动主体的平等性,防止刑事制裁存在主体偏好,违反经济领域的公平公正。

当然,如前文所言,刑法谦抑本身内容具有不确定性,并且是动态的,但这也意味着对刑法谦抑的解读是开放的、多种角度的。因此,帕克的观点对我们思考不无启发。帕克关于刑法谦抑的标准既考虑到了刑事制裁介入的先行理念,也兼顾了立法与司法实践运行的现实问题。然而,对于金融领域的刑法制裁而言,将帕克的标准运用于此则面临现实的挑战。第一,金融领域的复杂性、创新性使得一些行为与危害结果之间的因果关系受到质疑,市场上多种影响因素的存在削弱了行为与结果之间的因果关系,危害结果的责任方认定存在困难。第二,随着我国金融市场的迅猛发展,金融交易日渐复杂,即使是对金融从业人员来说,认识其间的运行机理也属挑战,此时对于立法、司法而言,则更加难以提炼核心性质并被非专业的法官或民众所理解。第三,一些金融交易在复杂的交易结构中隐藏着自身的负面属性,难以为人们所认识,即使形成了价值判断,但其是否清晰、可靠,

---

① 参见〔美〕哈伯特·L.帕克:《刑事制裁的界限》,梁根林等译,法律出版社2008年版,第359页。

均存在争议。第四,由于我国金融市场是在政府主导下发展起来的,相关法律法规往往反映了一些政策目的和偏好,此时,何种情况下得以体现市场规制的平等性,在某些具体案件中,依然存在进一步讨论的空间。

第二节 刑法谦抑的理论依据

即使在不同的领域,一些基本的思想与理念也是共通的。刑法谦抑也不例外。换言之,刑法谦抑可以通过多种途径进行解读。这里,笔者选择哲学、宪法、经济学、政治学以及其赖以生存的刑法学角度,选取其中部分面向进行概括,对刑法谦抑的理论依据进行初步的探讨。

一、刑法谦抑的哲学背景

法律是人们在认识客观事物基础上的表达。在法律运行的各个环节,均包含着主体对客观事物的认知。刑事政策以政策制定者对于当下社会犯罪情况的认知为基础得以制定,立法以立法者对于制度需求、条件、目的、预期效果等方面的认知为前提,司法包括了关于某类或某一案件所涉问题的综合判断;执法过程也体现着对执法目的和效果的认知。那么,法律运行过程中各个主体基于自身认识作出的判断或处置是否可靠?换言之,在法律运行的各个环节中,各个主体能否穷尽自己的认识,完美地实现自己的任务目标?如果从哲学角度看,这涉及人的理性的范围问题。

在哲学领域,对人类认识的能力与局限性的讨论贯穿哲学史始终。围绕知识和如何获得知识的问题引发了理性主义与经验主义的经典对立。其中,人类的认识能力是否存在范围或界限,是二者争论的核心问题之一。①理性主义哲学强调利用理性对知识进行分析,通过理性推演可以认识自然科学知识以及关于世界的存在和本质结构的形而上学知识。而经验主义哲学却对人类理性的能力持保留态度。

在经验主义哲学看来,人类理性的作用范围存在边界:我只知道我感觉到的事情,我不可能知道关于我感觉以外的任何陈述是否正确。英国经验主义者洛克曾指出:"我们具有知识不能越出我们具有观念的范围。……我们的知识的范围不仅谈不上像事物的实在范围那样广阔,而且连我们自己的观念的范围也比不上。"②休谟认为:"虽然我们的思想似乎具有这样无边无际的自由,如果我们加以比较切实的考察,则将发现它实际上是限制在一个狭隘的范围之内;人的精神所具有的创造力量,不外乎是将感官和经验提供我们的材料加以联系、置换、扩大或缩小而已。"③他甚至认为理性不能发现因果关系,只有通过经验才可以发现构建原因与结果之间的联系:"我们如果没有经验和观察的帮助,要想决定任何个别的事情或推出任何原因或结果,那是办不到的。"④同时,休谟认为,因果关系不等同于原因和结果之间的必然关系,因为无法用经验证明必然关系的存在,只能证明的是二者之间的经常性联结,而这才是因果关系的核心要素。

康德以休谟的观点为研究的出发点,但得出了与休谟的观点相反的结

---

① 两方的争论主要围绕以下关于认识论的基本问题:(1)人类知识的根本源泉是什么;是感觉经验还是先天的观念;(2)哪一种知识具有无疑的确实性和真理性;是经验的知识还是理性的知识;(3)通过哪种方法或途径能够有效地获得普遍必然的知识;是经验的归纳法还是理性的演绎法;(4)人的认识能力是否是至上的,是否囿于一定的范围和界限。参见周晓亮:《西方近代认识论论纲:理性主义与经验主义》,载《哲学研究》2003年第10期。
② 〔英〕洛克:《人类理智论》(第四卷),Ⅲ.1—6。转引自北京大学哲学系外国哲学史教研室编译:《西方哲学原著选读》,商务印书馆1999年版,第463、464页。
③ 〔苏格兰〕休谟:《人类理智研究》,Ⅱ.11—13。转引自北京大学哲学系外国哲学史教研室编译:《西方哲学原著选读》,商务印书馆1999年版,第518页。
④ 〔苏格兰〕休谟:《人类理智研究》,Ⅳ.20—25,28—30,32。转引自北京大学哲学系外国哲学史教研室编译:《西方哲学原著选读》,商务印书馆1999年版,第520—522页。

论。康德认为,理性具有自主性,他反对休谟关于理性能力无法建立因果之间必然联系的观点。尽管我们的知识无法超越我们的感觉,但科学仍是可能的。因为人类心灵先验地遵从理性思维的十二个基本范畴(分为"数量""质量""关系""模式"四类),人类理性可以按照这些先验范畴整理感觉经验,从而得到关于世界的理性的图像。① 因此,康德一方面承认休谟所指出的知识无法超越感觉的结论,另一方面也认为理性可以在限定的范围内发挥作用。

以休谟、康德等人的观点为基础,哈耶克对理性的理解是,个人理性受制于特定的社会生活进程。一方面由于个人理性无法脱离自身检视自己的运作,理性在理解自身能力方面存在逻辑上的局限;另一方面,个人理性植根于由行为规则构成的庞大社会结构中,因此也不能够脱离生成和发展它的传统和社会,自上而下地对社会生活进行审视并予以评价。② 可见,他的反唯理主义的立场是明确的。然而,这种立场并不意味着对理性的否定。哈耶克所指的是一个理性存在局限的事实。基于此,哈耶克所要求的是对理性的明智运用。具体而言,他认为,我们所面临的世界乃是通过各种力量而持续运行的具有自续力的整体,若要改善这个世界,必须是在尊重这些力量的基础上,与他们合作,通过点滴的建设而不是重新设计或规划这一整体。他所反对的是对理性的过度推崇所导致的理性的滥用,以及因此产生的排斥其他尝试的垄断权。

实际上,理性主义的哲学对刑事法学的形成和发展影响深远,其中大陆法系刑事法治所受影响最甚。近代启蒙思想家继承与发展古代罗马法和中世纪的自然法,在理性主义的旗帜下反对封建主义,排除自然主义的直观

---

① 参见汪丁丁:《经济学思想史进阶讲义》,上海人民出版社2015年版,第452页。
② 参见〔英〕F.A.冯·哈耶克:《自由秩序原理》(上),邓正来译,三联书店1997年版,"译者序"第14页。

性和蒙昧主义的神学色彩。"人的认识能力越高,人性和理性的要求就越能得到详尽的阐述,自然法也就越完善。"①而罗马法素有"成文化了的理性"之说。"近代资产阶级立法者基于这种理性主义法观念,创立了一整套资产阶级法律体系和法治社会的模式。……也正是在这种理性的、宏伟的法理念导引下,西方人以理性主义的眼光认识法、解释法、追求法和创造法。理性主义的自然法观念不仅在宏观上指导着西方国家的立法和法的实施,而且在微观上还直接成为国家具体法律规范和司法判决的依据,它为法律作用的发挥开拓了广阔的天地,支撑着人类的精神世界和决定安排人类的社会生活方式。"②

理性主义的一个典型观点是,所有人都始终可以平等且充分地拥有理性,人类取得的每一项成就都是个人理性控制的结果。③进而,理性主义很容易相信,借助制度设计可以达到社会发展的最高成就,甚至允许为未来某种目标提前作好准备。这种观点也反映在现代刑事法领域。德国有学者曾指出,1975年至2005年期间,德国立法者多次试图抢在技术发展之前就确定某些行为方式的可罚性,即使在进行立法时,这些行为方式甚至从技术上并不能实现。④立法者希望通过刑法事先影响其他领域的决策,参与型构未来的社会发展导向。显然,这种基于预设或推断进行刑事立法的做法,其必要性和价值是令人质疑的。更令人担忧的是,这种基于理性判断采取的立法措施背后所隐含着的刑法扩张态势,如果不加限制,最终势必

---

① 王全福:《大陆法系理性主义认识倾向——浅谈理性主义对大陆法系的影响》,载《太原大学学报》2003年第3期。
② 田成有:《理性主义与经验主义之争的法律视角》,载《甘肃政法学院学报》2002年第8期。
③ 参见〔英〕F.A.冯·哈耶克:《个人主义与经济秩序》,邓正来译,三联书店2003年版,第13页。
④ 1991年,德国颁布了《胚胎保护法》,其中,诸如克隆人类细胞、利用人类细胞培育嵌合体和杂交体的行为都是可罚的,但当时这些行为方式仅仅存在于科幻小说中。立法者希望借此实现影响关于生物技术新方法的道德和政治决策。参见〔德〕埃里克·希尔根多夫:《德国刑法学:从传统到现代》,江溯、黄笑岩等译,北京大学出版社2015年版,第27、28页。

对法治国和个人的自由带来危险。哈耶克曾援引穆勒在《论自由》中的观点指出德国传统理性主义的弊端——"如果人们太'个人主义'了（这里指的是'伪个人主义'）①，如果人们因为不情愿而无法自觉遵循传统和惯例，如果人们拒绝承认任何并非有意识设计的产物或者拒绝承认任何无法向每一个人证明其是理性的产物，那么我们就可以肯定地说，一个自由的社会或个人主义的社会是否能够顺利地运行就仍是一个悬而未决的问题。"②哈耶克认为，为何在德国历史上会出现一个完全消解个性、严重侵犯人权的极权主义国家，其实是与其对理性主义的过度推崇相关的。可以说，"理性主义思想在刑事法治上的表现就是'泛刑主义'，事事求助于立法，无限扩大刑法的干预范围，企求通过立法来实现无犯罪的社会，一旦某一行为对现有秩序形成威胁，尽管行为并未达到非刑法不足以抑制的地步，立法者仍然试图将其规定为犯罪而予以匡正"③。这正是强调刑法谦抑的必要性之所在。

如果沿着休谟的思路承认人有限的认知能力，那么在制度设计时，具体到刑事法治领域，就应承认人对犯罪、刑罚的认识也是十分有限的，因而不能完全依赖刑罚工具，将刑事立法视为解决问题的万能工具。如果承认因果关系的必然性存疑，人通过经验只能认识到事物之间的经常性联结，那么借助刑罚手段实现犯罪预防和控制的目标，需要更加谨慎地评估犯罪控制与刑罚实施之间的关系，而非仅仅倚重刑法解决犯罪预防与控制问题。实际上，康德曾将欧几里得的空间和经典牛顿力学视作先验为真，然而，随着量子力学等现代物理的发展，上述规则的普适性已经被推翻。所以，虽

---

① 哈耶克认为，真正的个人主义并不否认强制性权力的限制，但是却希望对这种权力加以限制并把强制现象降到最低程度。而伪个人主义允许强制性权力对所有的社会交往关系都作出规定，即"想让所有事都变成有意识的个人理性的产物"。参见〔英〕F.A.冯·哈耶克：《个人主义与经济秩序》，邓正来译，三联书店2003年版，第22—36页。
② 〔英〕F.A.冯·哈耶克：《个人主义与经济秩序》，邓正来译，三联书店2003年版，第36页。
③ 熊永明、胡祥福：《刑法谦抑性研究》，群众出版社2007年版，第130页。

然人类的理性具有顽强地追求真理的不变性①,但即使是在自然科学领域,人所认知的规律也可能只是暂时的、简化的总结,随时都有被革新的可能。或者说,"我们建构的宇宙图像存在于我们心中,在我们的思维之中。在这些图像——我们能够借助有限的手段重构和理解的事物——和我们身为其组成部分的真实世界之间,存在着无数滤镜:我们的无知、感官和智力的局限"②。而在安排社会事务时,正如哈耶克所指出的,我们需要了解的是,"所有欲图完善社会的努力都必须在一我们并不可能完全控制的自行运作的整体中展开,而且对于其间各种力量的运作,我们只能希望在理解它们的前提上去促进和协助它们"③。

总之,由于人类的认识存在一定的限度,不可能掌握一切要素、寻因溯果推导出唯一正确的解决方案。对犯罪、刑罚认知也不例外。可见,这种谨慎对待犯罪、刑罚的态度与刑法谦抑的理念相融合,成为刑法谦抑所秉承的辅助性、片段性、宽容性的哲学依据。毕竟,正如马克思所指出的,经济社会形态的发展是自然史上的一个过程。"一个社会即使已经发现自身的运动法则,也不能跳过或以法令废止自然的发展阶段。"④

二、刑法谦抑的宪法基础

众所周知,宪法规定了国家与个人的关系,划定国家权力与个人权利的界限,为政治体系的运作制定一套规制体系运行的"超规则"。宪法是国家的根本大法,其他法律的制定和运行都应当受到宪法的制约。刑法作为规

---

① 法国化学家梅耶尔松认为:"古往今来的人类发展历史说明,人类的理性具有顽强的不变性,即人类自始至终在追求事物的同一性,希望能够从纷繁驳杂、变化无常的现实生活中发现不变的规律,人类任何关于自然和社会的探究,事实上都缘起于人类追求同一性的理性的本能。"转引自陈浩然:《应用刑法学总论》,华东理工大学出版社2005年版,第54页"注释②"。
② 〔意〕卡洛·罗韦利:《七堂极简物理课》,文铮、陶慧慧译,湖南科学技术出版社2016年版,第81、82页。
③ 〔英〕F.A.冯·哈耶克:《自由秩序原理》(上),邓正来译,三联书店1997年版,第81页。
④ 〔德〕马克思:《资本论》,郭大力、王亚南译,上海三联书店,第3页。

定犯罪与刑罚的部门法，也不例外。刑法从制定到运行的各个环节，均应符合宪法的目的。其中，人权保障是宪法核心，而刑罚最容易对人权形成最严重的冲击，因此，谦抑属于刑法体现人权保障的应有之义。

人权观念主张每个人都具有向他或她所处的社会要求得到规定的自由和利益的合法权利。[①] 即人权意味着任何地点和任何时间的所有人的权利。《世界人权宣言》对此早就予以明确。人权已经成为国际上普遍承认的国际法律义务。人权作为一种系统性的思潮，自欧洲文艺复兴时开始兴起，发展至今，已经成为世界各国普遍接受的基本价值。尽管关于人权的内涵和外延存在理解上的差异，但是尊重和保护人权已经成为全人类发展的主题。如今，各国多通过宪法将人权进一步细化，通过宪法和法律的力量保护人权。2004年，我国明确将人权原则写入宪法，将人权正式提升为法律概念。因此，宪法要求国家治理过程中，应当防止国家权力的过度扩张，以保障人民的人权为目标，促进人民的全面发展。众所周知，刑法利用国家强制力对人权的限制与剥夺，天然地具有破坏性。同时，随着社会的发展，国家治理的路径和方式日渐丰富，即使是在法律领域，民事、行政等刑事之外的手段也已经获得了长足的发展。因此，鉴于刑罚手段的破坏性和可替代性，为人权保护之考量，刑罚动用应当尤其慎重。

如今，随着人权意识的增强，刑法的功能已经从单一的打击犯罪转向权力限制和权利保障方面，即限制刑罚的活动范围和全面保障人权。实际上，权力限制服务于权利保障。因此，可以说，刑法就是一部围绕人权保障展开的法律。

例如，通过罪刑法定原则，刑法得以明确犯罪与刑罚的内容，防止刑罚权滥用对人权的侵害。具体而言，在立法方面，追求罪刑法定化、实体化和

---

① 参见〔美〕路易斯·亨金：《人权概念的普遍性》，载《中外法学》1993年第4期。

明确化，反对类推和扩大解释，禁止适用习惯法和刑法溯及既往以及禁止法外施刑和不定期刑。① 在司法层面，只能根据刑事法律对侵害法益的犯罪人定罪量刑，对符合法定犯罪构成的行为进行法律评价，从而保障守法公民免于遭受刑罚的侵扰。同时，对于犯罪人，也应当严格按照司法程序，依据法律规定，以犯罪的事实和情节为基础进行定罪量刑，避免犯罪人遭受非法擅断的侵害。可见，罪刑法定原则要求谨慎适用刑罚，体现了宪法以人为本的要求，蕴含了限制刑罚范围的思想。

需要注意的是，一方面，罪刑法定原则的上述要求并不是绝对的，一般允许对其进行变通或灵活处理即为相对的罪刑法定原则。目前，世界各国多采取此态度，我国也不例外。此时，如何把握灵活变通的限度，则可以以人权保障为标准。只要出现降低人权保障程度的情况，就应当视为违反罪刑法定原则而非对该原则的合理变通。另一方面，我国目前的刑法在贯彻罪刑法定原则时还存在明确性方面的欠缺，例如期货与证券犯罪区分过于简单，存在相当数量的空白罪状等给立法解释和司法适用带来困难。由此导致实际的犯罪圈不断变化，刑罚的活动范围不够清晰。于是，人们难以根据刑法调整行为方式，规避刑事制裁；一旦进入刑事司法程序，则很难通过相应的辩护捍卫自身的合法权利。此时，对于罪刑法定原则的运作存在的问题，除了未来进一步完善立法之外，当下，刑事法律活动更应当秉承刑法辅助性、宽容性，确保刑法作为最后手段，防止刑罚过度扩张损害人权。

再如，通过犯罪化与非犯罪化调整刑罚的调控范围，划定社会生活中权利受限的主体，确定权利剥夺的范围和限度。目前，关于刑法的调控范围，存在扩大与限缩两种思路，即犯罪化与非犯罪化。前者追求扩大犯罪圈，主张将以前不作为犯罪的行为纳入刑事法网；后者则持相反观点，主张将

---

① 参见赵秉志：《论我国宪法指导下刑法理念的更新》，载《河北法学》2013年第4期。

原来作为犯罪加以处罚的行为从刑事法网剔除。

实际上,采取犯罪化还是非犯罪化的路径取决于社会发展中解决社会矛盾的制度需求是否得到满足。如果在制度健全、社会稳定的情况下,由于人们之间的社会关系和价值观念相对稳定,社会矛盾基本得以解决,那么犯罪化的任务较为有限,人们得以更多地反思刑法在各个领域的合理性、正当性,此时,非犯罪化更有可能成为刑法发展的主题。如果在制度欠缺、社会剧变的背景中,人们之间的社会关系与价值观念变化迅速,新的社会矛盾不断出现,制度缺口明显,此时,人们更倾向倚重刑法尽快解决问题,维护社会秩序。在这种趋势下,即使是对轻微的越轨行为,为了迅速恢复社会秩序的目标,也可能会被视为犯罪进行惩处。因而,犯罪化的任务比较急迫和繁重,犯罪化将成为刑法的发展方向。当前,我国正处于社会转型时期,社会矛盾突出,失范、越轨现象不断,与此同时,相关的制度体系不完善,消解社会矛盾的其他路径尚未形成或仍不完善,此时,效果相对直观(但未必有效)的刑罚手段更容易为人们所倚重。可见,面对这样的社会现实,犯罪化趋势占据上风有其难以摆脱的必然性。然而,在这一过程中,极容易出现结果导向、短视功利的现象,对原本可以借助非刑罚手段可以解决的违法行为施以刑罚,对原本可以处以轻缓刑罚的犯罪人适用重刑。于是,除了造成社会资源的浪费之外,被告人将直接面临不必要的肉体和精神伤害,甚至导致家属面临生活拮据、尊严受损等一系列的问题,导致以保护权益为名事实上却引发人权侵害的连锁反应。所以,如何合理、必要地进行犯罪化成为我国刑法发展的主题。

"刑法的结果是程度如此严重的'必要的恶',我们就不得不经常推敲存在的合理性和正当性。我们的国民因一部合理性和必要性不明确的法律,而在日常生活中受到限制,违法时被处以刑罚,重要利益受到侵犯,并被打上犯人的烙印,这一切令人难以忍受。"刑法中依然会有些在立法当初就缺少其合理性和正当性的内容,也会有些随着时代的变迁丧失意义的内容。然而,无论刑法内容合理、正当与否,均不会阻挡"令人难以忍受"的刑罚的实施。因此,"对刑法的推敲必须经常持续地进行,而且这种推敲不仅是以现在已经实行并具有效力的刑法为对象,还应针对立法过程中的法案,进而还必须在立法过程中考虑应制定什么样的刑法"[①]。换言之,鉴于刑罚剥夺限制人权的现实,无论是犯罪化还是非犯罪化,均不应当放弃关于刑罚合理性和正当性的追问,并以此为基础修改、调整刑法。显然,刑法谦抑所蕴含的辅助性、片段性、宽容性,正是刑罚合理性和正当性探讨的切入路径。

三、刑法谦抑的经济学支撑

美国学者波斯纳曾指出:"刑法的每一个规则都是有效益的,或者说,效益是或应该成为立法机关和法院制定和解释刑法规则时应考虑的唯一的社会价值。"[②] 借助经济学的分析视角,可以发现限制刑法资源投入的必要性。

(一) 犯罪成本收益的经济学分析概述

一般情况下,当新闻报道中出现大案要案报道或犯罪率上升的内容时,人们倾向于增加刑事立法、司法、执法方面的资源投入,偏好采用"严打"类的公共政策,以便及时遏制犯罪,但是,却疏于考虑额外资源投入的实际效益。将经济学运用到犯罪防范的领域,讨论刑罚资源的投入与产出,有助于发现犯罪防范活动的最佳做法。

根据成本—收益分析,如果可以评估犯罪防范的成本和收益,那么,"通过增加犯罪防范活动,社会福利将会提高,条件是:社会从犯罪防范活动增

[①] 〔日〕西原春夫:《刑法的根基与哲学》,顾肖荣等译,法律出版社2004年版,第4、5页。
[②] R. A. Posner: An Economic Theory of the Criminal Law. Columbia Law Review, Vol. 85 (1985.10). 转引自陈正云:《波斯纳的刑法经济分析理论述评》,载《比较法研究》1996年第4期。

加中获得的利益至少与增加犯罪防范活动的成本相等的情况。"①相对而言,犯罪防范的成本比较容易确定,但是收益很难计算。理论上,或可将收益视为有犯罪防范活动和没有犯罪防范活动时的 GDP 之差。在此基础上,将犯罪防范活动比照利用劳动力和资本等生产性资源的生产过程,进而以机会成本原理来衡量其成本:"用于犯罪防范的资源成本等于这些资源用于其最佳用途上的价值。"②

根据需求理论,假设人们倾向于选择那些他们认为最具有价值的物品和服务,即追求效用的最大化,那么,如果我们将犯罪预防所提高的社会福利视为需求,就可以参考经济学的边际效用理论思考犯罪防范的程度。所谓边际效用,是指每多消费 1 单位商品所带来的新增的和额外的效用。根据边际效用递减规律,最初在消费某物品时,效用会趋向增加,随着某物品消费量的增加,总效用的增加速度会越来越慢,最终会逐渐减少。③ 同样,对于犯罪防范而言,随着资源投入越多,被防范的犯罪的危害性越小,每增加 1 个单位犯罪防范给社会带来的收益增加也越来越少,直到边际社会收益等于边际社会成本,达到最高值。之后,随着犯罪防范程度增加,边际社会收益开始减少。因此,从经济学角度分析,"完全阻止犯罪是毫无道理的,总会存在某种犯罪防范活动水平,在该水平上,增加 1 个单位犯罪防范活动的收益不能弥补其成本"④。

可见,从经济学的角度看,对犯罪预防活动的投入应当有所限制。一味地增加包括刑事资源的投入,总会因边际效益递减而发生得不偿失的结果。

---

① 〔美〕安塞尔·M.夏普、查尔斯·A.雷吉斯特、保罗·W.格兰姆斯:《社会问题经济学》,郭庆旺译,中国人民大学出版社 2015 年版,第 96 页。
② 同上书,第 94 页。
③ 参见〔美〕保罗·萨缪尔森、威廉·诺德豪斯:《经济学》,萧琛等译,商务印书馆 2013 年版,第 78、79 页。
④ 〔美〕安塞尔·M.夏普、查尔斯·A.雷吉斯特、保罗·W.格兰姆斯:《社会问题经济学》,郭庆旺译,中国人民大学出版社 2015 年版,第 96 页。

(二) 波斯纳的法经济学分析

波斯纳认为,刑法是对侵权法效果的补救。一般情况下,当侵害发生时,侵权法的补救措施——损害赔偿——可以产生足够的威慑。但是,当出现侵害人无力支付巨额赔偿的案件时,需要引入刑法进行补救。刑法可以通过三个方面进行补救:一是以非货币形式加以负效用,如对侵害人处以自由刑或死刑;二是通过维持犯罪侦查而降低隐匿的概率;三是在犯罪发生之前对其实施预防,既要求维持足够的警力,又要求对预备行为实施处罚。[①] 这些反应可以提高行为人的预期惩罚成本,发挥威慑效果。当然,上述选择均需要社会资源的投入,导致威慑成本过高。另外,即使是处以与赔偿数额相等的罚金,成本也是过高的。因为侵权法的损害赔偿不会给犯罪人带来污点,而刑事制裁却使犯罪人被污点化,导致犯罪人承担额外的非金钱的不功利。因此,从成本考虑,如果侵权法上的补救措施可以产生足够的威慑,就无需动用刑法。可见,应当限制刑法的使用。刑法只是作为其他法律制度的补救措施或后盾,在其他法律不能调整的时候,方可动用。

刑法的功能在于通过禁止某些行为,防止人们采取行动规避显在或潜在的市场,进行强制性的利益转移,从而降低社会资源使用的效益,抑制社会财富增长。因此,刑法通过惩罚行为人,增加犯罪分子规避市场的成本,恢复和保护市场的正常运作。在波斯纳看来,犯罪人是理性的利益得失的计算者。当一个人选择实施某种犯罪行为的时候,是因为犯罪的预期收益超过了预期成本。其中,收益是指行为人从其犯罪行为中所获得的各种有形的(在金钱获得性犯罪中)或无形的(在所谓的情欲性犯罪中)满足;成本则包括行为人因犯罪行为而开支的各种现金支出、时间机会成本和刑事处

[①] 参见〔美〕理查德·波斯纳:《法律的经济分析》,蒋兆康译,法律出版社2012年版,第311页。

罚的预期成本。① 当然,刑事处罚的预期成本是分析的核心。但是,时间机会成本、开支费用等其他成本的存在,则可以帮助人们开拓犯罪行为控制的思路,思考不同层面控制犯罪的可能性,而不是仅仅依赖制定和执行刑法以及提高刑罚的严厉性。例如,可以通过减少失业,增加合法劳动途径和收入,增加行为人从事犯罪行为的时间机会成本从而减少犯罪。显然,波斯纳认为,犯罪的预防途径并非刑法一家,从犯罪预期成本构成的角度,可以通过加强非刑法方面的成本同样达到犯罪预防的效果。

那么,如何达到最优的刑罚设计?具体可以从以下两方面展开分析:

其一是限制刑罚适用的范围。一方面,刑罚不应适用于那些偶尔发生的且使价值最大化的犯罪。尽管这类犯罪人的行为并非合法,但不应被视为威慑对象进行处理。因为如果将这类行为视为犯罪,将会使行为人面临两难窘境,并且造成刑罚成本极其昂贵。② 另一方面,刑罚并不是要威慑、防止所有的犯罪,不宜过于严厉。因为过于严厉的刑罚将导致人们放弃犯罪行为边界附近的活动以避免刑事风险。如果这类活动恰恰发生在社会急需发展的领域,那么刑罚的存在将大大降低社会活动的效率甚至完全遏制该领域的发展。"波斯纳这种观点的实质是,刑法的调控范围应有自己的最大范围的限制,刑法的触角不应该伸及社会所有的领域尤其是那些无法适用刑法或适用刑法代价特别昂贵的领域。"③ 简言之,刑法应当设置刑罚威慑对象的边界。刑法应当评估惩罚的必要性,防止浪费刑罚资源,妨碍社会发展。所以说,波斯纳指出了刑法效果的局限性,反对刑法万能论。

---

① 参见〔美〕理查德·波斯纳:《法律的经济分析》,蒋兆康译,法律出版社2012年版,第312页。

② 波斯纳举了一个在森林中迷路挨饿而不得不盗窃林中无人小屋里的食物的例子。理论上,是犯罪挽救了行为人的生命,因此比死刑更轻的罪名不足以形成威慑。显然,死刑在此并不合适。还有一种方式是将其视为犯罪但用紧急避险予以抗辩,但这样详尽的规定可能同样需要很大的成本。参见〔美〕理查德·波斯纳:《法律的经济分析》,蒋兆康译,法律出版社2012年版,第314、315页。

③ 陈正云:《波斯纳的刑法经济分析理论述评》,载《比较法研究》1996年第4期。

其二是合理设计预期刑罚成本,不能过分倚重刑罚的严厉性。一是要注意刑罚严厉性和刑罚确定性的组合问题。波斯纳认为,预期刑罚成本取决于刑法的严厉性与刑罚的确定性。① 当刑罚确定性增强时,可以增加刑罚的威慑力,但是这也意味着侦查水平提高的投入增加,以及随后相应的司法资源成本的增加。当刑罚确定性下降时,为了达到预期的威慑效果,就需要增加刑罚的严厉性。但这样做容易过于依赖刑罚,导致重刑化倾向,从而使得进入司法程序的被告人面临不应有的刑罚,承担过高的个案的刑罚成本。尤其在使用自由刑和生命刑的场合,个人和社会将付出昂贵的成本。因此,需要谋求刑罚确定性与严厉性之间的最佳组合,以减少社会和被告人的不必要的代价。二是要注意刑种与犯罪性质、犯罪严重程度相适应以及由此带来的刑罚边际威慑效果问题。所谓的刑罚边际威慑是指,"在设置刑罚的严厉性程度每增加一个单位成本所产出的刺激犯罪分子不再实施较为严重的另一个犯罪的效果"②。如果对不同性质或不同危害程度的犯罪适用同一刑罚,那么,一方面,从犯罪的角度看,犯罪人由于受到刑罚的刺激,客观上更容易选择性质更加严重、危害程度更大的犯罪行为;另一方面,从刑罚的角度看,容易造成整体刑罚过于严厉,并最终导致其中最严重的犯罪行为反而没有有效的刑法进行制裁,致使刑罚贬值。

总之,在波斯纳这里,刑法的辅助性得以突显,过于倚重刑罚反而会产生不经济的后果。他关于严厉刑罚不良后果的分析,对于我们进一步理解刑法的谦抑性,具有启发意义。

四、刑法谦抑的政治学分析

通常认为,刑罚是一种权力,是国家基于特定条件和目的而施加于犯罪

---

① 参见〔美〕理查德·波斯纳:《法律的经济分析》,蒋兆康译,法律出版社2012年版,第315页。

② 陈正云:《波斯纳的刑法经济分析理论述评》,载《比较法研究》1996年第4期。

人的一种道义上的谴责和利益上的剥夺。①"行为的犯罪化由于在深层次上牵涉到国家权力(刑罚权)的分配和运行,因此,首先应是个政治哲学课题。"②刑罚本身带有政治性。

事实上,早期人类社会中,刑罚权并非为国家机器所独有。西欧封建社会时期,刑罚权甚至国家权力的主体还包括了教会。在推崇君权神授的时代背景下,刑罚权带有浓重的宗教色彩。刑罚权与宗教利益、贵族与国王利益紧密相连,成为神权、王权势力冲突、争夺的内容。此时,罪刑擅断之下缺少对刑罚权的限制,出现了大量残酷野蛮的刑罚。国家采取严刑峻法威慑恐吓,以维护其统治的稳固性和长久性,造成了刑罚权的恣意。随着资本主义经济蓬勃兴起,教会权势日渐衰落,真正享有主权的民族国家诞生。直到资产阶级启蒙运动以后,刑罚权才彻底归属为国家权力,国家通过刑罚权的行使达到控制犯罪与保障人权的要求。伴随着对国家权力的反思,一些限制刑罚权的理念开始被启蒙思想家们所提出。例如,洛克从社会契约论的角度指出刑罚权的来源。他认为,为了形成政治社会,所有成员彼此立下契约,约定将每个成员在自然状态下的所有权力转移到社会共同体之手。其中包括两项自然的权力的让渡:"他有权做在他看来适于保存他自己和其他人的合乎自然法的任何事情"和"他有权惩罚违反法律的任何罪行"③。因此,人们通过契约组成国家,并将原本具有的惩罚权力让渡给国家,因而国家才有了刑罚权。洛克认为,政治权力对一部分人处以刑罚,是为了保护全体而除去那些腐败到足以威胁全体的生命和安全的部分,否则,任何严峻的刑罚都不是合法的。④可见,洛克基于刑罚权来自于

---

① 参见陈浩然:《应用刑法学总论》,华东理工大学出版社2005年版,第247、250页。
② 何荣功:《自由秩序与自由刑法理论》,北京大学出版社2013年版,第18页。
③ 〔德〕列奥·施特劳斯、约瑟夫·克罗波西主编:《政治哲学史》,李洪润等译,法律出版社2009年版,第496、497页。
④ 参见〔英〕洛克:《政府论》(下),叶启芳、瞿菊农译,商务出版社1964年版,第105页。

人们让渡权力的判断,认为刑罚权的实施应当有所限制。在人文主义思想的影响下,关于刑罚的限制的理念越来越多。例如,孟德斯鸠认为,在刑罚的轻重方面,"优秀的立法者们关心犯罪的预防较多,关心犯罪的惩罚较少;在激励好的风俗方面留意较多,对施用刑罚费心较少"①。他进一步提出了罪与刑比例相适应的观点,认为"对大罪的防止应当多于对小罪的防止","对破坏社会的犯罪的防止应当多于对社会危害性较小的犯罪"②,因此,严刑峻法与轻缓刑罚之间要相互协调。总之,以启蒙运动时期人文主义思想为基础,近代刑法出现,开始通过刑罚应对造成社会危害的犯罪。"国家之所以拥有和能够实施刑罚,关键在于公民具有为维护社会基本秩序而必须限制自己的行为的义务。"③刑罚成为犯罪的必然结果,犯罪行为成为国家发动刑罚权的原因。因此,近代刑法一方面将刑罚限定于造成社会危害的犯罪行为;一方面将刑罚发动的主体限定为国家,由国家指定的机构代表国家予以惩处。可以说,随着近代刑罚权完全归属国家,刑罚成为国家统治的工具。

对此,马克思曾指出:"公众惩罚是罪行与国家理性的调和,因此,它是国家的权利,但这种权利国家不能转让给私人,正如同一个人不能将自己的良心让给别人一样。国家对犯人的任何权利,同时也就是犯人对国家的权利。任何中间环节的插入都不能将犯人对国家的关系变成对私人的关系。即便假定国家会放弃自己的权利,即自杀而亡,那么,国家放弃自己的义务将不仅仅是一种放任行为,而且是一种罪行。"④此处,马克思所提及的公众惩罚,就是国家惩罚犯罪的权力,即刑罚权。可见,刑罚权的主体只能是国家,具有天然的国家性。有学者用国家刑权力的概念对刑罚权的概念

---

① 〔法〕C. L. 孟德斯鸠:《论法的精神》,彭盛译,当代世界出版社 2008 年版,第 43 页。
② 同上书,第 46 页。
③ 陈浩然:《应用刑法学总论》,华东理工大学出版社 2005 年版,第 251 页。
④ 《马克思恩格斯全集》(第一卷),人民出版社 1960 年版,第 169 页。

进行了界定,指出它是一种"涵盖了国家将刑法作为一种强制性规范的权力,包括了将统治意志落实为刑事立法的权力,还包括了国家适用刑事法律的执法、司法权力"①。因此,刑罚权背后蕴含着国家权力属性,刑罚权的运作与国家权力的运作密切相连。

国家权力具有天然的扩张趋势。在个人与国家的关系中,国家当然地处于强势地位,容易导致侵害个人权利的危险。因此,在政治哲学领域,无论是自由主义还是保守主义亦或是社群主义,个人与国家的关系一直是政治理论的永恒问题之一。其中,以自由主义最受重视。甚至可以说,自由主义本质上就是一套国家学说,一直在探讨如何实现一个权力有限并受到制约的国家。

在自由主义看来,国家被视为"人类为了过一种共同的、有秩序的生活而不得不付出的代价"。为了将这种必要的代价限定在较小的程度之内,自由主义强调限制国家的权力和职能,例如限制国家权力的活动空间,强调个人与市民社会的权利。② 自由主义国家理论不仅强调有限政府,要求划定国家干预个人自由的界限,而且主张有效政府,要求国家作为公共权力能够有效地提供市场经济运作所需要的规则。正如布坎南在讨论社会自由的基础时所列举的一桩简单的西瓜买卖中所显示的国家作用一样,表面上,顾客从商贩的水果摊上购买一个西瓜是市场行为,但这一行为背后包含着许多假定。例如双方都知道,如果一方试图侵犯对方的所有权,他会受到国家的惩罚。③ 由此也可以引出自由主义对法治的强调。在自由主义看来,自由应当是法治下的自由,需要法律制约并限制政府的权限和行为

---

① 苏惠渔、孙万怀:《刑法的意义与国家刑权力的调整——对人权两〈公约〉的刑法评释》,载《华东政法学院学报》2001年第2期。
② 参见李强:《自由主义》,吉林出版集团有限公司2007年版,第217页。
③ See James M. Buchanan, The Limits of Liberty, University of Chicago Press, 1975, p.17. 转引自李强:《自由主义》,吉林出版集团有限公司2007年版,第222页。

方式;同时,法律以民法及刑法的方式规定个人行为的界限,防止一些人以专断的方式侵越他人的事务。①

可见,国家权力应当受到限制,刑罚权作为其中的一部分,亦不例外。更何况,刑罚权的过度扩张需要巨大的财政收入作为支持,势必侵占其他领域的公共支出,影响国家治理的效果。另外,刑罚权过度扩张必然导致公民自由的限缩,抑制社会发展的活力。沿着自由主义的思路,刑罚权的运行可以从两方面予以限制,即法律对权力运行的限制和刑罚范围的限制。例如,遵循《立法法》规定的程序要求制定和修改《刑法》,按照《宪法》的要求设置刑事立法内容,以防止权力的滥用和范围的失控。

五、刑法谦抑的刑法学根基

(一) 刑法的定位

在整个法律体系中,刑法是不可或缺的制裁法。刑法除了自有一部完整的法律之外,还在民法、商法、行政法等其他法律中扮演最后的制裁者的角色。刑法规定的法律效果是所有法律规范中最为严厉的。只有立法上刑罚以外的法律手段不足以有效防止不法行为时,刑罚才能够成为选择。刑法具有最后手段性。也正是与其他法律中的制裁手段一起,共同体现了法律的强制力。几乎所有法律都要依赖刑法的制裁规定,才能完整呈现法律的强制性,从而体现其规范功能。可以说,刑法是其他一切法律的保障法。于是,刑法应当与其他法律保持衔接,以便更好地为之提供保障。

从社会整个制裁体系来看,刑罚毫无疑问也是其中的最后手段。除了包括刑法在内的法律制裁体系外,其他非法律措施同时也发挥着利益保障、秩序维护的作用。因此,只有当其他非法律的制裁措施以及刑法外的

---

① 参见李强:《自由主义》,吉林出版集团有限公司2007年版,第224页。

法律制裁束手无策时,才可以适用刑法。有学者指出,在犯罪化的过程中,应当依次遵循:"道德——第一次法——第二次法"的犯罪化过滤机制。据此,需要依次实现三个层次的制约刑罚:首先是道德制约,即不能够把道德有效制裁的行为纳入刑罚处罚范围;其次是第一次法制约,即不能把第一次法有效制裁的行为纳入刑罚处罚范围;最后是第二次法制约,即把当前层次制约不能的行为纳入刑罚处罚范围时还应考虑刑罚处罚的有效性。① 这一处罚思路是值得借鉴的。只是,将前法律制约仅仅限制在道德制约略显单薄。因为任何一个社会的制度均由正式制度和非正式制度构成。前者包括法律、法规、公共政策等,后者则包括道德、信仰、习俗、惯例等。并且,反映一个社会之深层结构的并不一定就是正式制度。② 于是,在具体情境中,非正式制约机制的效果未必比正式制约机制的效果差。尤其是,刑罚本身体现的镇压性、强制性、痛苦性,使得刑罚对于社会而言,成为另一种形式的"恶害"。因此,刑法可以作为整个社会最强有力的保障,并为社会划定了个人权利与国家权力之间的界限。但是,只有当刑罚之外的其他措施,包括非正式制度或其他正式制度的制约措施失效的情况下,方能成为刑法的用武之地。

总之,无论从刑法在整个社会制度体系中的定位还是与其他法律的关系来看,刑法都应当处于制约机制最后的位置,而非制约机制的主导手段。进而,刑罚的最后保障性决定了刑法不应当过分介入社会法益的保障中,而应当以自身在社会制约机制中的定位为基础,准确、高效地发挥应有的作用。

(二) 刑法的局限

不管人们如何对刑法寄予厚望,必须承认的是,刑法有其自身不可克服

---

① 参见梁根林:《刑事法网:扩张与限缩》,法律出版社 2005 年版,第 34 页。
② 参见苏永生:《刑法谦抑主义的西方图景与中国表达》,载《法学杂志》2016 年第 6 期。

的局限性。因此,作为众多社会治理方式的其中之一,刑法应当利用有限的资源获得最优的效果。这也是刑法谦抑的应有之义。

第一,刑法具有政治性和工具性,容易被滥用。

如前文所言,刑罚权是国家权力,因此与其他法律相比,刑法体现出较强的政治性。政治体制的调整,政治偏好的改变,往往伴随着刑事政策、刑事立法以及刑事司法制度等方面的调整。同时,法律本身就具有工具属性,刑法作为整个法律体系中最后的制裁者,工具性更为明显。虽然刑法以实现法律正义为目标,但是容易为统治者或者利益集团所利用,作为维系统治、捍卫利益的工具,使得刑法偏离公平正义的方向。由于自身的政治性和工具性,反而提升了滥用的可能。一方面,人人都会担心成为犯罪的被害人,容易形成严惩犯罪的自我防卫心态。另一方面,大多数人相信刑法对于犯罪的威慑作用,一旦发现不易解决或不能快速解决的社会问题,极容易形成强大的社会共识,促进犯罪的严惩。因此,"一个文明进步的民主法治社会,固然仍会将刑法当做抗制犯罪的一个有效手段,但在适用刑法之时,无论在刑事立法或在刑事司法领域中,均不得进行过度的使用,以防刑法被滥用"[1]。

第二,刑法受制于自身的滞后性、抽象性。

众所周知,我国实行成文法,刑法难以摆脱成文法天然的局限性。成文法作为国家立法机关事前制定的一般性规则,具有抽象性、概括性。法律一旦被制定,就应当保持一定的稳定性、连续性,才能作为人们的行为指导规则。但是受制于立法之初的认识能力的限制,法律不可能预见之后发生的实际问题。于是,作为事前法,在不断发展的、复杂的现实生活面前,法律不得不处于被动应对的局面,相对滞后。法律需要以事前相对固化的规

---

[1] 林山田:《刑法通论》(上),北京大学出版社2012年版,第25页。

制之力，应对不断发展的社会生活。其中，刑法的滞后性尤其明显。一方面，刑法必须受到罪刑法定原则的限制，只能在现有的规则框架内进行演绎。另一方面，刑法规定的是最为重要的权力和利益，刑法的修改通常与最严格的立法程序相匹配，这样，相较于迅速发展的社会生活，不断涌现的新的社会矛盾，刑法滞后性更是难以避免。与此同时，受限于法律文本空间与认识能力，人们无法在立法中穷尽所有的规则细节，所以，法律必然是抽象的、概括的。但是现实生活却是丰富多彩的、不断演进的。因此，对于刑法而言，抽象的规则体系很难涵盖现实中形形色色的犯罪行为。刑法实践已经表明，现实生活中存在大量行为介于罪与非罪、此罪与彼罪之间，或者行为虽然应当予以定罪量刑，但是却有违社会共识等情况。因此，刑法抽象性在社会生活中的局限暴露无遗。

第三，刑法解决社会问题效果的局限性。

如前所述，刑罚只是社会制约机制的最后一环。这其实也暗示了，它或许是无可奈何之下最后的选择。对于普通公众而言，每一次的定罪量刑可以体现刑罚的威慑效力，或者彰显刑罚规范的价值，但这些对于每个具体案件中遭受人身或财产伤害的被害人而言，却显得十分苍白。比如，对一个因故意伤害案件变得残疾的被害人而言，无论对加害人适用何种严厉的刑罚，都无法解决被害人今后因残疾而面临的生活困难。再如，近年来高发的涉众型经济犯罪中，老年人成为主要的被害人群体。一些老年人在这类犯罪中不但面临严重的财产损失，而且往往受到严重的精神打击，犯罪的负面影响可以扩散至整个家庭的生活，甚至社会的和谐稳定。同时，老年人被害后获得事后救济的时间成本较高。与年轻人相比，在漫长的诉讼程序面前，长期的等待无论对他们的身心健康还是经济能力所造成的影响更大。然而，面对这些问题，即使严格按照刑法遵循司法程序最终将犯罪人绳之以法，也只能实现"法律"层面的效果，实现"表面"的正义，但终究与弥补犯罪对人、社会有形与无形的伤害还有很长一段距离。

第四，惩戒作用因犯罪黑数的存在而减少。

所谓的犯罪黑数，是已经实际发生而因种种原因未被发现和未被纳入官方犯罪统计之中的那部分犯罪案件数。① 关于犯罪黑数的实际规模，目前并没有一个统一的说法。有研究指出，多达半数以上的犯罪行为没有被警方获悉而成为犯罪黑数。② 还有学者估算，我国目前的未予刑事立案的犯罪达到全部犯罪数量的3/4。③ 即使进入警方视野，也因为破案率限制使得相当数量的犯罪无法进入刑罚的视野。④ 实际上，由于犯罪黑数的客观存在，加上破案率的限制，刑罚可以发生作用的范围是十分有限的。关于犯罪黑数，美国曾经进行了罪案自报调查和被害人调查，分别从潜在的犯罪者角度和潜在的被害人角度对犯罪黑数进行了调查。这些研究表明，越轨行为的实际数量远远多于官方数据所显示的数量。⑤ 因此，既然犯罪黑数客观存在，那么任何对刑罚的过度依赖都是值得怀疑的。在事实面前，我们将不得不承认刑法有限的效用，客观地看待刑法的定位和作用，而并不是对它寄予厚望。或许，正如有学者提出的，刑法的宣示性才是刑法发挥作用的方式。刑法宣告法律的立场，强调违法的后果，是一次全社会性的教育。⑥ 仅此而已。

---

① 参见王牧：《新犯罪学》，高等教育出版社2005年版，第189页。
② 参见张远煌：《犯罪学原理》（第二版），法律出版社2008年版，第226页。
③ 参见王登辉：《犯罪黑数的原因与对策研究》，载《公安学刊——浙江警察学院学报》2017年第3期。
④ 例如，近年来，广东省频发电信诈骗案件，但破案率不足一成。参见卢文洁：《电信诈骗年15亿，破案率不足一成》，载《广东日报》2015年10月16日。
⑤ 参见〔美〕克莱夫·科尔曼、詹妮·莫尼罕：《解读犯罪统计数据——揭示犯罪黑数》，靳高风等译，中国人民公安大学出版社2009年版，第15页。
⑥ 参见王震：《刑法的宣示性：犯罪黑数给我们带来的思考》，载《烟台大学学报》（哲学社会科学版）2015年第5期。

第五，司法运行的缺陷削弱了刑罚的社会价值。

例如，冤假错案的存在给社会带来了无法挽回的损失。近年来，如聂树斌案、佘祥林案、王树红案等冤案引起了全国人民的广泛关注。这些案件的犯罪嫌疑人，运气好一些的耗费数年自己与家人的人生方才艰难挣得沉冤昭雪，有些却早已为司法的错误付出了生命的代价，无可挽回。如果说人类的智慧与能力是有限的，在刑事案件审判过程中存在错误实难避免，那么，现实中刑事司法运行中出现的问题更是不利于避免冤假错案的出现。有学者以赵作海冤案为例，指出该案反映了刑事冤案防范机制的失灵和失效，实际上可以归结到一个根本性问题："我国刑事诉讼中的权利保障呈十分虚弱的状态"。① 还有学者指出，我国刑事立法、刑事政策、刑事司法等方面存在值得反思的问题，如片面追求破案率、要求"命案必破"等。② 换言之，冤假错案固然有人们认识能力的限制，但刑事法制与政策存在的问题如果没有解决，则很难降低冤假错案出现的概率。因此，以冤假错案为镜，彰显出刑事法运行机制存在的问题，损害了刑法的公信力，有损刑罚的社会价值。

第六，刑罚具有一定的负面作用。

实际上，很难判断刑罚是否实现了犯罪预防的目标，无论是在一般预防、特殊预防还是在报应刑层面进行评估，但与此同时，刑罚带来的负面效应却十分明显。首先，从侦查到最后刑罚执行结束，需要经过较长的刑事司法程序投入大量人力物力，造成了巨大的社会成本。比如，我国一些地方的监狱已经出现了饱和现象，监禁成本居高不下。其次，刑罚容易对社会带来二次伤害。从犯罪人的角度看，犯罪人被剥夺人身自由，不仅会丧

---

① 参见熊秋红：《冤案防范与权利保障》，载《法学论坛》2010年第4期。
② 参见陈永生：《我国刑事误判问题透视——以20起震惊全国的刑事冤案为样本的分析》，载《中国法学》2007年第3期。

失工作、生活基础,而且在社会迅速发展的今天,未来融入社会也十分困难。犯罪人不但面临着自由、财产方面的制裁,还要面临精神和心理的伤痕。一旦被刑事制裁,犯罪人即使在出狱后,也面临种种社会复归方面的限制。例如,《律师法》第 7 条规定,曾因故意犯规受过刑事处罚的,不予颁发律师执业证书。根据犯罪学中的标签理论,司法制度给行为人贴上犯罪人的标签,反而成为导致犯罪发生的原因。① 此外,犯罪人的家庭往往也面临"污名化"的困境,对他们正常的生活、工作均具有长期的、明显的影响。如果刑罚过度,容易激化犯罪人、犯罪人家属与社会之间的情感冲突。② 即使重刑看上去威慑功能发挥充分,但实际上,刑罚的影响如同水中的涟漪,激起以犯罪人为核心的社会成员的反社会情绪,久而久之,为社会秩序的稳定带来隐忧。"严峻的刑罚造成了这样一种局面:罪犯所面临的恶果越大,也就越敢于规避刑罚。为了摆脱对一次罪行的刑罚,人们会犯下更多的罪行。"③

第七,刑罚无法制止犯罪。

人类刑罚史已经说明,人们利用刑罚与犯罪进行的斗争从未成功过。"历史和统计科学非常清楚地证明,从该隐以来,利用刑罚来感化或者恫吓世界就从来没有成功过。适得其反!"④ 犯罪带来的危害和人们对犯罪现状的担忧,仿佛也从未消失过。根据犯罪学的一种观点,犯罪的发生与犯罪

---

① 标签理论认为,犯罪与刑事法律对犯罪的规定是有相互作用的。犯罪人在被贴上标签以后,产生了将自己视为犯罪人的自我观念。通常情况下,在行为被认定为犯罪之后,周围的机构、个人在对待行为人的态度中不自觉地会带有"罪犯"标签的影响,行为人在刑满释放后极容易遭受各种歧视和不公正待遇。这样,由于行为人身上被加注的种种标签,可能会促使行为人再次犯罪,产生与运用刑罚惩罚犯罪目的相违背的效果。坦南鲍姆指出:"制造犯罪人的过程,就是一个贴上标签、下定义、认同、隔离、描述、强调以及形成意识和自我意识的过程;它变成了一种刺激暗示、强调和发展被谴责的那些品质的方式。"他将这一现象称为"邪恶的戏剧化",并以少年犯罪人的处理问题作为典型情况。参见吴宗宪:《西方犯罪学》,法律出版社 2006 年版,第 396 页。
② 参见熊永明、胡祥福:《刑法谦抑性研究》,群众出版社 2007 年版,第 166 页。
③ 〔意〕贝卡利亚:《论犯罪与刑罚》,黄风译,中国法制出版社 2005 年版,第 54 页。
④ 《马克思恩格斯全集》(第八卷),人民出版社 1961 年版,第 578 页。

机会有关。对此,美国犯罪学家萨瑟兰指出:"人们犯罪的类型以及频率会因时间、空间的不同而有变化。这种变化可能部分地归因为机会。"他同时引用了劳伦斯·科恩和马库斯·费尔森的分析结论。根据他们提出的日常活动理论,对于掠夺性犯罪(即人们故意进行的伤害他人身体或夺取他人财产的非法行为)来说,需要三种最低限度的因素在时空上的融合为犯罪的发生提供可能性:动机性犯罪人、适宜的目标和缺乏有能力的保卫者。[①]换言之,如果日常生活中能够发现适宜的犯罪目标,并且缺乏有能力的保卫者,那么,当生活中出现了有动机的犯罪人时,难以避免会发生掠夺性犯罪。显然,在资源有限的前提下,人们无法消除犯罪目标,并提供完善的保护措施。正如菲利所指出的:"每一个社会都有其应有的犯罪,这些犯罪的产生是由于自然及社会条件引起的,其质和量是与每个社会集体的发展相适应的。"[②]可见,在一定的社会条件下,无论刑罚如何应对,犯罪总是难免发生。

(三)刑罚正当性的考虑

"任何法律都必须有其依据,即根据某种明确的观点或信念,否则便无法解释和毫无意义。"[③]众所周知,刑罚是由刑法所规定的一种痛苦(恶害),表现为对犯罪人权利和利益的剥夺。刑罚的影响不仅作用于犯罪人,而且对国家与社会也具有相当多的副作用。除了容易引起公众关注的冤假错案,引起人权的侵害和社会资源的浪费之外,即使是正当的刑罚,也会产生一定的"边际效应"。例如刑罚带来的标签化、污名化一方面使犯罪人家庭的正常生活受到影响,另一方面也给一些犯罪人的再社会化带来难题,可能引起犯罪人及其家属对社会的不满,陷入再违法再犯罪的恶性循环。所

---

① 参见吴宗宪:《西方犯罪学史》(第三卷),中国人民公安大学出版社 2010 年版,第 915 页。
② 〔意〕菲利:《实证派犯罪学》,郭建安译,中国政法大学出版社 1987 年版,第 43 页。
③ 张明楷:《责任刑与预防刑》,北京大学出版社 2015 年版,第 1 页。

以,任何刑罚的施加都应当有正当性的依据。换言之,刑罚的存在必须具有充足的合理依据。

这里,刑罚的依据不同于刑罚的目的,刑罚目的的合理性并不能代表刑罚的正当性。因为从逻辑常识来说,如果要获得正当的结果,不仅需要行为的目的正当,也必须采取适当的手段。如果只强调刑罚目的,有可能导致的结果是,为了实现刑罚目的而适用的任何刑罚都是正当的。例如,为了实现一般预防的目的对轻微的犯罪适用严厉的刑罚,尽管一般预防的目的是正当的,或许在一定时间内也确实有利于实现一般预防,但对轻微犯罪判处严厉刑罚的手段,会导致犯罪人成为预防犯罪的工具,侵犯了犯罪人的尊严,因而也是不正当的。事实上,对刑罚目的的强调在刑事司法活动中十分常见。历次"严打"的运动化治理中的量刑实践已经充分说明了这一点。在"严打"过程中,对犯罪人适用较重的刑罚,原因就在于实现犯罪的一般预防。以一般预防为名科处刑罚是否具有足够的正当性,是值得讨论的。因此,刑罚的制定与适用不仅需要考虑刑罚的目的,还应当考虑刑罚的正当性。显然,比起刑罚的目的,刑罚的正当性更应当成为我们选择刑罚工具的依据。

同时,在讨论经济犯罪以及刑罚工具配置时,刑罚的正当性问题尤其不容回避。因为对一些严重且直接损害人身或财产安全的伤害行为或威胁来说,伦理价值的判断抑或是行为的错误性是十分清楚的,这些行为与合法行为的区别清晰可见,非黑即白,相比之下,刑罚在经济领域的适用有时并没有如此明确的道德伦理的谴责,抑或是正义与非正义的区分,由此为刑罚动用的正当性解释增加了困难。同时,在社会生活中,对于犯罪行为来说,这些行为与合法的金融活动混杂在一起,或多或少地受到不同层面的社会控制。从整个社会控制体系来说,制裁存在于民事赔偿中,存在于行政调整里。有时,诸如民事赔偿、行政处罚在一些金融领域已经足以调整人们的行为,弥补损失,并不需要动用刑罚工具。而刑罚更大意义上只是起到补充和辅助作用,即使我们认为社会控制依赖刑罚作为最终的保障,但也不是"主要"依赖刑罚作为保障。所以,此处,需要明确当前刑罚正当性之所在,进而讨论刑法谦抑的必要性。理论上,关于刑罚正当性的讨论主要围绕报应刑与预防刑两项内容展开。

1. 报应刑

报应刑要求,对任何犯罪所科处的刑罚,都不得超出报应的限制。

报应刑与正义的实现紧密相关。原始的同态复仇理念——"以血还血,以牙还牙"——符合人们对刑罚正义的心理预期,依然在背后支持着报应刑。进而,人们普遍认同,刑罚只有在与其所要弥补的损害程度、行为的严重程度相当时才是正义的。报应刑在社会心理方面的优势使得它容易被接受,成为刑罚严厉性的限制原则。罪责刑相适应据此有了"群众基础"。如果从绝对报应刑的角度来看,它禁止任何采用严厉刑罚处罚轻微罪行的做法。因此,从这个层面上看,报应刑隐含了对自由的尊重,成为自由的守护神。以报应刑的理念为基础,人们不断修订犯罪范围,优化量刑规则,确定量刑幅度。可见,在正义的旗帜下,报应刑牢固地树立起只能对犯罪判处刑罚的理念,要求刑罚不得超过责任的限度,防止出现基于功利考虑惩罚无辜或重罚轻罪的做法,推崇罪刑相适应、相均衡,反映出对比例原则的尊重。

报应刑可以防止对特殊预防和一般预防的过度追求,防止行为人成为刑罚的工具,以便保障行为人的权利。如前所述,报应刑发挥着限制刑罚运行范围和程度的作用,防止因预防刑导致的过度侵害个人权利的情况。事实上,报应刑不但可以制约预防刑的负面效应,而且需要预防刑补足自身劣势。如果承认刑法具有辅助性地支持法益保护的作用,那么就需要考虑刑法的其他社会目的,思考刑罚限度的调整。倘若出现基于报应刑要求处以刑罚但刑罚反而阻碍了刑法社会目标实现的情况,那么,刑罚不再为刑法的任务目标服务,反而会减损刑罚的合理性。由于人民成为国家权力的来源,国家权力的行使天然地需要符合人民的期许。国家权力被赋予保障人民自由、维持社会秩序的义务,同时也等同于被限制在保障义务上。于是,作为国家权力之一的刑罚权不得不考虑报应刑的限度,以便符合义务要求。毕竟,"国家作为一种人所建立的公共机构,没有能力也没有权力将形而上学的正义思想变为现实"[①]。此外,借助对依据报应刑确定的刑罚圈的考察,可以确定刑法能力的界限,有助于确定是否及如何实现刑法的辅助性。

2. 预防刑

事实上,不论是刑事立法还是司法,背后或多或少均隐含着立法者抑或是司法者行动的目标,即预防犯罪。刑罚因其指向未来犯罪的防止得以强化自身的正当性。

众所周知,预防刑包括特殊预防与一般预防。前者将刑罚的正当性置于对犯罪人的作用上。借助制定并实施刑罚,阻止犯罪人将来犯罪。后者将刑罚的正当性置于对一般公众的影响上。通过刑罚的执行与威慑,公众据此了解法律的禁止性规定,调整自身行为以免于刑罚的处罚。具体而言,包括消极与积极的一般预防。消极的一般预防,又称威慑预防论,以费尔巴哈的心理强制说为代表,即通过对犯罪规定和适用刑罚而向一般公众宣告犯罪需要付出刑罚的代价,通过威慑使公众不敢犯罪。积极的一般预防,又称规范预防论,强调通过刑罚的适用增强民众对于法律的忠诚,使得一般民众不愿犯罪。实践中,预防刑的作用根据不同的刑罚运行的不同阶段有所不同。在刑罚的制定阶段,依据罪行的轻重,重视一般预防的必要

---

① 〔德〕罗克辛:《德国刑法学总论》(第1卷),王世洲译,法律出版社2005年版,第38页。

性大小；在刑罚的裁量阶段，则侧重特殊预防的必要性。

　　整体上，预防刑强调对国家的防卫，容易忽视对个人的保护。当犯罪人在预防刑的视野下具有了防止他人犯罪的工具的角色之时，就意味着他或她不仅仅为自身的行为付出代价，还要肩负犯罪预防的社会责任。同时，预防刑容易受到功利主义的负面影响。例如，报应主义者曾批判过，一个功利主义的治安官会认为，当一群白人因某起暴力案件的不明嫌犯是黑人而发起针对黑人的暴乱时，立刻对一个无辜的黑人实施逮捕让他定罪来安抚暴乱者是正当的。[①] 再如，即使是从特殊预防的角度，如何判断量刑时行为人的再犯危险性并据以调整刑罚，现实中并不容易。因为犯罪人的危险性是潜在的、推测的结果，是否足以成为量刑调整的依据，是令人质疑的，反而容易导致量刑畸轻畸重的混乱现象。以上这些情况下，无疑削弱了预防刑的正当性。

　　现实中，具体到某类或某个犯罪的刑罚设置，其刑罚正当性是值得探讨的。例如，对于经济犯罪来说，当惩罚性赔偿看起来足以弥补受害人乃至社会损失的时候，再引入刑罚，是否还存在正当性？实际上，对经济犯罪适用刑罚，在某种意义上是合理的。平野龙一曾指出，在日本存在广泛的对财产犯罪适用刑罚的现象，主要出于以下两方面原因：一方面，经济活动多是在经过合理计算之后实施的，刑罚发挥威慑力作用的余地很大。同时，从被害人学的角度来说，财产犯罪的犯罪人与被害人之间，往往关系并不亲密，因此，更容易接受刑罚这种"超越初级群体"的制裁方法。另一方面，虽然经济性利益的损失在事后的赔偿中能够予以恢复，但是当民事制裁体系跟不上经济发展的需要的时候，只能放弃刑法的补充性。[②] 可见，关于经

[①] 参见〔美〕约书亚德雷斯勒：《美国刑法精解》，王秀梅译，北京大学出版社2009年版，第19页。

[②] 参见〔日〕平野龙一：《刑法的基础》，黎宏译，中国政法大学出版社2016年版，第98页。

济领域的犯罪,人们倾向承认刑罚的威慑效果,不管实际是否存在,因此更偏好一般预防;同时,非刑罚手段缺位,而现实经济却急需国家保护,此时,更容易放弃刑法的谦抑性。在上述两个原因的影响下,容易出现犯罪圈和刑罚圈扩张,并不意外。这种情况也适用于当下的中国。

事实上,对于很多预防论的支持者而言,刑罚谦抑的理念在他们的观点中一直有所体现。李斯特认为,任何一个具体犯罪的产生均由两个方面的因素共同使然:犯罪人的个人因素,犯罪人的外界的、社会的,尤其是经济的因素。有鉴于此,社会政策则承载着消除或限制产生犯罪的社会条件的使命。另外,"在与犯罪作斗争中,刑罚既非唯一的,也非最安全的措施"。"无论对个人还是社会,预防犯罪行为的发生要比处罚已经发生的犯罪行为更有价值,更为重要。"[1]平野龙一指出,必须慎重考虑刑罚的必要性界限,并考虑以下几点:"首先,为了防止犯罪,采取社会福利政策有时比采取对行为非难的方法更有效。……其次,对犯罪的社会性非难,不是仅仅表现为刑罚手段,换言之,并非只有刑罚是社会统制手段,还有邻人的评价、职业上的社会地位与信用的丧失、一般人通过宣传工具的反应等其他许多'社会统制手段',刑罚只不过是上述手段之一而存在。……最后,即使在刑事司法内部,也不是只有刑罚孤立地发挥技能。……虽然不可否认现实执行刑罚本身的抑制效果,但有时也不是非执行不可。"[2]

总之,无论是预防刑还是报应刑,不管在理论上还是实践中均有诸多争议。由此也导致了刑罚正当性变成一个理论上无可非议,但具体情境下面貌多变的问题。理论上,学者们或分别支持二者,或从中提出并合主义或综合主义的主张,试图实际上,无论对于何种犯罪与刑罚,刑罚正当性的反

---

[1] 〔德〕李斯特:《德国刑法教科书》,徐久生译,法律出版社2006年版,第12、13、23页。
[2] 〔日〕平野龙一:《刑法总论 I》,有斐阁,1972年版,第23页。转引自张明楷:《责任刑与预防刑》,北京大学出版社2015年版,第85页。

思与拷问均不应缺位。对此,刑法谦抑无疑提供了一个审视的角度。谦抑背后隐含的对人的权利和自由的尊重,同样也是刑罚正当性背后的价值支撑。从这个角度来说,二者可谓殊途同归。尤其是对于预防刑来说,刑法谦抑的必要性更为突出。从这个层面上,刑法谦抑内在于刑罚正当性的拷问中。

第二章　金融犯罪概念与范畴

从严格意义上说,金融犯罪并不是一个法律术语,而是经过一定时期筛选后被广为接受的刑法学术语。在国内外的研究中,并没有形成统一的、严格的定义。在我国的司法实践中,"金融犯罪"的概念已经被广泛接受,用以描述危害金融管理秩序,威胁金融安全的犯罪类型。尤其是,一些地方法院已经连续多年对金融犯罪的检察、审判情况进行统计,以司法白皮书的形式予以发布。[①] 可见,金融犯罪的概念无论在理论研究还是司法实践的土壤中,已然生根发芽。那么,何谓金融犯罪?这一概念之所以从一众词汇中表现出被广为接受的独立价值,它究竟包含了哪些核心要素?与此同时,在司法实践中,金融犯罪又包括哪些内容?它与刑事立法划定的犯罪圈是否存在区别?笔者认为,倘若要回答上述问题,需要借助立法的法律文本与司法的实践运用来理解。前者表明了立法对金融犯罪内涵的表达,后者则借助司法运行反映出金融犯罪的实际范畴,二者如同硬币的两面,分别从文本和实践的角度共同铸就了金融犯罪的内涵。进而,通过分析立法和司法中金融犯罪所呈现的面相,亦有助于我们理解和把握金融犯罪预防和控制。

---

① 例如,上海市人民检察院每年发布《上海金融检察白皮书》,上海市高级人民法院发布《上海金融刑事审判情况通报》等。

第一节 金融犯罪的概念：刑事立法的界定

尽管国内的研究经常采用立法为依据界定金融犯罪的概念。然而，严格说来，在我国的刑事立法中，并没有直接对"金融犯罪"进行界定，而是在立法中逐渐规定一系列含有金融要素的犯罪类型。这些犯罪类型的发展，推动了我国对于金融犯罪的认知。通过考察金融刑法，结合相关理论上的讨论，刑法针对有关金融犯罪所惩罚的对象和评价的依据逐渐显现，金融犯罪的概念由此而生。

一、刑事立法对金融犯罪的界定

首先需要明确的问题是，刑事立法规定了哪些与金融相关联的犯罪？法律规定这些犯罪类型的目的是什么？这些问题或可从我国金融刑法的历史发展过程中窥得一斑。

（一）金融犯罪的范围：刑事立法的选择

在我国1979年第一部刑法典中，规定金融相关犯罪的条文很少。在第三章"破坏社会主义市场经济秩序罪"中，仅仅在第122条规定了伪造和贩运伪造的国家货币罪，以及在第123条中规定了伪造有价证券罪。同时，受到当时计划经济思维的影响，投机倒把罪成为所谓的口袋罪，在司法实践中也适用于一些严重违反当时金融法规的行为，如倒买倒卖外汇牟利或者从事高利贷、擅自设立金融机构等。而此时，金融诈骗类犯罪还没有从诈骗罪中独立出来。总之，这一时期，金融活动相对简单，金融市场还没有形成，金融监管的压力很小，并没有像今天这么多纷繁复杂的金融交易。由于历史发展阶段的限制，刑法规定中的金融犯罪范围十分狭窄，主要囊括了外汇、货币、金融机构设立和运作中的犯罪行为。沿着类似的思路，全国人大常委会随后颁布了一系列"补充规定""决定",进一步明确对上述行为的严惩。

1995年,我国开始对金融相关犯罪进行较为系统性的规定。这一年,由全国人大常委会通过的《关于惩治破坏金融秩序犯罪的决定》(以下简称《决定》),因其明确的指向性,成为"我国金融刑事立法发展道路上具有里程碑意义的一部法律"[①]。《决定》涉及货币、外汇、证券、金融机构经营管理、信贷、金融票证和金融诈骗等诸多领域的犯罪行为,初步形成了我国金融刑法的基本范畴。根据当时全国人大常委会法制工作委员会主任顾昂然先生《关于惩治破坏金融秩序的犯罪分子的决定(草案)的说明》,《决定》所列举的行为破坏了金融秩序,属于金融领域的犯罪活动。尽管在今天看来,金融犯罪的行为类型依然有争议,但是,为了保护金融秩序而打击金融领域的犯罪活动的立法表述,逐渐成为人们探讨金融犯罪内涵和外延的基石。

1997年《刑法》颁布后,第三章"破坏社会主义市场经济秩序罪"中的第四节"破坏金融管理秩序罪"、第五节"金融诈骗罪",成为受到广泛认可的金融刑法内容。经过了历次《刑法修正案》的增补修订,最终形成了两节共计31个条文,38项罪名,其中包括30项破坏金融管理秩序罪的罪名,8项金融诈骗罪的罪名。从《刑法》的结构设计看,这些罪名所涉及的行为在本质上破坏了社会主义市场经济秩序。其中,为了维护金融管理秩序,《刑法》以30项罪名的容量设置了相关行为的犯罪构成要件和刑事责任。对于其余的8项金融诈骗罪的规范目的,学界认识存在分歧,但主流观点认为,金融诈骗罪同样是对金融管理秩序的违背。

在此后全国人大常委会通过的九个刑法修正案中,有七次修订涉及金

---

① 胡启忠:《金融刑法适用论》,中国检察出版社2003年版,第17页。

融犯罪的罪名、罪状和法定刑。其中,《刑法修正案》《刑法修正案(三)》、《刑法修正案(五)》《刑法修正案(六)》《刑法修正案(七)》对第三章第四、五节进行了罪名的增补,拓宽了金融犯罪的行为范围;《刑法修正案(八)》废止了票据诈骗罪、金融凭证诈骗罪、信用证诈骗罪的死刑;《刑法修正案(九)》取消了伪造货币罪、集资诈骗罪的死刑。此外,1998年12月29日,全国人大常委会颁布了《关于惩治骗购外汇、逃汇和非法买卖外汇犯罪的决定》(以下简称《外汇决定》),增加了骗购外汇的规定,以单行刑法的形式对外汇犯罪作出了规定。根据《外汇决定》,其立法目的在于保护外汇管理秩序,同样属于保护金融管理秩序的范畴。

通过以上对金融刑法变迁的内容进行梳理,大致可以勾画出改革开放之后,我国应对金融犯罪所采取的立法政策。伴随着金融市场的发展,金融犯罪亦日益复杂多变。于是,借助增加新的罪名,拓宽金融犯罪的存在领域,增加犯罪主体的认定范围,修改犯罪的行为表现与犯罪既遂标准等方式,在刑事立法中,金融犯罪的范畴呈现出逐渐扩张趋势。① 目前,在刑事立法中,我国的金融犯罪涵盖领域已经较为广泛。从制度维护的角度来看,包括货币管理制度、金融机构管理制度、信贷管理制度、金融票证管理制度、有价证券管理制度、证券期货市场管理制度、客户及公众资金管理制度、外汇管理制度、金融业务经营管理制度。

(二)金融刑法的特征

经过对上述金融刑法立法历程的梳理,可以看出,金融刑法呈现出以下

---

① 对目前这种扩张形势的解读,学界存在两种截然不同的观点。对此,有观点认为,当下的金融刑法迅速扩张反映了立法的重刑化趋势,这将导致刑法系统自身规律性的紊乱,造成法益保护位阶错乱和罪刑失衡,带来经济系统自身功能的丧失,有悖于刑法介入金融市场的科学性。相关内容可参见姜涛:《我国金融刑法中的重刑化立法政策之隐忧》,载《中国刑事法杂志》2010年第6期;赵运锋:《金融刑法立法重刑政策评析及反思》,载《上海金融》2011年第5期。也有观点认为,尽管目前立法在不断加强金融犯罪方面的内容设置,但是刑法依然存在疏漏,没有形成严密的刑事法网,未来刑法应当进一步进行扩容。参见胡启忠:《金融犯罪立法研究——论金融犯罪的设立》,载《西南民族学院学报》(哲学社会科学版)2001年第1期。

几项特点：

第一，金融犯罪的独立价值经由金融刑法的立法过程逐渐彰显出来。最初，金融犯罪与传统犯罪并没有明确的界限。随着金融体制改革的发展，金融犯罪成为刑法的关注点之一，并最终在《刑法》中形成了相对独立的体系。

第二，从《刑法》的规定中可以看出，金融刑法以金融管理秩序为核心。金融刑法配合金融监管，将金融管理领域性质最为恶劣的违法行为予以犯罪化。因此，金融刑法设定的犯罪圈随着金融监管制度的建设而不断扩张。尤其是，历次有关金融犯罪的刑法修正案，主要涉及侵犯金融管理秩序犯罪一节。

第三，借助于《刑法》的结构设计，金融诈骗犯罪在我国的金融刑法体系中取得了相对独立的地位。然而，在随后的《刑法修正案》中，从犯罪化的角度来看，金融诈骗犯罪圈并没有在刑法层面出现明显的扩张。

（三）刑事立法对于概念认定的价值

金融刑法的内容和特征是否左右了我们对金融犯罪所进行的界定？毕竟，金融犯罪的表现形式如此复杂多样，抽象地将其归纳出一个统一的概念，并不是一项容易的工作。实际上，在以往的研究中，刑法相关内容的规定的确在一定程度上影响了学者们对于金融犯罪的界定。有学者主张，在给金融犯罪下定义时，必须以立法为依据，使理论上的金融犯罪概念与修订后的刑法对金融犯罪的规定相吻合。[①] 甚至，受刑事立法的影响，一些对于金融犯罪的界定采取了列举的方法来说明那些已经被规定为犯罪的经济犯罪的表现形式。例如，有观点认为，金融犯罪是指自然人或单位违反有关货币、贷款、结算、证券、保险、外汇、信托等金融管理制度，侵害金融管理

---

① 参见胡启忠：《金融刑法适用论》，中国检察出版社2003年版，第29页。

秩序,非法从事金融活动或相关活动的经济犯罪,特指我国刑法中的破坏金融管理秩序罪和金融诈骗罪。①

然而,这种方法的科学性是值得质疑的。因为一方面,金融犯罪的归类在刑法中一直呈现出变动的趋势——比如近年来罪名的扩张,在刑法规范中,哪些被禁止的行为应当被归入金融犯罪一直存在争议;另一方面,立法机关已然拥有了决定什么属于金融犯罪的权力,而研究的意义应当在于对经济中现有的不正常行为予以科学和合理的犯罪化,批判地审视立法,从而参与到立法的制订与完善过程中。比起依据刑法规定界定金融犯罪的定义和范围,将金融犯罪的内在特征提取出来,勾画其大概的轮廓,动态地认知和审视现有的立法,可能更加具有实际意义。

马克思曾指出:"立法者应该把自己看做一个自然科学家,他不是在制造法律,不是在发明法律,他把精神关系的内在规律表现在有意识的现行法律之中。"②如果遵循这一假设的逻辑,我们便可以借助考察金融刑法的内容,推断立法对于金融刑法与金融犯罪、金融秩序之间的关系与规律的理解。所以,刑法中关于金融犯罪的内容对于理论研究的意义,在于它反映了立法所认为的金融犯罪的行为特征,体现了金融犯罪预防和控制的刑事立法目的和价值选择。据此,我们可以从金融刑法的发展中探寻金融犯罪的真意。

二、金融犯罪概念之争

结合刑事立法的发展过程,下文将分析金融犯罪概念的理论界定,把握金融犯罪的典型要素,确定概念的核心所在。

---

① 参见曲伶俐等:《刑事政策视野下的金融犯罪研究》,山东大学出版社 2010 年版,第 38 页。
② 转引自王文华:《从欧盟法律规定看金融刑法的边界》,载《中国欧洲学会欧洲法律研究会 2008 年年会论文集》,第 199 页。

(一) 金融犯罪的传统定义:《刑法》诞生前后的演绎

早期,学者们对于是否使用"金融犯罪"这一术语表达有害于金融的犯罪行为存有争议。"金融犯罪"①"侵犯金融管理制度的犯罪"②"国家金融证券经济制度的被侵犯与犯罪"③"危害金融犯罪"④等都曾作为这一类犯罪的学术表达。另外,由于学者们不同的研究方向和价值选择,金融犯罪的含义和范围也纷繁复杂。

20世纪90年代,尤其是伴随着《刑法》的颁布,破坏金融管理秩序犯罪、金融诈骗犯罪作为独立章节,统一对金融相关的犯罪进行了规定,进一步推动了对金融犯罪概念的界定。金融犯罪的概念初步形成。这时期,有学者提出,"绝大多数破坏金融秩序的犯罪都属于金融欺诈的范畴",金融犯罪就是以金融机构或相关主体为被害对象的财产欺诈行为。因此,金融犯罪可以分为三类,一是针对金融机构的犯罪,如贷款诈骗罪等直接危害银行资金安全或生存条件的犯罪;二是利用金融机构实施的犯罪,包括挪用公款、洗钱等以金融机构为媒介或工具的犯罪;三是由金融机构实施的犯罪,主要针对银行内部责任人员共同利用银行身份而实施的犯罪。⑤ 在该类定义里,一方面,金融犯罪的界定是围绕金融机构展开的,金融犯罪的危害主要是导致金融机构,特别是银行的不良资产和坏账损失。另一方面,定义强调诈骗作为行为的共同点,其受害者同样指向金融机构,金融机构利益的维护是金融刑法的重点。同时,定义涵盖范围较广,包括一些传统犯罪中具备的内容。

---

① 全国人大常委会副委员长王汉斌在《关于中华人民共和国刑法(修订草案)的说明》中、全国人大常委会法制工作委员会主任顾昂然在《关于惩治破坏金融秩序犯罪的决定(草案)》的说明中使用了"金融犯罪"的表达。
② 陈兴良:《经济刑法学》(各论),中国社会科学出版社1990年版,第12页。
③ 夏吉先:《经济犯罪与对策》,世界图书出版公司1993年版,第459页。
④ 王新:《危害金融犯罪的概念分析》,载《中外法学》1997年第5期。
⑤ 参见白建军:《金融犯罪的危害、特点与金融机构内控》,载《政法论坛》1998年第6期。

有学者进一步提出,金融犯罪应有广义和狭义之分。前者是指金融活动中一切侵犯社会主义经济关系,依照法律应当受到刑罚处罚的行为;后者是指金融系统工作人员,在金融活动中,侵犯社会主义经济关系,依照法律应当受到刑罚处罚的行为。① 在这两种分类中,反映了两种不同的界定思路。前者强调金融活动中的一切行为,对金融犯罪采取了广泛而又开放的界定。后者表现为金融系统的工作人员,将视线转向了金融机构的内部控制中。还有学者将是否发生在资金融通过程中作为区分金融犯罪广义与狭义的标准。广义的金融犯罪的外延包括与金融有关的所有犯罪,包括抢劫、盗窃金融机构的犯罪行为,银行或其他金融机构的工作人员贪污、受贿、挪用公款、玩忽职守犯罪,走私伪造的货币、金融电脑犯罪等。在界定狭义定义时,通过将金融犯罪的特性进一步与其他刑事犯罪予以区分,认为金融犯罪是"行为人在货币资金的融通过程中,以获取非法利润为目的,违反金融管理法规,非法从事融资活动,破坏金融秩序,情节严重的行为"②。这一概念与前两种概念的不同之处在于,它强调金融犯罪发生的特殊时空——"货币资金的融通过程",将广义定义中与传统犯罪相交叉的抢劫、盗窃金融机构以及银行工作人员贪污、受贿、挪用公款等发生在融资活动之外的行为排除出去。

综上所述,在对法律术语进行定义时,广义和狭义之分十分常见。而针对金融犯罪的定义来说,金融犯罪的广义和狭义之争都有其存在的价值。

1. 金融犯罪定义中广义阐释的意义

笔者认为,对金融犯罪广义和狭义的界定反映了金融犯罪特性逐步突显的过程。在20世纪90年代,与传统犯罪相比,金融犯罪概念的特性还没有达成广泛的共识,与传统犯罪交织的广义定义依然有其生存空间。表现

---

① 参见谭秉学、王绪祥:《金融犯罪学概论》,中国社会科学出版社1993年版,第9页。
② 王新:《危害金融犯罪的概念分析》,载《中外法学》1997年第5期。

在，一切与金融活动相关的犯罪都被视为金融犯罪，包括传统盗窃罪、抢劫罪中以金融机构为目标的犯罪，金融机构工作人员的贪腐类犯罪等。这些犯罪的犯罪刑事与刑法规定中相应的传统犯罪并没有实质性区别，仅仅在犯罪对象、行为方式上有所区别。在定罪量刑时，直接援引相应条款来追究刑事责任即可。

事实上，这种研究上的认可与当时的犯罪现状是密切相关的。在80年代中后期到90年代初期，盗窃和抢劫是金融系统内的两种主要犯罪形式，占整个金融经济犯罪案件的80%左右。[1]而金融系统查处的贪污、受贿、挪用公款三类案件，到1993年上半年上升为金融系统案件总数的84.3%。[2]可以说，金融结构稳定不变的金融系统导致金融相关犯罪类型较少，传统犯罪的比例依然较高。正是在这种犯罪形势下，在这一阶段，传统犯罪与金融犯罪的边界时而模糊。例如，1994年5月25日，国务院召开了"防诈骗、防盗窃、防抢劫，保障银行资金安全"的电话会议，集中力量打击以银行为侵害目标的抢劫、盗窃、诈骗三类案件。换句话说，金融诈骗犯罪在刑事政策上也被与盗窃、抢劫金融机构的犯罪一起处理。[3]刑事政策将其视为统一处理的结果强化了人们对于保护金融机构的观念，从而更加容易接受广义的定义。所以，对于金融资金安全的重视，使得如盗窃、抢劫、贪污、受贿等传统犯罪，一旦发生在金融系统，就容易被金融犯罪的范畴所吸纳。

---

[1] 参见自王新:《危害金融犯罪的概念分析》，载《中外法学》1997年第5期。
[2] 参见陈学军:《金融犯罪面面观》，中国法制出版社1996年版，第75页。
[3] 参见1995年3月李鹏总理所做的"政治工作报告"及12月中央政法委员会书记任建新在全国政法工作会议上的讲话。在此次"三防一保"工作中，由于金融诈骗犯罪通常要占以银行为侵害目标的抢劫、盗窃、诈骗三类案件发案总数的70%左右，防诈骗被放在"三防一保"工作首位。这也直接导致1995年我国将金融诈骗视为重点打击的犯罪。转引自王新:《危害金融犯罪的概念分析》，载《中外法学》1997年第5期。

2. 金融犯罪狭义之争中的共性

尽管学者们依据研究角度和研究目的的不同，选择了不同的角度阐释金融犯罪的概念，然而，在这些定义中，依然可以找到不同概念中的共性。主要有以下两点：

其一，普遍认为，金融犯罪的危害实质在于破坏了金融管理秩序。20世纪90年代，受计划经济思维的影响，"国有经济成分在政府主导下走的是强制性制度变迁的道路"，即通过政府供给新制度安排实现制度变革。[①]这时期，我国金融发展主要反映在政府驱动下的银行体系的单方面扩张，市场机制在配置金融资源过程中的作用十分微弱。因此，这种依赖政府管制的金融政策反映在立法上，则表现为对管理维护的偏好。从金融安全维护的角度上看，当时，金融体制建设水平低，金融市场的各项法律法规还处于出台阶段，监管程度总体比较低。[②] 所以，采取管理本位的刑事政策，有其必然性和合理性。对金融安全的隐忧通过人们对行为予以犯罪化表现出来，刑法被寄予厚望，事实上分担着"管理"的任务。通过打击破坏金融管理制度的金融犯罪，刑事法律所追求的秩序价值得以实现。我国金融刑法也将金融管理秩序视为确保金融市场良好运转的核心。1997年《刑法》中"破坏金融管理秩序罪"一节的规定也就应运而生。同时，在缺乏金融市场观念、重视政府管制的条件下，在主流的刑法学观点中，金融诈骗罪也被视作传统诈骗犯罪在金融领域的特殊表现，金融诈骗罪的主要客体也被理解为金融管理秩序。[③] 基于此，在对金融犯罪进行定义时，金融管理秩序成为金融犯罪所侵犯的客体。[④]

其二，《刑法》对金融犯罪的打击，以维护金融机构利益为核心。换言

[①] 参见高西有：《中国金融体制的效率评价及改革》，载《经济与管理研究》2000年第6期。
[②] 参见张安军：《国家金融安全动态监测分析》，载《国际金融研究》2014年第9期。
[③] 参见高铭暄、马克昌：《刑法学》，北京大学出版社2001年版，第427—438页。
[④] 参见王学成：《论金融犯罪的概念及构成特征》，载《广东商学院学报》1999年第3期。

之,刑法所保护的法益,本质上是为了金融机构的利益。《刑法》诞生之际,主要是以保护银行资产为核心。有学者提出,对于针对银行的犯罪,刑法规范少法网疏但刑罚重;对于利用银行(包括由银行)实施的犯罪,刑法规范多法网密而刑罚轻。因此,刑法定位于银行业的大安全以及与之对应的银行业全方位保护,依据不同金融犯罪的自身特点选择犯罪化的范围与刑罚的轻重,符合银行业对行业安全稳健运行的需求。[①] 这一定位取决于当时的时代背景,亦有其存在的合理性。我国从改革开放到上世纪 90 年代所进行的金融体制改革的实践,成效并不显著,"金融得到的只是强烈而迅急的量的扩张,金融结构与金融制度安排并未发生实质性的变化"[②]。其表现之一在于,维护金融秩序在某种程度上反映为对现有金融机构利益的维护,尤其是对于银行业的维护。此时的银行业,几乎就等同于国有银行,由国家垄断着金融体系。与此同时,根据学者对国内金融安全进行的动态监测分析,在 1992 年到 2000 年,我国的金融安全程度整体较低。其中,银行业处于危机状态,工行、农行、中行、建行、交行五大国有商业银行整体不良贷款、资本充足率、资产流动性和盈利性都比较低,资本账户基本处于封闭状态。[③] 于是,金融犯罪对金融秩序具有严重破坏性,因银行资金的安全是金融秩序的最主要体现之一,[④]刑法具有了明确的立法偏好,金融犯罪的范围亦相应地有所偏差。相应地,在关于金融犯罪的理论研究中,当谈及金融犯罪的社会危害性时,常围绕银行业利益受到的侵害展开。

(二)金融犯罪定义的发展:历次刑法修正案时期的变化

根据以上分析,《刑法》颁布后,在对金融犯罪进行定义时,以下问题需要解决:伴随着金融体制改革的深入和金融市场的发展,金融犯罪的范畴

---

① 参见白建军:《论我国银行业的刑法保护》,载《中外法学》1998 年第 4 期。
② 张杰:《中国金融改革的检讨与进一步改革的途径》,载《经济研究》1995 年第 5 期。
③ 参见张安军:《国家金融安全动态监测分析》,载《国际金融研究》2014 年第 9 期。
④ 参见王新:《危害金融犯罪的概念分析》,载《中外法学》1997 年第 5 期。

是否有必要囊括一些与传统犯罪相交叉的犯罪？刑法如何维护金融管理秩序？如何判定行为破坏了金融管理秩序以至于需要接受刑罚的处罚？

同时，《刑法》的颁布初步建立了我国金融刑法的体系。并随着历次刑法修正案的生效，金融犯罪已经成为一个被广泛接受的术语，学界对其内容和范畴的认识也进一步深化。一方面，"金融犯罪"逐渐成为一个常用词汇，关于金融犯罪的文章大幅增加。另一方面，学者们在使用这一术语的时候，根据研究视角的不同，分别选取了不同的角度进行界定，定义更加细致而多样。

1. 金融犯罪外延之争：限缩与扩张

随着研究的深入，人们希望通过限制和厘清金融犯罪的范畴，挖掘金融犯罪的独立价值及其内在一致性。因此，在传统定义中所包含的犯罪范围，开始受到质疑。以刑事立法为讨论基础，学界在对金融犯罪进行界定时，出现了值得注意的两种截然不同的倾向，即金融犯罪的定义域的限缩与扩张。

（1）定义的限缩

《刑法》颁布以后，随着"金融犯罪"一词在立法、司法与理论研究中的不断出现，金融犯罪的独立价值，抑或是其与传统犯罪、经济犯罪、财产型犯罪等概念的差异，成为一个难以回避的问题。因此，更加清晰地界定金融犯罪的定义和外延成为许多研究的起点。

有学者提出，金融领域中贪污、贿赂犯罪应从金融犯罪的外延中排除出去。支持这类观点的研究认为，这类犯罪虽然破坏了金融管理秩序，但同时也侵犯了公司、企业人员和国家工作人员职务行为的廉洁性，而后者应为行为所侵害的主要客体，因此，应属于普通的职务犯罪，不应纳入金融犯罪领域。① 还有观点认为，这类行为虽然危害了金融管理秩序，但没有"违法从事金融活动或其相关活动"的特征，与抢劫、盗窃银行的犯罪行为一样，不应界定为金融犯罪。② 然而，《刑法》第183条的保险行业的职务侵占罪、贪污罪，第184条的银行或其他金融机构工作人员的受贿罪，第185条的挪用资金罪、挪用公款罪，在立法结构上却归属于第三章第四节的"破坏金融管理秩序罪"。按照我们依据立法进行犯罪界定的逻辑，这些犯罪是否属于金融犯罪的范畴？按照前述提及，它们与普通的职务犯罪的界限并无实质差别，那么是否应当从金融犯罪中排除出去？有观点认为，这些犯罪尽管在立法上归入金融犯罪类，但是因犯罪侵犯的主要客体不是金融管理秩序，本质上不属于金融犯罪。这些条款仅仅是提示性规定，而不是归类性规定，仅仅是出于"提示金融领域中的贪污、贿赂犯罪时特别要注意划清此罪与彼罪的界限……指出具体的法条适用"，因而不能仅仅凭借立法的设计而将它们视作侵害金融管理秩序的金融犯罪的范畴。③

可见，《刑法》颁布之后，金融犯罪的范畴在某种程度上出现了限缩的趋势，在研究中，将金融系统中出现的贪污罪、受贿罪等排除出金融犯罪定义域的做法并不鲜见。同时，对金融犯罪范畴进行界定时，以立法为依据仍然是较为一致的做法。金融犯罪作为破坏金融秩序依法应当受到刑罚处罚的行为，主要包括《刑法》第三章第四节"破坏金融管理秩序罪"、第五节"金融诈骗罪"，以及近年来历次修正案新增的罪名，这些共同构成我国金融犯罪的范畴。④

---

① 参见刘宪权：《金融犯罪刑法学新论》，上海人民出版社2014年版，第6页。
② 参见胡启忠：《金融刑法适用论》，中国检察出版社2003年版，第39页。
③ 同上。
④ 参见陈龙鑫：《金融犯罪控制研究：以国际金融中心建设为背景》，载《公安研究》2013年第10期。

（2）定义的扩张

在近年来关于金融犯罪的研究中，出现了另外一种新的趋势，即扩大金融犯罪领域。其中，比较有代表性的一种观点是，金融犯罪不应当仅仅局限在《刑法》第三章第四、五节的内容，从维护金融秩序的角度讲，它的犯罪圈应当有所扩张，将部分传统犯罪纳入其中。例如，有学者提出，金融犯罪是指所有涉及金融机构以及金融过程的相关犯罪，除了《刑法》第三章第四、五节的所有犯罪，也包括第三节中的大部分犯罪以及其他章节一些符合上述定义的犯罪，如走私假币罪、非法经营罪。① 尤其是当面临金融创新引发的监管缝隙出现，而刑事司法实务部门面临案件处理的时限约束，不可能等待监管完善才处理案件的问题时，非法经营罪在刑事司法实务部门的流行也就不足为奇。"既然行为已经呈现出一定的危害，那么寻找立法中一个最合适的罪名也未尝不可，而不能因为'非法经营罪'的'声誉欠佳'而排斥对于金融市场客观危害行为刑事责任的追究"。所以，金融犯罪的范围除了刑事法律特定章节中所规定的外，亦应当包括一些非典型性的金融犯罪问题，也可涉及金融职务犯罪或金融腐败问题。②

通常认为，金融犯罪的概念中应当包括以下因素：发生在金融领域，违反金融管理法规，破坏金融管理秩序，依照刑法应受刑罚处罚等，这在理论上已经成为共识。③ 随着金融体制改革的深化，金融市场的变化引发了对金融犯罪范围的再思考。由于金融领域越来越广，金融工具越来越多以及泛金融化的出现，金融犯罪的界定必须是一种开放式的内容。从刑法介入与金融国情相协调的角度，有观点提出了一种更为宽广的金融犯罪概念，认为金融犯罪的界定不需要再局限于金融领域，而只要发生于金融秩序和

---

① 参见顾肖荣、陈玲：《必须防范金融刑事立法的过度扩张》，载《法学》2011年第6期。
② 参见毛玲玲：《金融犯罪的实证研究》，法律出版社2014年版，第10、15页。
③ 参见刘宪权：《金融犯罪刑法学新论》，上海人民出版社2014年版，第3页。

金融交易领域即可。①

可以说,《刑法》颁布后,金融市场发展造就了复杂的金融犯罪环境,一些研究开始注意到,如果仅仅以《刑法》颁布之时确定的结构审视当下金融市场中的金融犯罪,或许并不能满足维护金融秩序的需要。因此,从超出刑事立法规范分类的角度研究金融犯罪,成为一种新的研究进路。

(3) 对界定限缩与扩张的解读

通过上面的分析,可以看出,目前对于金融犯罪的界定,出现了两种不同方式,金融犯罪的范围在研究中出现了限缩和扩张两种截然不同的倾向。尽管二者的表达内容不同,笔者认为,本质上,二者均是基于刑事立法规范所进行的注释,区别仅仅在于着眼点不同。其中,限缩式界定尊重刑事立法的结构安排,强调的是从中提取出金融犯罪的独立价值,试图从犯罪、经济犯罪、财产型犯罪中剥离出金融犯罪独有的特质,从而有助于我们更加准确地认识金融犯罪,针对金融犯罪制定更加有效的立法与司法政策,打击金融犯罪并维护金融秩序。换言之,限缩式界定使得金融犯罪的特性更加明晰,有利于增进对金融刑法的理解。而扩张式界定则为我们提供了一种新的思路,那就是摆脱《刑法》结构安排的局限,在融合刑事司法现状和金融发展现状的基础上理解《刑法》。其背后隐含着这样一种逻辑,即:从刑法功能角度上讲,只要有助于维护金融秩序,保障金融安全,那么对金融犯罪的界定就不应当受限于当时的立法结构。只有这样,才能够科学地确定刑法介入金融市场管理的程度和维度。

其实,理论的争议犹如一面镜子,在帮助我们理解概念的同时,也反映出概念背后的问题。实际上,也就回归到了我们界定金融犯罪时的一个基本问题:金融犯罪的恶性究竟是什么?只有回答了这个基本问题,才能够

---

① 参见陈雪强:《浅议后金融危机时代我国金融犯罪的界定》,载《犯罪研究》2012年第5期。

帮助我们找到界定金融犯罪的依据和金融刑法运作的逻辑。

2. 秩序之争

从法理学上讲,在理解法律制度时,秩序的概念是不可或缺的,人们为了防止出现不可控制的混乱现象,试图通过法律制度建立适于生存的秩序,即在社会生活中达成某种程度的一致性、连续性和确定性。① 秩序的概念同样蕴含于刑法中,保障社会基本生活秩序是刑法的功能之一。对于金融犯罪而言,正是其对秩序的破坏导致了刑法在这一方面的选择性介入。就金融刑法而言,则展现了人们对于参与金融活动时的秩序需求。众所周知,刑罚是最严厉也是最后的制裁手段。为了达到特定的目的,选择情节较为严重的金融不法行为处以刑罚,成为金融市场秩序维护的最后手段。那么,金融刑法的目的是什么?旨在维护什么样的秩序?

(1) 金融管理秩序之争

如前文所言,《刑法》制定之后,主流观点认为,金融管理秩序是金融刑法维护的重点。这一认识在理论界获得了较为广泛的认可,特别是在界定金融犯罪时,成为描述金融犯罪客观危害的核心要件之一。有学者将金融犯罪定义为"发生在金融业务活动领域中的,违反金融管理法律法规,危害国家有关货币、银行、信贷、票据、外汇、保险、证券期货等金融管理制度,破坏金融管理秩序,情节严重,依照刑法应受刑罚处罚的行为"②。还有观点认为,金融犯罪应当具备以下三个特征:"违法从事金融活动或其相关活动、危害金融管理秩序、依法应受刑罚处罚",并结合实际立法的归位进行判断。③ 在这一定义中,破坏金融管理秩序是金融犯罪行为的典型特征。管理法规的违反、制度的危害进而导致对金融管理秩序的破坏,成为金融

---

① 参见〔美〕E.博登海默:《法理学——法律哲学与法律方法》,邓正来译,中国政法大学出版社2004年版,第227、228页。
② 刘宪权:《金融犯罪刑法学新论》,上海人民出版社2014年版,第3页。
③ 参见胡启忠:《金融犯罪论》,西南财经大学出版社2001年版,第22、23页。

犯罪区别于其他传统财产犯罪的重要因素。

正如前文所言,金融犯罪的界定需要结合金融市场发展的情况。金融市场的发展带来了金融交易的多元化和金融创新的涌现。金融监管的理念需要随之调整,以适应金融发展的需要。相应地,对金融犯罪秩序维护的理解,也发生了转变,首先是出现了对金融管理秩序主题的反思。有学者指出,《刑法》诞生之时也是治理金融犯罪事件的初期,立法者选择了金融管理本位主义,将金融犯罪看作对金融管理秩序的破坏。这种认识源自于计划体制的残留影响,正是金融市场观念的缺乏让刑事立法选择了管理本位的刑事政策。然而,"一旦采取金融管理本位主义,刑事立法自然就只是简单反映当时金融犯罪现象的结构状况"。选择描述式的立法逻辑,强化了刑事立法的即时性和应急性。当金融市场日趋复杂、金融犯罪"创新"不断时,这种立法思路的劣势便日渐突显,拙于应对金融市场变化带来的防控需求。实际上,在金融活动中,金融交易是金融活动的核心,从历史发展的角度看,"金融犯罪"是为了表述金融市场上的交易型犯罪所造就的词汇。同时,金融经济的信用经济属性只能在金融交易中发挥作用,所以,金融经济对刑事政策的选择是金融交易本位主义。① 换言之,金融秩序包括金融交易秩序和金融管理秩序,后者诞生于金融交易中,是保障前者的手段,理应成为刑事政策关注的重心。可以说,这种观点依然是从秩序维护的角度进行分析,只不过推翻了金融管理秩序在金融秩序中的主导地位,将金融交易秩序作为《刑法》关注的重点。金融管理应当适应金融交易的特点,而金融交易的运转"需要金融市场准入机制提供前提,需要金融市场推出机制提供保障"②。据此,在刑事立法时应当采取一种全局式的整体考

---

① 参见刘远:《我国治理金融犯罪的政策抉择与模式转换》,载《中国刑事法杂志》2010年第7期。

② 刘远、赵玮:《论我国金融刑法的罪名体系》,载《政治与法律》2005年第5期。

量,除了金融交易的活动空间,还应当针对金融交易的准入与退出,实施全过程监控。

与此同时,民间金融的兴起进一步引发了人们对于金融刑法选择金融管理本位、保护金融机构利益的质疑。一方面,传统的民事法律和行政法律对民间融资行为的态度并不清晰;另一方面,刑事立法却采取了相对积极的态度,非法吸收公众存款罪和集资诈骗罪成为打击民间非法融资行为的工具。"孙大午案""吴英案"等民间集资案件的处置,一时间轰动全国,激起了人们对于刑法捍卫金融管理秩序的质疑。有学者提出,"我国对于金融活动的管理一直在'国家本位'的思想下采取'金融机构保护主义'的方式垄断几乎所有的金融行为,充满浓重的金融行政色彩",为了维护银行系统对于融资行为的垄断地位以及国家的金融管理秩序,刑法过度介入了民间融资行为。① 而金融管理秩序维护背后的逻辑,却是以银行利益为基础的金融机构利益。在"孙大午案"中,"真正的'受害人'只有垄断金融业务的银行和信用社";而对于"吴英案",有观点认为,其根源就在于金融垄断,是"银行机构不合理,监管不到位的结果",吴英被判处死刑意味着在当下的中国,"融资是特权而不是基本权利"②。受此影响,《刑法》所倡导的金融管理秩序不得不面临质疑,学界开始从正反两个维度思考其合理性。

此外,也有观点在讨论金融犯罪危害金融交易秩序的同时,引入金融风险的角度作为金融刑法发展的方向。该观点认为,金融犯罪的恶性,一方面在于其破坏了金融交易主体之间的信用平衡,危害了金融交易秩序;另一方面,"金融犯罪使得社会金融资产处于风险之中,严重阻碍了金融结构

---

① 参见杨兴培:《论民间融资行为的刑法应对与出入罪标准》,载《东方法学》2012年第4期。
② 据当地中国人民银行徐水支行的行长房晓明所言,大午集团集资直接造成当地银行网点收不到存款,对当地信用社造成很大冲击,扰乱了金融秩序;关于吴英案的评论分别为中国民营企业联合会会长保育钧在博鳌亚洲论坛上的发言以及经济学家张维迎对吴英案的评述。转引自吉门、马玉美编著:《罪与非:民间借贷、股权私募知识盘点、热门案例及法律导引》,中国政法大学出版社2012年版,第70、297、301页。

的优化,危害了国家金融安全"①。可见,这一观点结合了金融刑法的秩序维护、金融风险控制、金融安全保障等方面,考察金融犯罪的恶性。其中,已经有来自实践部门的研究者意识到从金融风险的视角考察金融刑法的重要性。他们从融资犯罪的角度考察,认为《刑法》在条文建构和适用上,承担着保障直接融资市场权力控制与间接融资市场金融垄断利益的规范功能,是依据政策进行刑法定位的结果,其正当性基础应当随着社会经济的发展而进行调整。②可见,在这一研究进路里面,刑法被赋予了金融风险规避和控制的功能,并相应地将刑事政策的重点转向了金融风险的应对上。

相较上述观点,有一种观点看上去似乎选取了一条截然不同的进路,它认为金融管理秩序作为刑法保护法益并不适当,不仅如此,"金融体系的秩序本身并非国家所能完全主宰,也不是单纯倚仗国家的管理就万事大吉",甚至在一些经济繁荣、金融监管比较完善的国家,金融业也存在巨大的安全隐患。同时,金融秩序对于国家管理而言,是个不可能完成的任务。因此,刑法保护的法益应当是金融安全,而非金融秩序。③另外,有学者有感于刑法对近年来出现的金融网络犯罪问题打击力度不够,也认同刑法"必须站在金融安全涉及国家经济安全、社会安全的高度,重视利用刑法维护金融安全的必要性和重要性"④。

---

① 袁林、吕垚瑶、吕昭义:《金融风险防范视野下我国金融刑法创新研究》,载《西南政法大学学报》2013年第3期。

② 这里,融资犯罪是指非法从事融资活动,严重侵害金融市场机制与投资者权益,根据刑法规定应当予以刑事处罚的犯罪行为。包括直接融资犯罪,即直接融资业务相关的犯罪,如欺诈发行股票、债券罪,擅自发行股票、债券罪,非法经营罪,集资诈骗罪等;以及间接融资犯罪,即发生在间接融资领域,侵犯间接融资市场机制的犯罪行为,如骗取贷款罪、非法吸收公众存款罪、非法经营罪、集资诈骗罪、贷款诈骗罪等。参见谢杰:《论融资犯罪金融风险的刑事控制》,载《新疆警官高等专科学校学报》2012年第2期。

③ 此处,从广义上理解,金融秩序包括金融活动秩序和金融管理秩序,后者又分为金融业内部自律性管理以及国家对金融的外在管理所形成的秩序。参见康均心、李娜:《金融安全的刑法保护研究》,载《刑法论丛》2008年第3期。

④ 贺小勇:《论金融全球化趋势下的中国金融法律问题》,载《法学论坛》2000年第4期。

（2）关于金融管理秩序之争的解读

通过以上分析，可以看出，《刑法》颁布以后，在界定金融犯罪时，传统的金融管理秩序为核心的表达依然得到很多支持，但同时也必须注意到，对金融管理秩序的反思和质疑开始成为人们在界定金融犯罪时比较具代表性的一种思路。金融交易秩序、金融秩序甚至金融安全、金融风险均成为研究者用以比较甚至取代金融管理秩序的表达。可见，这一时期，对金融犯罪的解读已经告别了传统的以刑事立法为依据、着重于对已有刑法典和单行刑法的立法注释与逻辑梳理的单一模式，开始从金融市场本身出发，结合刑法的特质，寻求刑法介入金融犯罪的合理限度。

对此，我们或许无须感到意外，这既是理论发展多元化的必然趋势，也是金融发展现实的推动使然。进入 21 世纪后，我国金融体系开始向着全面、开放的方向进行改革。2003 年，通过股份制改造引进海外战略投资者，改变了四大国有银行的国有独资性质，并成立了中央汇金投资有限责任公司代表国家对重点金融企业行使出资人的权利并承担相应的义务；2006 年，全面对外开放银行业，并对外资银行全面开放人民币零售业务；2013 年，全面放开贷款利率管制；2015 年，开始建立存款保险制度，以进一步促进监管模式的转变："由'严格市场准入＋宽松事中监管＋一事一议的事后退出'向'宽松市场准入＋严格事中监管＋市场化、制度化的市场退出'转变"[1]。可以说，经过多年渐进式的金融体制改革，金融市场监管已经从以行政管理为核心转向尊重市场、依法监管的模式，金融市场不仅规模扩大，而且子市场间流动性增大，金融效率大幅提高，由"一行三会"组成的金融监管体系对于金融市场的发展发挥了重要作用，市场参与主体与金融产品增量增质，金融创新不断涌现。正是在这一背景下，金融市场新的发展带

---

[1] 潘功胜：《新常态下的中国金融改革》，载《金融论坛》2015 年第 6 期。

来的新问题,如宏观方面金融的系统性风险与市场效率问题,微观层面金融机构风险或生存问题、金融机构竞争力或发展问题,以及金融体制改革背后的约束条件问题,如经济增长、政治改革、社会发展、市场基础等。[①] 新时期的新问题,引发了金融政策调整的必要性,同时也对刑法介入提出了新的要求。所以,这也意味着对金融犯罪的恶性进行评估、对金融刑法的目的进行全新审视的需求。

实际上,前述围绕金融管理秩序及相关概念的讨论从本质上受到人们理解金融与金融市场时的角度和程度的影响。如果我们认同法律与秩序的关系,那么刑法对于金融秩序的维护,依然可以作为界定金融犯罪的出发点。而无论是金融风险控制还是金融安全保障,都是秩序维护的应有之义。毕竟,在理想的状态下,一个风险可控、安全可靠的金融市场环境,对于众多的金融参与主体而言,就意味着秩序的存在,意味着行动预测之可能。广义上,任何犯罪都是对秩序的破坏。然而,金融犯罪作为法定犯,与杀人罪、伤害罪等侵犯传统个人权利的犯罪不同,其悖德性往往并不明显。或者说,法定犯容纳了市民社会里面较高层面的道德。[②] 法定犯通常是立法者以推行国家政策为目的,对破坏制度所构建秩序的行为予以犯罪化,表现出明显的权力色彩。因此,金融犯罪的入罪不论在立法上还是司法上,均天然地被附加权力的影响。而权力的运作必然伴随着一定程度的主观臆断,加上权力内在的扩张性,容易导致犯罪的边界过分扩大。特别是对于金融这种强调专业性的领域而言,一般民众很难对此有清晰的认知,难以对金融犯罪进行客观的道德评价。这增加了国家运用权力介入金融领域的合理性和可行性。国家倾向基于特定政治和经济目的开展刑事立法活

[①] 参见刘晓勇:《监管者的视角:金融体制改革三十年回顾与展望》,载《经济社会体制比较》2008年第4期。

[②] 参见胡业勋:《自然犯与法定犯的区别——法定犯的超常性》,载《中国刑事法杂志》2013年第12期。

动,引导刑事司法实践。由此,以金融市场风险控制与金融安全保障的名义,国家运用刑罚工具维护金融秩序是否得当,就成为研究中必须注意的问题。如前文所言,目前,对于金融管理秩序的理解进一步深化,趋向多元。这一方面是金融市场发展推动的结果,但同时也意味着对刑法介入金融领域合理性和适当性的挑战。其中,可能的进路就是对金融犯罪"二次违法性"特征的坚持。通说认为,法定犯具有双重违法的性质,首先违反了相关的行政法规,其次是作为最后手段的刑罚。唯有这样,才能抑制刑法及其背后的权力所带有的非理性扩张。但是,关于金融犯罪的"二次违法性"在理论和实践中依然多有争议,也从侧面反映了划分刑法介入金融领域合理性与适当性之难。

总之,金融刑法的秩序追求,依然是金融犯罪界定的起点。理想的状态是,通过将严重违反秩序的行为予以犯罪化,客观认识秩序维护过程中的正面作用和负面影响,保持刑法入罪的理性与克制,刑法在金融领域的秩序保障功能方得以发挥。

三、金融犯罪的界定

(一)金融犯罪的特性

"经济犯罪研究的定义需要某种余地,以便适应经济的变化"[①]。借助对刑事立法进行的解读,金融犯罪的特征逐渐清晰。因此,这里仅对金融犯罪的特征进行归纳,以描摹金融犯罪的轮廓。具体而言,金融犯罪具有以下特点:

第一,不法金融行为违反了金融管理法规,并且满足了刑事法律的入罪条件,成为金融犯罪。

---

① 〔德〕H. J. 施奈德:《关于西方经济犯罪研究中的几个问题》,载王世洲主编:《我的一点家当——王世洲刑事法译文集》,中国法制出版社2006年版,第25页。

第二,这种犯罪行为危害的是金融秩序,以金融管理秩序为主要代表;造成了秩序整体上的巨大损失,或严重的危害状态,而不仅仅是个人利益的损失。

第三,金融犯罪的危害具有延展性,可能从金融领域扩展到经济领域,甚至社会领域,因此对秩序的保护总是从整体上进行风险防控、安全保障的主题。

第四,金融犯罪的范围取决于金融市场的发展程度,因此具有一定程度的开放性,尤其是随着金融领域与非金融领域日益紧密的联系,进一步导致犯罪范围的不特定性。

(二)小结

通过以上分析可以发现,在界定金融犯罪时,刑事立法依然是不可或缺的研究依凭。刑事立法表明了金融犯罪的独立价值,展现了相对独立的政策目的。这些都成为讨论金融犯罪的基础。

然而,刑法一经颁布,就成为自生自发的客观存在,在阐释中逐渐远离立法原意。"制定法本身和它的内在内容,也不是像所有的历史经历那样是静止的('往事保持着永恒的寂静'),而是活生生的和可变的,并因此具有适应力……新的技术的、经济的、社会的、政治的、文化的、道德的现象,强烈要求根据现有的法律规定作出法律判断。"[①]因此,对刑事立法的解读也随着情势的变化而变化。在早期的解读中,尊重刑事立法结构与规范内容的规范性解读是常见的选择,后来,出现了试图摆脱既有刑事立法规范结构和政策倾向的限制、结合金融实践需求所进行的反思。解读重心的转变,实际上反映了这样一种矛盾:制度供应和实践需要之间的矛盾。正是立法在现实中受到挑战,推动了人们寻找更加灵活的解读方式。

---

① 〔德〕卡尔·恩吉施:《法律思维导论》,郑永流译,法律出版社2004年版,第109—110页。

诚然，作为人为设定的一项制度，法律本身就存在一些难以回避的弊端。正如汉斯·摩根索所言："某种特定的现状会经由法律制度的规定而得到稳定和永存"①。法律自身具备保守的倾向，刑法自然无出其外。如前文所言，刑法对于金融犯罪的规定，反映了当时的金融发展现状，是遵循当时政策导向的结果。以刑法对金融管理秩序的维护为例证，不难推断出，在当时金融发展背景下，正是采取了依赖管理、重视金融机构利益保护的做法。这一"现状"通过刑事立法得到进一步认可和固化，并决定了我国刑法介入金融体制改革的途径。然而，法律规范表达中使用的术语，通常是一般且抽象的，这一特点加剧了框架中固有的僵化性。毕竟，社会生活复杂多变，一直是灵活而具体的，它们时刻在挑战着固化的法律规范，给案件的法律适用带来困难。于是，当金融体制的改革给了金融以日新月异的发展，金融对社会生活的深入也远超立法当时的预估时，刑法的保守与金融的进取之间难免会出现不可调和的矛盾，这可以从对金融犯罪界定的转变中窥得一斑。对于法律而言，如何把握规范控制的限度也是法律规范的难题。因为在法律制度建设中，始终有这样一种危险，"人们在运用一些服务于有用目的的制度的时候有可能超越这些制度的法定范围，所以在某些历史条件下可能会发生把管理变成强制、把控制变成压制的现象"②。如同在民间金融兴起引起人们对于金融监管的反思中所提到的，在一些情况下，刑罚工具的使用给民间借贷造成了制度性压制。这种制度性压制"不仅导致我国金融体制改革滞后于经济发展，降低了金融资源的配置效率，而且还进一步增加恶劣我国金融体系运行的风险，抵消了宏观调控的实际效

---

① Politics Among Nations, 4th ed. (New York, 1967), p.418. 转引自〔美〕E.博登海默：《法理学——法律哲学与法律方法》，邓正来译，中国政法大学出版社 2004 年版，第 227、228 页。

② 参见〔美〕E.博登海默：《法理学——法律哲学与法律方法》，邓正来译，中国政法大学出版社 2004 年版，第 227、228 页。

果,并且也不符合社会主义市场经济对公平价值目标的追求"①。

"有光的地方,就有阴影"。在享受法律带来的秩序的同时,法律的弊端也是不可避免的,这是由法律的基本性质所决定的。因为正是法律的保守特性,帮助人们在行动之时得以预测后果,避免无序带来的混乱和冲突;也正是法律的僵化,让人们在运用中至少存在一定程度上的统一,从而实现维护社会最大利益的效果;而法律控制本身,却是防止社会无结构发展的必然选择,只有这样,才能让社会沿着既定的理想道路有序发展。所以,法律的特性决定了正确的方向是寻找可以结合刚性与灵活性的有效方式。那么,当同样的问题置于刑法面前,置于我们金融市场环境与刑事司法环境当下,应当如何选择?

回顾《刑法》的修法过程,刑事立法资源对金融犯罪的投入不可谓不多。历次《刑法修正案》多次涉及金融犯罪的罪名和刑罚的修改。尽管当下的金融刑法结构引发了许多争议和反思,然而由于刑法本身的稳定性要求,除非有大规模刑法典修订,总体上,金融犯罪的刑法规范资源依然需要依赖目前的《刑法》及其相关立法。于是,与复杂多变的金融活动相比,法律的僵化似乎显得更加突出。因此,接下来,找寻制度框架中的弹性空间,帮助立法在不违背刑法基本原则的情况下,让预防和控制犯罪的实际效果向金融发展的需求靠拢,无疑需要更加深入的思考与研究。

第二节 金融犯罪的范畴:刑事司法的反馈

在前述的讨论中,我们将刑事立法规范作为研究的起点,并希望由此寻找出界定金融犯罪的核心要素。然而,仅仅围绕刑事立法解读金融犯罪是

---

① 张书清:《民间借贷的制度性压制及其解决途径》,载《法学》2008 年第 9 期。

不够的,这只是对问题的引入,即找出刑法的立法意图作为评价金融犯罪的预防与控制的起点。经过前文的分析,可以看出,时至今日,金融的发展已经远远超出刑法规范诞生之时所涵盖的情况。立法自身的局限性使刑法有了僵化、保守、控制不当之嫌。于是,刑事法律的制度供应与金融市场的现实要求之间出现了难以避免的矛盾。

面对这一问题,学术研究或许可以展开关于解决思路的讨论,但却无法回应犯罪控制的燃眉之急。刑事司法体系则不同。它不可以回避矛盾,必须对当下的行为性质作出判断,给出罪与非罪、此罪与彼罪的明确结论。于是,制度供需上的矛盾促使实务操作寻求缓冲与协调规范和现实之间鸿沟的方式,刑事司法体系作为刑法规范的实践工具,成为缓和立法僵化作用的"弹性空间"。正是在这个意义上,可以说,人们通过刑事立法来界定金融犯罪的范畴,解决的是金融犯罪的应然问题,那么司法则是决定了社会生活中真正被纳入金融犯罪范畴的行为,回应的是金融犯罪的实然行为。所以,如果要考察金融犯罪,就不能不忽视规范中的金融犯罪在刑事司法实务中展现的表象,即金融犯罪在现实运作的司法系统中是如何界定的?

一、刑事司法实践中的金融犯罪范畴

在众多地区的刑事司法实践中,上海市司法机关提供的数据样本值得关注。因为以建设国际金融中心为目标的上海市,既面临着一些影响金融安全、损害金融消费者利益的新型金融犯罪的挑战,又围绕上海经济转型发展和自由贸易实验区建设的要求急需完善金融市场的法治秩序,因此,在金融犯罪预防和控制方面勇于改革创新,成就显著。鉴于此,笔者主要选取上海市司法机关关于金融犯罪的实证统计数据为样本进行讨论。

据统计,2015年度,上海各级法院共受理一审金融犯罪案件1824件,较上一年度分别增长4.%、审结生效1321件,较上一年度下降10.6%。①同时,金融犯罪也出现了许多新情况与新问题。因此,本文将结合往年上海市司法机关的统计数据,分析当下金融犯罪在刑事司法体系中呈现的实然面相。

(一)刑事司法中的金融犯罪范畴之一:范围的扩张

在早期司法机关公布的统计资料或数据材料中,刑事立法所划定的范围,是主要依据。所提及的"金融犯罪"的范围,主要涉及《刑法》第三章第四节的"破坏金融管理秩序罪"和第五节的"金融诈骗罪"以及《全国人民代表大会常务委员会关于惩治骗购外汇、逃汇和非法买卖外汇犯罪的决定》中的"骗购外汇罪"。然而,随着社会经济形势的变化,金融领域涌现了一些新的犯罪形式,导致近年来司法机关在打击金融犯罪时,对原有以立法为中心的范围进行了扩张。

首先,金融犯罪相关部门的受案范围扩张。2011年11月,上海市人民检察院设立金融犯罪检察处,成为全国首个在省级检察院设立的专门办理金融犯罪案件的机构。并且,在此之前,上海市浦东新区、杨浦区、静安区、黄埔区、徐汇区、闵行区、松江区等七个区均已设立了专门的金融犯罪办案部门。其中,浦东新区院受案范围是《刑法分则》第三章第四、五、七节罪名的案件以及自侦案件;静安区院受案范围是《刑法分则》第三章中第四节、第五节、第七节以及第160条、第225条第三项、第163条、第167条、第168条、第169条、第271条、第272条规定罪名的案件;黄浦区院受案范围是《刑法》第三章规定的案件;杨浦区院受案范围与静安区院基本一致。对此,上海市人民检察院的一份调研中曾指出,普遍认为除了《刑法》第三章第四、五节以外,检察机关的办案范围应当适当扩大,囊括一些涉及

---

① 参见上海市高级人民法院:《2015年度上海法院金融刑事审判情况通报》。截至本书完稿时,2016年度的金融刑事审判通报尚未发布。

外汇、票据、证券期货等金融领域的犯罪,包括《刑法》第160条欺诈发行股票、债券罪,第161条违规披露、不披露重要信息罪,第224条非法经营罪,除此之外,也应当包括金融机构的职务犯罪案件。①

同样的范围扩张情势也出现在近几年司法机关的数据统计中。在法院系统的统计中,2015年度上海各级法院审结生效的金融犯罪案件包括破坏金融管理秩序犯罪、金融诈骗犯罪和扰乱市场秩序犯罪(即非法经营罪)。②在检察机关的统计中,金融犯罪案件主要涉及危害货币、贷款、票证、证券、外汇、保险等管理制度和危害金融业务准入管理制度以及金融机构从业人员职务犯罪。案件除包括传统统计中的金融诈骗类犯罪、破坏金融管理秩序类犯罪、扰乱市场秩序类犯罪(即非法经营罪)外,还包括金融从业人员职务犯罪,即职务侵占罪、受贿罪、非国家工作人员受贿罪、贪污罪、挪用资金罪和行贿罪,以及部分金融从业人员侵犯公民人身权利、财产权利犯罪,如出售、非法提供公民个人信息罪和诈骗罪等。③

总之,在刑事司法领域,金融犯罪的范围目前已突破了《刑法》原有的规范分类结构。金融犯罪的范围不但囊括了传统的破坏金融管理制度犯罪、金融诈骗类犯罪,还包括了破坏市场秩序罪中的非法经营罪,甚至金融从业人员从事的犯罪。甚至可以说,金融犯罪即"金融领域的犯罪行为"。④

(二) 刑事司法中的金融犯罪范畴之二:结构的变化

从金融犯罪的罪名结构上看,司法领域的金融犯罪有以下特点:

其一,司法实践中的金融犯罪以涉信用卡类犯罪为主,其中以信用卡诈

---

① 参见上海市人民检察院2010年重点调研课题:《上海检察机关金融检察工作专业化调研报告》。
② 参见上海市高级人民法院:《2015年度上海法院金融刑事审判情况通报》。
③ 参见上海市人民检察院:《2014年度上海金融检察白皮书》。
④ 2012年2月最高人民法院发布的《关于人民法院为防范化解金融风险和推进金融改革发展提供司法保障的指导意见》即采取了这种表述。

骗犯罪案件为主。而在信用卡诈骗犯罪中，则以恶意透支型案件为主。根据上海市高级人民法院对 2015 年金融刑事审判情况的通报，窃取信用卡信息、伪造信用卡、妨害信用卡管理、信用卡诈骗、利用 POS 机非法套现等涉信用卡犯罪共计 1201 件，占全部审结生效的金融犯罪案件的 90.9%，其中信用卡诈骗 1076 件，占全部金融犯罪案件的 81.5%，其中以恶意透支型信用卡诈骗为主，共计 1018 件。① 从上海市检察机关的统计数据来看，信用卡诈骗犯罪同样连续多年居金融犯罪首位。

其二，刑事司法持续援用"口袋罪"非法经营罪的罪名。非法经营罪来自于 1979 年《刑法》中的投机倒把罪，因其表述相对模糊，给司法机关留下了极大的解释空间，因而被称作"口袋罪"。② 该罪名通常在司法中适用于违反金融市场准入制度的金融犯罪行为。可以说，"非法经营罪的取证难度低和入罪门槛低使它成为打击金融犯罪的一条'新出路'"③。

近年来，上海市各级人民法院以非法经营罪处理的金融犯罪基本上为非法经营证券、期货、外汇，非法从事资金结算业务和利用 POS 机非法套现五种类型，其中以非法经营期货以及利用 POS 机非法套现犯罪占绝大多数。2012 年以前，非法经营罪犯罪总体一直呈现增加趋势，2012 年度较上一年度增幅为 46.9%。而这一趋势在近几年发生逆转，2013 和 2014 年度人民法院审结的非法经营罪案件数量分别较上一年度减少 24.5%、

---

① 浦东法院审结的 690 件信用卡诈骗犯罪案件中，有近 80% 属于恶意透支型。参见上海市高级人民法院刑二庭：《2014 年度上海法院金融刑事审判情况通报》。

② 在非法经营罪的规范表达中，因表述模糊而备受质疑的主要有两点：一是"违反国家规定"中"国家规定"的范围。尽管《刑法》第 96 条明确了国家规定包括全国人民代表大会及其常务委员会制定的法律和决定，国务院制定的行政法规、规定的行政措施、发布的决定和命令；二是第四项中"其他严重扰乱市场秩序的非法经营行为"的兜底条款，因未来立法和司法解释的拓展而使行为范围具有极大的不确定性，给罪名的认定留下了很大的弹性空间。其中，涉及金融犯罪的行为内容即由《刑法修正案（七）》修改后予以适用的"未经国家有关主管部门批准，非法经营证券、期货或者保险业务的，或者非法从事资金支付结算业务的。"

③ 毛玲玲：《金融犯罪的实证研究》，法律出版社 2014 年版，第 64 页。

81.7%。2013年,利用POS机非法套现犯罪和非法经营外汇犯罪大幅减少,前者从2012年的47件减少到12件,后者从14件减少至1件;而非法经营黄金期货犯罪增长明显,从2012年的24件增加至50件。2014年,利用POS机非法套现犯罪和非法经营期货犯罪则降幅明显,前者从2013年的12件减至2件,后者从50件减至7件(均为非法经营黄金期货犯罪)。随着主管部门对外汇市场监管力度的加大,2014年没有审结的非法经营外汇犯罪案件。到2015年,以非法经营罪处理的金融犯罪案件继续维持低位,共11件。[①]

其三,案件所涉及罪名分布变化较大。根据上海市人民检察院的统计,2013年审查起诉的高利转贷、擅自发行股票、公司债券,金融凭证诈骗,洗钱,骗购外汇等六个罪名没有出现。在审查起诉的案件中,非法吸收公众存款、集资诈骗、骗取贷款、妨害信用卡管理、保险诈骗、利用未公开信息交易等六个罪名大幅上升,合计占比由2013年的4.4%上升到2014年的9.3%。其中,非法集资案件增幅巨大,以理财产品名义实施的案件增多。2014年,上海市检察机关共受理非法吸收公众存款案件56件,集资诈骗案件14件,案件数量相较于2013年分别上升195%、75%。涉及理财产品的非法集资类案件则从2012年出现涉案金额1.1亿余元的第一例,到2014年爆发至27件,涉案金额27.1亿余元。2015年,首次出现了操纵期货交易市场罪,非法集资与妨害信用卡管理两类案件大幅增加,分别上升45%和261%。证券犯罪案件数量则降低76%。其中,涉P2P网络借贷刑事案件集中爆发,使得涉互联网金融领域成为非法集资的受灾重镇。2014年,该类刑事案件近1件,涉案金额105万余元,投资者20余人。到2015年,

---

① 参见上海市高级人民法院:《2012年度上海法院金融刑事审判情况通报》《2013年度上海法院金融刑事审判情况通报》《2014年度上海法院金融刑事审判情况通报》《2015年度上海法院金融刑事审判情况通报》。

案件总数暴增至 36 件,其中集资诈骗罪 4 件,非法吸收公众存款罪 32 件,涉案金额已达 12.83 亿元。

此外,虽然在上海市高级人民法院的统计中,2014 年,利用未公开信息交易罪与 2013 年度持平,且内幕交易罪未出现在该年度的司法统计中。根据检察机关的统计,得益于证券监管部门增大的查处力度和交易所"大数据"系统的有效运用,2014 年审查起诉的以上两类犯罪激增,从合计 2013 年的 1 件 1 人激增至 2014 年的 21 件 26 人,所涉及机构包括了公募基金和资产管理公司。① 于是,2015 年,在法院的统计数据中,虽然只有一件内幕交易罪,但利用未公开信息交易犯罪增加 14 件,涨幅达到 466.7%。

其四,不断有新的行为类型扩充金融犯罪的范畴。由于金融市场发展迅速,金融创新不断涌现,一些新型不法行为在给罪名界定带来困难的同时,也丰富了金融犯罪的行为类型。金融发展和金融创新增加了不法行为类型和性质的复杂性,从而在实质上影响了金融犯罪范畴的界定。

例如,近年来银行推广的保理融资业务,司法机关对不法分子通过虚构交易背景和应收账款的形式骗取银行保理融资是否属于骗取贷款罪的行为类型,存有争议。再如,部分金融机构推出了兼具贷款和透支功能的新型信用卡,将贷款业务变相转化为信用卡业务,以回避相对严格的贷款审批流程。由此导致的结果是,对于持卡人未归还欠款的行为,究竟是属于信用卡类犯罪还是贷款类犯罪,在罪名认定时存在争议。而仅仅在 2014 年,上海市就有 20 余起这类案件发生。又如,从 2013 年互联网金融元年开始,互联网金融在短短两年内取得突飞猛进的发展。与此同时,互联网金融成为金融犯罪的发案区域。2014 年,已经出现了利用 P2P 实施的非法集资案件、利用在线支付漏洞实施的侵犯财产犯罪以及利用网络散布违法信

---

① 参见上海市人民检察院:《2013 年度上海金融检察白皮书》《2014 年度上海金融检察白皮书》。

息实施骗取信用卡犯罪等。① 2015 年 7 月 18 日，中国人民银行等十部门联合印发《关于促进互联网金融健康发展的指导意见》，对互联网金融行业进行定位、监管、分工等多方面规定，互联网金融监管元年随之到来。可以预见的是，随着监管制度的运行和打击不法行为力度的加大，一些互联网金融中涉及的不法行为进一步浮出水面，成为新的金融犯罪行为类型。

二、金融犯罪领域刑事司法实践的特点

任何制度都有其运行成本。刑罚是最昂贵的手段，但金融市场的良性发展却并不是动用刑罚就能实现的。② 司法统计数据与其说是反映金融犯罪的现状，不如说反映着刑事司法领域在金融秩序维护方面的成效。因此，借助描摹金融刑事司法实务的现状，似乎可以帮助我们从规范文本中走出来，进一步思考，刑事司法对金融犯罪范畴的界定背后暗含着怎样的行动逻辑？而它们是否在影响着刑罚目的的实现？从以上对实证数据的梳理可以看出，目前，刑事司法体系进行打击金融犯罪时主要表现出以下特征：

（一）刑事司法积极介入金融市场监管

金融监管的主要目标之一就是预防各种类型的金融犯罪，司法通过惩治金融犯罪帮助金融监管实现监管目标。③ 尤其是当前的金融市场中不断出现新类型案件，而金融监管却远远滞后于金融市场的发展，于是，当侵害人民经济利益的行为发生时，鉴于金融监管层面欠缺相应的管理制度，反而直接选择刑法介入金融秩序维护。

例如，目前市场上出现的形形色色的理财产品，隐含着巨大的管理灰色

---

① 参见上海市人民检察院：《2014 年度上海金融检察白皮书》。
② 参见刘明祥、冯军等：《金融犯罪的全球考察》，中国人民大学出版社 2008 年版，第 63 页。
③ 参见安文录：《司法应该介入金融监管体制》，载《上海法治报》2013 年 6 月 5 日。

空间。在当前的金融市场中,理财产品几乎可以被用作泛指一切金融产品。投资流向股票、债券、资产证券化、私募股权、信托等领域的金融产品,尽管事实上隐含着不同程度金融风险,但却在金融市场上统一作为理财产品进行流通,相互之间的性质和风险难以识别。另一方面,除了银行、证券等正规金融机构发行的理财产品外,各种以资产管理、投资咨询为名的公司,使用发行理财产品的名义募集资金,造成金融消费者进行产品识别和风险判断的困难,进而被不法分子所欺骗而陷入骗局。但是,从刑法理论角度出发,刑法在法律体系中,属于最后一道屏障,当一种行为能够通过民法或其他法律进行规制的时候,不应直接运用刑法作跳跃式的规定。① 然而,对于理财产品的监管而言,目前仍旧欠缺完善的配套管理制度,尤其是对于传统金融机构之外的主体,表现出明显的监管缺失。于是,尽管制度空白给司法操作带来困难,但是并没有阻止刑事司法资源的投入。由于金融专业监管的不足,司法机关实际上承担着弥补金融监管短板的作用。在实务中,借理财产品之名实施的非法集资案件增长迅速,从 2012 年出现第一起案件,增加到 2014 年的 27 件案件,涉案金额 27.1 亿余元。② 这里,案件数额的增长一方面反映了犯罪形势的严峻,另一方面也反映了司法打击力度的加大,减少了犯罪黑数的存在。可见,当投资者遭受重大损失时,刑事司法并没有因管理体系的空白而回避介入,反而采取了较为积极的刑事政策。所以说,刑事司法的积极介入在一定程度内推动了金融犯罪领域的扩张。

(二)刑事司法机关采取以价值评判为导向的办案思路

在金融市场中,由于不法行为并不会选择以刑法条文所列举的犯罪构

---

① 参见杨兴培、朱可人:《论民间融资行为的刑法应对与出入罪标准》,载《东方法学》2012 年第 4 期。
② 参见上海市人民检察院:《2014 年度上海金融检察白皮书》。

成要件作为行为模式,突破以往认知的新型金融犯罪层出不穷,增加了依据刑法评价金融不法行为的难度。司法机关在判断罪名归属时,通常沿袭下列思路:"首先通过对金融不法行为的价值判断,甄别金融不法行为所侵犯的是何范畴的法益;其次通过对金融不法行为的规范判断,选择最能正确评价不法金融行为本质的罪名。"[1]还有来自实务部门的观点针对刑民交叉的疑难案件,提出检察机关应当事先从规范到衡平的转变,依次从社会利益、安定价值和财务公平分配的角度进行价值排序。[2] 曾有观点就对刑事司法机关这种过多迁就维持经济稳定等法律之外的价值需求的做法表示了担忧。[3] 进言之,以价值评判为导向的办案思路,是否能够兼顾刑法的客观性和独立性,将是司法机关办案中必须注意的问题之一。其中,一个较为典型的因素来自公共政策的影响——公共政策对刑事司法机关办案思路的影响,是否会危及刑法对于行为价值的客观评价。比如,在金融犯罪领域,近年来较具代表性的政策取向之一是对涉众类犯罪中社会维稳的追求。一些司法机关也将做好社会维稳工作作为查办民间借贷引发的刑事案件的对策,追求法律效果、政治效果和社会效果的有机统一。这种导向也影响了刑事司法打击范围的变化,即司法中的金融犯罪的范畴。通过上文对上海市近年来金融犯罪形势的分析可以看出,非法吸收公众存款、集资诈骗等罪名的大幅上升,就直观地反映了当前司法政策重点维护的价值。在针对这类犯罪的讨论中,支持与批判的声音兼而有之。就目前集资类犯罪高发的现实情况而言,假定以维稳为价值导向的判定思路短期内不再改变,关于刑法借助刑事司法体系介入的程度,依然是一个难以回避的现实

---

[1] 参见陈辐宽:《检察机关介入金融监管的依据与标准》,载《法学》2009 年第 10 期。
[2] 浙江省温州市人民检察院副检察长林越坚在第二届金融检察论坛中的观点,参见肖凯、陆川:《充分发挥检察职能,有效规范民间融资——中国检察学研究会金融检察专业委员会第二届金融检察论坛观点综述》,载《人民检察》2012 年第 23 期。
[3] 参见林喜芬:《中国应确立何种金融检察政策——基于宽严相济理念的思考》,载《四川师范大学学报》2013 年第 5 期。

难题。

对此,必须意识到,价值评判本身是一个模糊的概念,如果采取以价值作为金融犯罪行为的评价标准,那么司法机关对于价值的认知和取舍,就会与当下社会公共政策之间保持高度紧密的关联度。在当前的社会,刑法与公共政策之间存在千丝万缕的联系。有学者进一步指出,目前,公共政策成为刑法体系的构造性要素,其中蕴含了功利的逻辑,让刑罚的适用必须考虑现实的社会政治需要,公共政策成为影响刑事立法和司法的重要因素。[①] 尤其是在当下的风险社会,刑法被视作风险控制工具,"控制风险以安抚公众成为现代社会压倒性的政治需要","刑法逐渐蜕变为一项规制性的管理事物"[②]。人们对于刑法维护社会秩序、控制社会风险的效果寄予厚望。受公共政策的影响,为了表达国家政策意志,刑法在立法与司法实践中有着不断自我修正的趋势,其中就包括行为范畴的拓展。[③] 特别是对于法律制度尚不完善的金融领域,在控制金融风险维护金融安全的时候,侧重刑法作用的结果就体现在司法领域中,即金融犯罪范畴的扩张。于是,在这一前提下,能否意识到刑法的局限,坚持刑法罪行法定等基本原则,抑制金融刑法的重刑化扩张,成为刑事司法实务中必须予以充分考虑的问题。

(三)司法机关对于金融秩序的认知有所拓展

一般而言,司法机关评价金融不法行为的标准,包括案件涉及面、造成的损失、社会危害性等方面,亦即案件中的客观危害。这些要素被用以佐证犯罪对金融管理秩序或金融秩序的危害性。值得注意的是,司法实践中对于金融犯罪危害性的认知,尤其是对于刑法秩序维护作用的认知,在近年来发生了一定程度的变化,具体表现在以下几个方面:

---

① 参见劳东燕:《公共政策与风险社会的刑法》,载《中国社会科学》2007年第3期。
② 同上。
③ 同上。

其一,除了金融管理秩序外,社会、经济秩序也成为刑事司法在打击金融犯罪时所考虑的因素。如前文所言,以非法吸收公众存款、集资诈骗类案件为代表的涉众类金融犯罪,金额巨大,受害人范围较广,引发了巨大的经济损失,造成了严重的社会危害,远远超过其他行业的犯罪。[①] 换言之,这类犯罪对于秩序的影响,已经不仅仅限于金融领域,而是在社会秩序方面也产生了不良影响。基于此,这类案件成为近年来刑事司法关注的重点之一,呈现出明显增多的趋势。

其二,刑事司法机关对于维护金融秩序的理解进一步加深,不仅继续捍卫传统的金融管理秩序,包括金融交易秩序也成为刑事司法关注的重点。尤其是,受基层法院司法实践的推动,2012 年 2 月,最高人民法院发布了《关于人民法院为防范化解金融风险和推进金融改革发展提供司法保障的指导意见》(以下简称《司法保障指导意见》)。在《司法保障指导意见》中,已经明确提出要发挥审判导向作用,建立公平规范有序的金融交易秩序。

其三,刑事司法机关对金融管理秩序维护的程度引发争议。这也是司法实务中许多对于罪与非罪、此罪与彼罪的争议的来源。例如,关于票据非法贴现业务,当前司法实务中统一以非法经营罪处理,然而对此一直存在争议。该业务的入罪起源于 2009 年 2 月《刑法修正案(七)》将"非法从事资金支付结算业务"纳入非法经营罪行为范畴的做法。有观点认为,民间票据贴现虽然没有经过中国人民银行批准,违反了行政法规,在一定程度上扰乱了金融管理秩序,但是,它并不属于"非法从事资金支付结算业务"。民间票据贴现现象由来已久,在 2009 年之前,鲜见因非法贴现票据而获刑的案例,票据融资功能的需求客观存在,无法以刑罚的手段予以制止,因此,民间票据贴现应以行政处罚为主要防控手段,不宜动用刑罚进行

---

① 参见彭志刚:《我国金融犯罪调查模式本土化问题》,载《江西社会科学》2013 年第 10 期。

处罚。①

其四,尽管刑事司法体系开始重视保护多元主体的合法利益,但是,传统上对金融机构利益的保护依然占据主导地位。从司法中金融犯罪的结构来看,信用卡犯罪始终占据较高比例,其中恶意透支型信用卡诈骗一直占据金融犯罪案件的绝大多数。而今天,信用卡的普及使用造成几乎"全民皆有可能"成为信用卡诈骗罪的潜在被告人。② 这就意味着,刑事司法资源中相当一部分被用以威慑全民,督促人民群众及时向金融机构偿还债务,进而造成金融领域泛刑事化的弊端。这种对刑事司法资源的使用,其价值和效果值得深思。

(四) 刑事司法程序影响金融犯罪的范畴

严格说来,金融犯罪在司法领域的扩张并不能得出金融犯罪形势严峻的结论,因为司法中的金融犯罪范畴实际是被司法程序"选择"出来的,仅在有限的程度内反映金融犯罪的现状。对此,刑事司法程序对金融犯罪界定的影响值得重视。

从我国司法实践的传统看,我国的刑事追诉机制具有一种"内在的前冲力"③或是"向前的惯性"④,使得刑事司法程序一经发动,即存在完成整个刑事司法程序的内在动力。所以,金融犯罪的范畴实际上受到刑事追诉机制的影响。一般认为,在金融犯罪的追诉中,存在"选择性打击"问题,即在金融不法行为中选择其中一部分进行重点打击,而并非对所有符合构成要件的行为动用刑罚手段。⑤ 通常发生在打击内幕交易、操纵证券期货市场等金融犯罪时。按照最高人民检察院和公安部2008年3月《关于经济犯罪案

---

① 参见徐霄燕:《民间票据贴现不能"以刑代行"》,载《董事会》2012年第9期。
② 参见毛玲玲:《金融犯罪的实证研究》,法律出版社2014年版,第67页。
③ 詹建红:《困境与出路:我国刑事程序分流的制度化》,载《当代法学》2011年第6期。
④ 姜涛:《刑事程序分流研究》,人民法院出版社2007年版,第52页。
⑤ 参见顾肖荣:《金融刑法的制度能力建设与抵御金融风险》,载《法学》2009年第8期。

件追诉标准补充规定》的要求,实施内幕交易"买入或卖出证券,成交额累计在50万元以上的"即应当承担刑事责任;但实际情况是,按内幕交易罪名追究刑事责任的真实案件,被告人的累计成交额一般达到几千万、数亿或数十亿以上。换言之,鉴于证券犯罪的追诉标准起点数额太低,有过分扩大打击面的嫌疑,实务中查处的案件数量并不多,带有明显的案件筛选痕迹。甚至,有研究者进一步认为,金融犯罪的刑事司法政策目前较为宽容,非犯罪化明显。①

再如,刑事司法程序的前置程序——金融犯罪侦查也对金融犯罪范畴具有实际影响力。目前,公安机关调查金融犯罪的案件来源主要有两类:一是包括被害人、知情人、自首犯罪人以及金融机构在内的报案人的报案,二是银监、证监、保监、审计等行政执法机关的移送。② 可见,金融犯罪的调查是被动发起的,金融犯罪的调查普遍存在滞后问题。对来源于报案人的案件而言,金融犯罪的隐蔽性使得其危害难以被及时发现,致使证据灭失、嫌疑人脱逃等问题不断出现,从而导致金融犯罪打击失利;对行政执法机关移送的案件而言,尤其是一些专业性突出的金融犯罪案件,行政机关的认定和鉴定对经济犯罪侦查启动影响明显,存在刑事司法过度依赖行政鉴定判定社会危害的危险。基于此,这种被动式的滞后调查机制,实际限制了金融犯罪的边界。

此外,程序中的技术性因素也对金融犯罪的发现有着举足轻重的影响。鉴于金融犯罪本身属于犯罪黑数较大的一类犯罪,金融犯罪的实际范畴在一定程度上取决于刑事司法降低犯罪黑数的能力。此时,金融犯罪调查中的刑事侦查技术影响便显得至关重要。可以说,金融犯罪的隐蔽性、复杂

---

① 参见彭少辉:《金融犯罪新罪名司法适用的实证分析和理性反思》,载《上海市经济管理干部学院学报》2012年第1期。
② 参见邓宇琼:《金融犯罪案件公安实务研究》,中国人民公安大学出版社2004年版,第10、11页。

性提高了对刑事侦查技术的要求。例如,交易所"大数据"系统的有效运用使得利用未公开信息交易、内幕交易案件在 2014 年检察系统的统计中出现了明显的增加。可见,只有当刑事侦查技术足以满足案件发现的需要时,犯罪黑数减少,才会提升相关犯罪行为的打击力度,增加这类案件在金融犯罪案件中所占据的比例。

三、刑事司法介入的边界

刑事司法在打击金融犯罪时所反映的上述特征也引发了下面的一系列担忧:刑法借助刑事司法程序积极介入金融市场的监管是否得当?既然刑事司法机关采取价值评判的办案思路,容易受到公共政策的影响,那么,如何协调刑事司法与公共政策之间的关系,进行相对客观公正的价值评判?刑事司法机关如何有效增进对金融秩序的理解?刑事司法机关如何调整司法程序以保障金融犯罪追诉的适当与适度?这些问题的处理影响着金融犯罪圈的现实样貌,也影响着刑法目的的实现。实际上,这些问题共同指向一个问题——刑法借助刑事司法体系介入金融市场的适当性。而解决这一问题的关键,在于对金融和刑法及其关系的认知,以及金融行政监管与刑事司法及其关系的处理。限于篇幅与能力,结合上述对金融犯罪范畴界定的解读,笔者对此仅从以下方面进行初步的探讨。

(一)界定金融犯罪的范畴应当尊重金融与金融监管的特性

近年来,不断有观点探讨刑法借助刑事司法途径介入金融监管的可能性。有观点提出,发挥司法的能动性有助于实现金融监管目标,弥补金融监管短板,解决金融监管难题。就刑事司法而言,则通过依法制裁违法行为,帮助完善金融秩序。[①] 再如,有学者提出,检察机关积极介入也是金融

---

① 参见朱大旗、危浪平:《关于金融司法监管的整体思考——以司法推进金融法治为视角》,载《甘肃社会科学》2012 年第 5 期。

监管的重要组成部分,金融市场本身的存在和发展需要决定了刑事法律介入是金融监管的一个重要组成部分。① 可以说,就保障金融秩序、维护金融市场安全的目标而言,金融监管与刑事司法可谓殊途同归,共同指向金融法律框架的构建。一方面,金融监管利用规则调整、规范和约束金融活动的进行;另一方面,刑事司法则利用刑罚对严重违反规则的行为予以惩罚。二者之间具备相互配合、相互合作的需求。因此,刑事司法界定金融犯罪的范畴,须考虑金融监管的因素。

从金融监管的角度看,在过去的理念中,金融自由化一度被奉为资本主义金融市场发展的圭臬。然而,2008年席卷全球的金融危机给经济稳定带来了巨大的冲击,打破了金融监管中自由市场万能的迷思,金融自由化的阴暗面显露无遗。虽然金融自由化有助于提升资本分配的效力,但如果管理不当,容易导致金融机构的过度冒险,形成虚假的信用繁荣。② 在这一场危机中,监管真空和监管不足导致了监管的缺失,从而促使金融泡沫的产生,最终引发人们的恐惧,金融市场丧失信心。对此,有观点提出,"金融危机迫使我们放弃原来的自由市场原教旨主义的监管哲学,代之以基于既强调市场又强调政府作用的混合经济基础之上的新监管哲学……科学界定市场和政府干预的边界"③。于是,法国、德国率先提出了无缝隙的监管框架,希望建立金融监管的全方位框架以覆盖所有的金融市场、金融产品和金融机构,并且在2009年4月召开的G20峰会上,各国已对此达成共识,可见,金融危机的危害性促使全球范围内对金融监管的重视。由此可以预见,对金融监管的重视和探索将成为未来国际金融市场演化的重要趋势。"但

---

① 参见陈辐宽:《检察机关介入金融监管的依据与标准》,载《法学》2009年第10期。
② 参见〔美〕弗雷德雷克·S.米什金:《货币金融学》,郑艳文、荆国勇译,中国人民大学出版社2011年版,第192页。
③ 苏新茗:《全球金融危机与金融监管改革:解决之道》,载《国际金融研究》2010年第1期。

是,如何实施和实现共识对各国政府和监管机构来说,仍然是非常艰巨的挑战"①。我国的金融监管发展亦不例外,金融监管的强化在未来一段时间内将成为我国金融市场的重要内容。

有鉴于此,对我国的金融监管来说,也只有在一定程度上可资借鉴的经验,没有可供移植的最佳样本。所以,我国金融体制改革采取的是面向本国金融市场现状的渐进式改革,并形成了具有中国特色的金融监管理念,主要包括以下方面:(1)秉承集体主义理念,金融监管应当服务于国家的阶段性目标,只要国家维护了金融秩序,消费者个人利益也相应得到保障;(2)稳定优先,重视金融对经济和社会稳定的影响,将金融监管视为维持稳定的屏障;(3)普遍认同"市场需要管理"的经济哲学理念,监管天然具有合理性,其中的问题只在于监管的力度和深度;(4)以"发展中完善"的理念推动金融监管规则的完善;(5)金融监管的影响旨在全面覆盖金融体系所有领域,落实到所有金融市场主体和具体经营行为上。② 但是,刑法介入符合金融监管的思路并非等同于唯监管马首是瞻。对这些监管理念投射到刑事司法领域的影响,同样应当审慎对待,必须加入对金融有其自身特性的尊重。

其一,把握金融监管的根本目标。众所周知,信息不对称是金融领域的重要特征,即交易一方对另一方缺乏了解,并由此影响交易主体在交易中作出正确抉择。③ 而金融危机的发生则是因为金融体系震荡加剧了信息不对称的情势,从而引发了严重的逆向选择和道德风险,最终影响资本流向,致使具有生产性投资机会的居民和企业无法获得融资,进而导致经济活动

---

① 苏新茗:《全球金融危机与金融监管改革:解决之道》,载《国际金融研究》2010年第1期。
② 参见胡滨:《中国金融监管体制的特征与发展》,载《中国金融》2012年第9期。
③ 参见〔美〕弗雷德雷克·S.米什金:《货币金融学》,郑艳文、荆国勇译,中国人民大学出版社2011年版,第165页。

的萎缩,甚至引发社会问题。① 因此,金融监管应当致力于缓和信息不对称,适时调整措施抑制逆向选择和道德风险的发生。而利用刑罚手段防范金融风险也是为了防止金融危机发生,保障金融安全。刑事司法加入监管应当考虑金融的特性。例如在社会危害性、金融秩序破坏的价值判断中,融入对监管在这一方面的考量。

其二,了解金融监管的局限。从金融学角度看,金融监管不但有自身难以克服的困难,而且需要适时调整,是一个动态的、变化的体系。首先,如马克思所断言的,资本具有天然的逐利性。为追求利润,金融市场的各个主体具备充分的规避监管的动机,迫使金融监管必须及时调整监管目标。其次,金融监管的成败常常取决于细节,监督管理活动对金融市场参与者的效果,往往难以把握。"除非监管者能够将监督和管理活动掌握得恰到好处,否则可能无法阻止银行冒过大的风险"。② 相同的逻辑也适用于银行之外的其他主体,金融监管者需要根据效果及时调整监管活动。最后,金融机构也反过来影响监管,促使立法及监管偏向于自身的利益。比如,金融立法的部门化问题是世界各国普遍存在的现象。它的合理性在于金融部门对金融问题比较了解,部门立法有利于及时正确解决存在的问题。但是,也必须看到部门立法对部门内部利益的保护,特别是对自身利益的保护问题。③ 由此,监管的立场具有演进中的不确定性,其客观性、中立性、适当性有待实施效果的后续验证。另外,从以往历次金融危机的经验来看,至少到目前为止,金融监管的效果是存疑的。金融监管是一个容错、试错的过程。总之,以上这些因素决定了金融监管需要适时调整,以应对金融市场中涌现的种种变量。这使得金融监管的理念与相对稳定的刑法理念之

---

① 参见〔美〕弗雷德雷克·S.米什金:《货币金融学》,郑艳文、荆国勇译,中国人民大学出版社2011年版,第208页。
② 同上书,第251页。
③ 参见刘少军:《良性法治环境助力金融国际化》,载《中国报道》2008年第7期。

间具有天然的冲突性。因此,在刑事司法打击金融犯罪时,不可唯监管思路至上,而应当保有自身价值判断的独立性。

其三,评估金融创新的影响。一般认为,金融市场的功能在于通过构建直接融资和间接融资的桥梁,帮助资金从无生产性用途的人手中转移到有生产性用途的人手中,促进社会资本流通,提高经济效益。上世纪90年代末期开始,持续不断的金融创新成为金融市场发展的突出特征。一方面,金融创新客体扩展到如天气、污染等一些前所未有的领域,创新主体则日益多元化,非金融机构在支付结算领域的创新表现引人注目;另一方面,金融创新开始被视为解决社会经济和金融问题的途径,成为国家管理经济的重要手段。① 所以,金融创新不仅带来了金融主体和客体的扩张,而且深化了金融对于社会秩序的意义。具体而言,一方面,金融广度和深度均面临不同程度的扩张,增加了金融监管的难度。从犯罪学角度看,这意味着犯罪"机会"的增多,同时也提高了辨别与判定金融不法行为乃至金融犯罪的难度;另一方面,打击金融创新中的犯罪行为,可能上升到国家经济运行和社会安全的高度,因此刑事司法对此应予以妥善处理。近两年爆发的涉P2P网络借贷案件多涉及非法集资,受害者众多,社会影响广泛,这一现实已经给我们敲响了警钟。

其四,深化对金融风险的认识。2015年7月1日,我国颁布并开始实施《国家安全法》,其中第20条规定:"国家健全金融宏观审慎管理和金融风险防范、处置机制,加强金融基础设施和基础能力建设,防范和化解系统性、区域性金融风险,防范和抵御外部金融风险的冲击。"金融风险的控制正式上升到国家安全的高度,而有效的防控必须建立在对金融风险深入认识的基础上。一般认为,在传统的金融理论中,金融风险不利于金融活动,

---

① 参见尹龙:《金融创新理论的发展与金融监管体制演进》,载《金融研究》2005年第3期。

规避风险、分散风险、管理风险是金融组织的基本职能。但是,金融创新在一定程度上改变了人们评估金融风险的方式。通过对金融活动的考察,人们逐渐意识到,金融风险是社会经济和金融活动的基本属性,金融风险与金融活动之间是同步循环的关系,很难打破。换言之,金融活动规模越大,金融风险聚积量越大。于是,金融机构改变了以往的职能思路,尝试将风险视为一种资源,通过配置风险资源增进社会福利。① 例如,信用风险是银行业传统的风险来源之一。② 针对贷款未到期之前形成的信用风险,银行创造了信用违约衍生产品,将贷款风险让渡出去,在资产规模扩张的同时抑制了信用风险规模的扩张。所以,金融市场进化至今,不仅仅是资源配置市场,而且也是风险配置的市场。③ 因此,以风险为基础的金融监管也面临调整思路的问题。即重视金融市场在风险配置中的作用,适当借助行政监管引导风险市场的发展,使得金融风险不至破坏金融市场秩序。所以,风险未必是金融市场的一个负面性的存在,它也是一种可供调配的"资源"。在启动刑事司法程序时,尤其是对缺乏金融监管的金融产品、金融行为,可以结合金融风险资源配置的视角进行判断。

(二)界定金融犯罪的范畴应当充分发挥刑事司法制度自身的优势

如前文所述,当前的刑事司法在介入金融市场管理过程中中表现出比较积极的态度,近年来金融犯罪的犯罪圈也随着金融市场的发展而不断变化。刑事司法的积极态度显示了打击金融犯罪的决心和魄力。当然,如果可以发挥刑事司法的长处,改善刑事司法体系在打击金融犯罪时出现的问题,无疑将进一步提升刑事司法体系运行的绩效,更有助于打击金融犯罪,

---

① 参见尹龙:《金融创新理论的发展与金融监管体制演进》,载《金融研究》2005年第3期。
② 银行业传统风险包括信用风险、利率风险和流动性风险。此外,还包括表外业务风险。参见〔美〕哈维尔·弗雷克斯、让·夏尔·罗歇:《微观银行学》,刘锡良主译,西南财经大学出版社2000年版,第5页。
③ 参见尹龙:《金融创新理论的发展与金融监管体制演进》,载《金融研究》2005年第3期。

维护金融市场的安全。刑事司法资源是十分珍贵而有限的资源,正所谓"好钢用在刀刃上",每一次刑事司法程序的发动都应当慎重。因此,在刑事司法体系的运作中,不但要发挥自身的优势,而且要正视自身的局限,从而达致刑法控制犯罪的目的。

1. 正视刑事立法自身的优势和劣势

其实,在金融犯罪的探讨中,金融刑法的种种不完善,时常受到理论界和实务界一致抨击。或许批判的角度存在差异,但几乎可以说,就金融刑法在现实面前的僵化已经达成了普遍的共识。对此,许多研究已经作出了相当精辟、透彻的分析。同时,金融犯罪自身所具有的特点加重了刑法介入的难度。例如,金融犯罪与金融不法行为之间存在大量的模糊地带,金融犯罪所涉及的金融工具、金融交易结构,涉及大量金融法等私法内容。因此,金融犯罪具有混合行为的性质。[①] 尽管这些行为是"犯罪",但它们首先是经济行为或是民事行为。这些私法内容无疑增加了金融犯罪的侦查、起诉、定罪的难度。但是,这种技术上的难度并不能导致直接得出依赖刑罚抑或是通过立法迫切扩大金融犯罪圈的结论。从经验的角度上看,在经济生活面前,刑事立法天然地具有劣势,不可能展现出符合理想要求的预见性。甚至可以说,刑法必须接受"以不变应万变"的要求。面对这种挑战,比起立法犯罪化的扩张,寻找现有司法制度中的改善空间,将已有的刑事立法作进一步的明确,贯彻罪刑法定原则,或许是更为实际的选择。

实际上,司法中金融犯罪范畴的变动与扩张并不令人意外。如今,社会受到自由主义、个人主义思想与行为形态的冲击,价值观进一步多元化,造成非正式的社会统制力减弱、行为的规制迟缓,必然促成适用刑罚以完善

---

① 参见王文华:《从欧盟法律规定看金融刑法的边界》,载《中国欧洲学会欧洲法律研究会2008年年会论文集》,第199页。

社会秩序维护的倾向。① 市民安全与保护的请求借助媒体的途径得以更加直接、强烈、及时地反映到立法机关与司法机关；国家对市民的刑法保护，成为一项公共服务内容。② 金融领域亦不例外。2015年6月15日开始，国内股市连续下跌，引发市场恐慌。为了稳定股市，防范金融风险，7月9日，公安部进驻证监会，排查恶意卖空股票与股指线索，开展相关金融犯罪的侦查。在此之前，金融监管部门曾连番出台救市措施，均未能阻止股市下跌的趋势。然而，这一情况却在7月9日发生改观，成为股市下跌的转折点。尽管侦查还在进行中，随后的股市另有起伏，但是股市表现出的这种巧合，似乎也验证了人们对刑法的依赖，以及刑法在金融市场中扮演着的公共服务角色。

然而，尽管依赖刑法极有可能成为近几年难以改变的趋势，不容忽视的是，鉴于刑法有其自身的负面效果，我们在依赖刑法调整金融市场时需要保持一定限度，尤其是要避免因依赖刑法的短期效应而忽视社会问题背后的原因。刑法的非理性依赖是一个历史悠久的话题。菲利曾经说过："在犯罪现象产生或增长的时候，立法者、法学家和公众只想到容易但因其错觉的补救方法，想到刑法典或新的镇压性法令。但是，即使这种方法有效（很可疑），它也难免具有使人们忽视尽管更困难但更有效的预防性和社会性的补救方法。"③特别在面向金融法律制度尚不健全的现实时，显得尤其突出。

从一些金融犯罪发生的背景来看，许多金融犯罪的发生有一定的必然性。例如在银行业务领域，银行信用卡业务不规范、发卡审核操作不严密、POS机监管不严格、银行间尚未完善的信用卡信息共享和恶意透支通报机

---

① 张明楷：《司法上的犯罪化与非犯罪化》，载《法学家》2008年第4期。
② 参见〔日〕井田良：《刑事立法の活性化とそのゆくえ》，载《法律时报》第75卷（2003年）第2号，第4页以下。转引自张明楷：《司法上的犯罪化与非犯罪化》，载《法学家》2008年第4期。
③ 菲利：《犯罪社会学》，郭建安译，中国人民公安大学出版社1990年版，第70页。

制等现象普遍存在。换言之,银行自身存在的漏洞无疑为犯罪发生提供了空间,银行作为被害事实上也应对犯罪的发生承担一定责任。众所周知,涉信用卡犯罪历来为金融犯罪的主体,刑事司法投入了大量的资源用以处理信用卡类犯罪。然而,司法资源的动用事实上并不能够直接给予银行进行制度改善的压力抑或是动力。实际上,即使我国建立了诸如检察建议制度等发挥司法监督功能的制度,其效果依然十分有限。以检察机关发布的检察建议为例,它并无明确的法律强制力,建议的落实需要与被建议单位的合意与协作,并且缺乏相应的检察建议评估机制。[①] 因此,被建议对象可以选择是否接受检察建议,检察建议的效果具有不确定性。[②] 再如,广受争议的非法集资类案件则与现有金融制度下民营企业、小微企业融资难的困境直接相关。一面是大量企业的融资需求,一面是快速增长的民间资本的增值需求。二者之间如果缺乏合法的渠道,容易被犯罪分子所利用,实施诈骗。

总之,在这些制度不完善的领域,刑法的积极介入在短期内看来或许效果显著,但是从长期来看,则容易引发寻求刑法意外治理方法的惰性。另外,刑法有时还掩盖社会矛盾或转移社会矛盾斗争的焦点。毕竟,在一定意义上说,犯罪的发生实际上传递着社会关系某方面存在着矛盾、冲突与斗争的信息,而犯罪与刑罚的对应关系容易造成人们的错觉,将犯罪的发生归咎为刑法典的不完善或司法机关执法不力。[③] 所以,应当对刑法的适用保持警醒,坚持刑法基本原则,发挥刑法优势,并积极拓展刑法之外治理方式的适用空间。

[①] 参见林喜芬、黄翀:《中国金融检察建议的现状、运行与展望——基于上海市实证数据的初步考察》,载《四川师范大学学报》(社会科学版)2014年第5期。
[②] 参见吕涛:《检察建议的法理分析》,载《法学论坛》2010年第2期。
[③] 参见陈正云:《刑法的经济分析》,中国法制出版社1997版,第203页。

2. 重视刑事司法程序的影响

国家预防和打击犯罪以刑事司法程序为主要操作规程，同时借以实现刑事立法的目的。刑事司法体系对于犯罪的把控直接反映了国家控制和打击犯罪的力度和程度，事实上决定了金融犯罪的范畴。因此，国家对刑事司法体系的设计得当与否，对犯罪控制效果而言至关重要。所以，金融犯罪合理范畴的界定取决于刑事司法体系的表现，关于刑事司法制度的设置将直接影响刑事司法体系控制金融犯罪时的绩效。

首先以检察机关的制度设计为例。众所周知，检察机关在刑事司法体系中占据着至关重要的地位。"检察官的职权范围从侦查乃至执行，贯穿于整个刑事司法程序，兼具侦查主体、裁量者、追诉者以及刑之指挥执行的角色，与仅单纯担负审判工作的法官比较，检察官可谓是刑事司法的主控者、领航员。"[1]从程序运行的角度看，检察机关全程参与刑事司法程序，在侦查机关和审判机关之间充当承上启下的作用。与此同时，从金融犯罪范畴界定的角度看，金融检察如同一个"漏斗口"，通过筛选不法行为的方式决定了金融刑法在实务中进行犯罪化的方向。美国华尔街曾有这样一种说法：决定华尔街游戏规则的不是金融机构或者监管机构，而是纽约南区检察院。[2] 所以说，金融检察在金融刑事司法程序中的角色定位决定了其在刑事司法体系中的重要性，也印证了金融检察对金融市场潜在的影响力。

目前，为满足上海建设国际金融中心保障金融安全的需要，上海市检察机关在内设机构中增设了专门办理金融犯罪案件的金融检察处（科），逐步推进检察官职业化和专业化改革。对此，实务界与理论界大多予以肯定。这些机构的设置，"符合现代检察工作改革的思路，形成批捕和起诉一体化

---

[1] 陈运财:《检察独立与检察一体分际》，载《月旦法学杂志》2005 年第 9 期。转引自董坤:《检察环节刑事错案的成因及防治对策》，载《中国法学》2014 年第 6 期。

[2] 参见萧凯:《美国金融检察的监管功能：以暂缓起诉协议为例》，载《法学》2012 年第 5 期。

工作模式,专业化成效明显"①。但是,也有学者指出,当前的改革实践存在着将"检察官专业化"误解为"检察官专门化"的危险。所谓"检察官专业化"应当指的是检察官在职业知识和职业技能方面的专业化,要求检察官具备处理法律事务的专业知识与技能,即法律知识的专业化。而当前改革可能的误区是希望培养专门办理金融案件、熟悉精通金融知识和法律知识的检察官,要求他们不仅是金融法律领域专家,同时也是金融方面的专家。然而,法律领域的专精已属不易,再对检察官提出精通其他领域知识的要求,却强人所难了。②

必须注意的是,金融犯罪与传统人身、财产犯罪不同,在这类犯罪中,刑事司法机关对信息的把握天然地处于劣势:一方面,从专业知识掌握程度而言,犯罪人与金融领域的联系密切,并实际参与到金融活动中,其对金融交易结构、交易背景的理解往往胜于仅限于书本知识研习的司法人员;另一方面,传统犯罪手段的重复性远远高于金融犯罪。以故意杀人为例,司法人员经过经验的积累,能够掌握杀人犯罪的主要特征以及其中涉及的基本法律问题,因此,相对于犯罪嫌疑人而言,刑事司法机关具有绝对的知识优势。而对于金融犯罪而言,行为社会危害性的判断既要求对行为方式的理解,又要求对当时金融市场整体性的把握,司法经验的积累在变化迅速的金融市场面前,并不能使具有法律知识背景的司法人员相对犯罪人而言赢得绝对的知识优势。因此,就检察官专业化改革而言,应当以金融犯罪的法律专业化为主,发挥检察官在法律方面的专业优势。

对于金融知识欠缺带来的困难,则可以通过制度设计引入金融专业人士的意见予以克服。这种做法在域外亦有可借鉴的经验。例如,德国在处理经济犯罪时,除了有常年在经济犯罪领域工作的检察官和刑事警察外,

---

① 刘咏梅、刘建、陈茹英:《金融检察探究》,载《人民检察》2012年第12期。
② 参见万毅:《检察改革"三忌"》,载《政法论坛》2015年第1期。

还配备经济调查官、审计专员。他们多担任经济案件的鉴定人,有时也作为检察署调查官身份工作。法官在审理此类疑难案件时,经济检察官、审计专员将依据检察官的指示,评估涉案资料是否可作为证据。有时,检察官会指示上述辅助人员检查会计账簿的正确性,这些辅助人员也可以以鉴定人身份鉴定公司簿册内容与事实是否相符,并在法庭陈述意见,其以专家名义作出的鉴定报告,具有证据能力,可以作为裁判的基础。[①] 此外,在我国台湾也有类似的制度设计,通过设立检察事务官作为检察官的专业助手,在实际招考遴选时,除了一般侦查组以外,另有财经组、电子组和营缮工程组等专业组,招募特定行业的专业人才辅助检察官办案。[②] 实际上,目前,我国的刑事司法体系中,也存在类似的制度,如司法会计制度[③]、检察辅助人员制度[④]等,尽管还不完善,但依然可以成为制度改进的基础。因此,对于当前推进的金融检察专业化改革而言,较为理想的方式是,结合现有的制度,围绕下列目标进行制度设计:一方面,建立刑法适用方面的专业化刑事司法团队;另一方面,引入金融、财会等领域专业人员参与到司法运作中作为独立的司法辅助团队,以促进二者各展所长,协同作战。

[①] 参照德国汉堡高等财政法院院长 Jam Grother 专题演讲《德国经济犯罪之审理与防制》(载《司法周刊司法文选别册第1351期》,2007年8月16日)。转引自施茂林:《金融犯罪之具象与刑事司法析论》,载《朝阳商管评论》2012年5月1日。

[②] 参见朱朝亮:《检察事务官制度之检讨与展望引言稿(二)》,载《检察新论》2008年第4期。转引自万毅:《检察改革"三忌"》,载《政法论坛》2015年第1期。

[③] 司法会计包括查账、鉴定以及咨询和协助开展预防与会计活动有关的职务犯罪等项工作。其中,司法会计鉴定是指针对已具备一定立案条件的涉案会计资料所进行的涉案会计事实证明活动。通常,独立的司法会计鉴定机关提供鉴定意见,作为审判的参考。例如,上海市司法会计中心出具的《司法鉴定意见书》,在审判中可以直接作为证据被法院采纳。另外,检察机关也设置了司法会计专业人员岗位。参见杨为忠:《司法会计不等于司法会计鉴定——暨谈涉案会计事实证明中的几个误区》,载《中国司法鉴定》2009年第1期;于朝:《论司法会计理论与舞弊审计理论的分野——兼谈"法务会计"的误解》,载《中国司法鉴定》2009年第6期;上海市闸北区人民法院刑事判决书(2014)闸刑初字第1369号。

[④] 按照上海检察改革先行试点工作的计划,检察辅助人员包括检察官助理、书记员、司法警察、检察技术人员等。参见林中明:《上海检察改革先行试点工作启动》,载《检察日报》2014年8月1日。

此外,行政执法与刑事司法衔接成为近年来另外一个较为引人注目的制度建设重点。

有观点认为,在实践中行政执法与刑事司法相脱节问题较为严重,尤其是在证券领域存在"以罚代刑"问题,对内幕交易等行为来说存在刑法打击不力之嫌。① 我国正试图在行政机关与刑事司法机关之间建立流畅的衔接程序——由行政执法机关认定涉嫌犯罪后主动移送,公安机关积极受理,人民检察院负责立案监督,最终形成执行顺畅、分工合理、追诉有效的认定程序。最终,通过衔接机制的建立,增强惩罚措施对于金融不法行为的威慑力。

固然,顺畅的衔接制度能够为刑事司法的运行提供便利,但应当注意的是,如何在金融犯罪认定时避免形成刑事司法对行政执法的过度依赖。现实中,受金融犯罪二次违法性特征的影响,司法实务存在以行政违法的形式条件满足与否作为判断是否入罪的前提。尤其是司法机关在对新型经济类犯罪的定性认识不一致时,直接将行政机关的行政认定作为刑事认定依据,造成司法机关在事实上扮演着行政机关的传话筒的角色,界定金融犯罪范畴的主体实际上变成了行政机关。例如,在办理非法从事未上市公司股票案件时,检察机关除了要求侦查机关查清犯罪事实,还对应监管机关出具行政认定函,做出"行为属于证券"的性质认定,否则无法进入刑事程序。② 在法院的案件审理中,对于类似证监会等行政机关做出的《案件调查终结报告》等行政认定通常作为证据使用,并在论述中也表达对行政认定内容的认同。③ 然而,行政认定的实质是对行政违法性的认定,"由于涉及刑事因果关系、主观故意即行政权与刑事权的划分等问题,行政认定与刑

---

① 参见叶旺春:《证券领域行政执法与刑事司法的衔接问题研究》,载《证券市场导报》2012年5月号。
② 参见毛玲玲:《金融犯罪的实证研究》,法律出版社2014年版,第237页。
③ 参见上海市浦东新区人民法院刑事判决书(2011)浦刑初字第2738号。

事认定并非简单的数量大小及情节严重与否的关系"①,"行政不法与刑事不法存在实质差别,刑事不法不仅在质上有较深度的社会伦理的非难性,而且在量上具有较高度的损害性与社会危害性"②。因此,行政认定并不能简单地作为刑事认定的前置条件。事实上,在行为危害性判定面前,较为理想的状态是刑事司法坚持独立的认识路径和标准,或许可以"承认其法律文书地位和作用,符合要求则援引,不符合则不予认可"③。刑事认定应由司法人员根据案件事实和证据情况严格按照罪刑法定原则和犯罪构成原理,围绕刑法规范展开;坚持刑法的独立价值,避免受到行政认定的牵制。所以,在当前的刑事司法改革环境下,建立行政执法与刑事司法的有效衔接,是在进行工作机能、流程衔接的同时,保持二者独立的价值,只有这样,才能够让二者的效用最大化,既避免了行政管理对刑罚工具的依赖,又防止了刑事司法沦为行政管理的工具。

(三) 小结

"法律通过保护不同主体之权利和利益,设定了治理的规范目标。通过程序性设计,法律向这些主体分配或者否决其利益,并且决定了他们参与立法和执法的范围和形式。"④借用这一表述逻辑,刑事司法的程序性设计可以帮助刑事法律实现利益保护,完成市场主体利益的分配或否决某些利益的合法性,并且决定了各主体与法律体系互动的范围和形式。

在有限的刑法规范和无限的金融市场之间,刑事司法一直扮演着解决

---

① 王崇青:《行政认定不应作为行政犯认定的前置程序》,载《中国刑事法杂志》2011年第6期。
② 黄河:《行政刑法比较研究》,中国方正出版社2001年版,第31页。转引自张旭、裴永波、宋伟卫:《行政认定与刑事司法认定的关系》,载《社会科学战线》2009年第9期。
③ 王崇青:《行政认定不应作为行政犯认定的前置程序》,载《中国刑事法杂志》2011年第6期。
④ 〔美〕柯提斯·J.米尔霍普、〔德〕卡塔琳娜·皮斯托:《法律与资本主义——全球公司危机揭示的法律制度与经济发展的关系》,罗培新译,北京大学出版社2010年版,第263、264页。

矛盾、协调冲突的角色。金融犯罪的范畴在刑事司法的调整中显得日渐清晰，彰显着刑事司法在金融犯罪控制领域的效能。以上海市司法机关有关金融犯罪的实证数据分析为基础，我们不难发现当前刑事司法在界定金融犯罪时所彰显的特征以及其中存在的种种问题。归根结底，依然是刑法介入金融市场的适当性问题。对此，我们应当重新审视金融和金融监管，把握刑法作用的限度，通过刑事司法程序的制度构建，逐步确立刑法介入金融市场的适当性。

第三章　金融犯罪刑法治理的基础

为了改进金融犯罪的刑法规制，首先需要客观地了解金融犯罪的现象，分析金融犯罪的现状及其特征。刑法规制的目的在于减少犯罪，面对打击金融犯罪的现实需要，政府究竟应当选择增补罪名，还是改进刑罚？这主要取决于对金融犯罪的类型、特征和规模的了解。所以，认识金融犯罪的变化规律，对于相关刑事政策的调整而言意义重大。同时，犯罪与社会发展相伴而生，犯罪的产生与发展受到相应的经济、政治、社会因素的影响。有时，经济、政治、社会等因素恰恰是构成犯罪的诱因，为犯罪提供了"机会"；有时，对应的经济、政治、社会制约机制失效才导致引入刑罚控制的必要性。因此，思考金融犯罪的刑法规制，需要将犯罪置于整个社会背景下进行考察，以便刑法规制的"进退有度"，取得最优的社会效果。

实际上，在刑法谦抑的视野中规制金融犯罪，就是有关规制界限的把握。显然，在解决这个问题之前，我们需要首先了解的是金融犯罪的现状以及它所存在的环境。因为只有这样，我们才能够明确当前所处理的问题及其在整个社会生活中所处的位置。

第一节　金融犯罪的现状

为了说明金融犯罪的现状，需要借助犯罪统计，把握金融犯罪的时间、空间变化规律,了解刑法规制调整的依据和效果。目前,我国的犯罪统计主要来自于官方,由公安、检察、法院等机关对其工作中的金融犯罪案件进行周期性的统计观察。这些数据来自于司法机关大量处理犯罪的实践过程,有助于从总体上把握金融犯罪的动向,同时也反映了刑事政策的实施效果,有助于进一步调整刑事政策。

一、金融犯罪的数量统计[①]

从全国范围看,根据我国法院系统的统计,[②]金融犯罪案件数量波动较大,在 2000 年达到高峰,此后一直维持下降趋势,2006 年到达最低谷。2007 年开始,金融犯罪数量开始逐年上升,2009 年起上升幅度较大。2011 年、2012 年破坏金融管理秩序案件数据不详,但仅金融诈骗案件便已经分别达到 7960 件、15480 件。2014 年,金融犯罪案件数据不详,但当年检察机关审查起诉的金融犯罪案件已达到 22015 件。2015 年,全国法院新收一审金融犯罪案件 20379 件。因此,基本可以推断,自 2007 年始,金融犯罪案件数量整体呈现上升趋势,并保持高位。

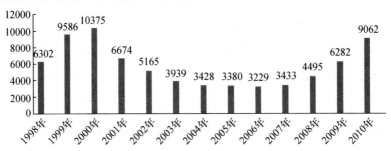

图 3-1 全国金融犯罪案件数据统计

---

① 以下数据如无特别说明,均来自于上海人民检察院历年金融检察白皮书,以及上海市高级人民法院发布的金融刑事审判情况通报。

② 数据来自《中国法律年鉴》,中国法律年鉴出版社 1999—2016 年版,案件类型包括破坏金融管理秩序和金融诈骗两种类型。部分统计不详。

从区域金融犯罪情况看,以上海为例,根据上海检察机关和法院系统的统计数据,金融犯罪案件数量自2009年始,开始稳步增加,在2012年达到峰值。在经历了2013年案件数量短暂下降之后,2014年进一步回升,连续两年相对平稳。在最新发布的《2016年上海金融检察白皮书》中,2016年金融犯罪案件数量出现下降。但是,2016年涉案人数增多,共计2895人,较上一年度增加8%,为五年来涉案人数次高的年度,仅次于2012年的3381人。[①] 总体而言,金融犯罪案件目前相对趋于平稳,处于高发态势。

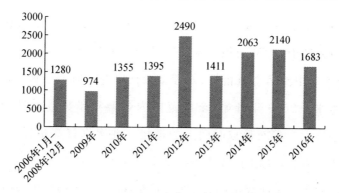

图3-2 上海检察机关金融犯罪案件公诉数

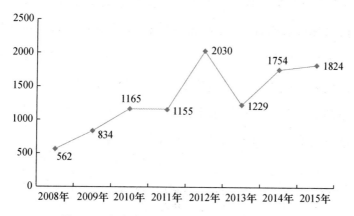

图3-3 上海市人民法院金融犯罪收案情况

---

① 造成这种情况的原因在于涉案人数众多的非法集资案件多发,占用了大量司法资源。参见上海市人民检察院《2016年上海金融检察白皮书》。

根据上述案件数量的变化，可以发现我国的金融犯罪案件数量整体波动较大，但近年开始趋于平稳。对此，笔者认为，这与我国金融市场体制尚未成熟，无论是打击金融不法行为的金融监管体系还是控制金融犯罪的刑事司法体系均处于制度建设与摸索过程，尚未形成稳定、长效的工作机制不无关系。尽管如此，我国金融犯罪案件数量的变化亦反映出以下两项特征：

通过考察金融犯罪案件时间变化规律可以看出，我国金融犯罪案件总体数量受到当年刑事政策及执法工作力度的影响。例如，在我国金融犯罪案件数量的统计中，1999、2000年的案件数量显著增加，这与我国在20世纪90年代末集中整治金融市场、处理金融秩序混乱时期遗留问题的举措有一定的相关性；[①]2007年开始，全国范围内金融犯罪数量上升，与2006年《刑法修正案（六）》颁布形成时间上的衔接。此次修订篇幅较大，约1/3涉及金融犯罪的内容，显示了当时严厉打击金融犯罪的政策取向。在上海市的统计中，2012年案件数量明显增加，而在这一年，全国公安系统发起严厉打击经济犯罪的"破案会战"，如证监会、银监会等金融监管部门也加大了对市场违法违规行为的查处，处理历年积案，移交案件线索到司法程序。[②]

借助上述金融犯罪案件数量的对比可以发现，金融犯罪的数量与区域金融市场的发展状况有关。尽管案件统计口径略有不同，[③]但是依然可以看出上海市的案件数量占据全国金融犯罪案件数量较高比例，2010年上海法院审理的金融犯罪案件约占当年全国案件总数的12%。有统计进一步

---

① 参见刘宪权：《金融犯罪刑法学新论》，上海人民出版社2014年版，第22页。
② 参见毛玲玲：《金融犯罪的实证研究》，法律出版社2014年版，第19、20页。
③ 上海市检察机关的统计数据除包括破坏金融管理秩序、金融诈骗类犯罪以外，还包括扰乱市场秩序，金融从业人员职务犯罪，金融从业人员侵犯公民人身权利、财产权利犯罪等。但后一部分比例较小，以2014年为例，约占全年案件数量的2.3%。上海市法院系统的统计数据除包括破坏金融管理秩序、金融诈骗类犯罪之外，还囊括扰乱金融市场秩序犯罪，后者在2014年的审结生效案件数据统计中，约占全年案件数量的0.88%。

表明,2006—2010年,在全国检察机关受理移送起诉的金融犯罪案件数量中,上海市以10.02%占据首位,接下来依次是广东(9.24%)、浙江(8.48%)、江苏(8.23%)、山东(5.98%)。[①] 这些省份金融业相对发达,金融资源丰富,金融交易频繁,与社会生活的衔接愈加密切,由此也给金融犯罪的发生创造了条件。可见,金融犯罪的发生与区域性金融市场的发展程度有关。所以,从案件发生的空间上看,金融犯罪常见于金融业发达、经济表现突出的区域。

二、金融犯罪的结构分析

对于犯罪结构的特征,可以从实践中犯罪罪名的分布入手进行分析。同时,由于上海市既是国内的金融中心,又是建设中的国际金融中心,金融业发展处于国内领先地位,也形成了具有代表性的金融犯罪的刑事司法应对机制。所以,将主要以上海市司法机关关于金融犯罪的实证统计数据为样本进行分析。

根据上海市人民检察院的统计,2016年,上海市检察机关审查起诉金融犯罪案件1683件,共涉及六类案件28项罪名,具体案件分布情况如下:

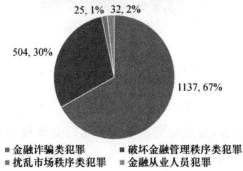

图 3-4 2016年度上海检察机关公诉案件类型

---

① 参见王军、张晓津、李莹:《金融犯罪态势与金融犯罪研究》,载中国检察学研究会金融检察专业委员会编:《金融检察与金融安全》,上海交通大学出版社2012年版,第285页。

可见,从上海市金融犯罪案件类型分布来看,主要以金融诈骗类犯罪为主,占全部金融犯罪公诉案件数量的67%。其中,案件数量最多的是信用卡诈骗犯罪案件,共计1027件,占全部金融犯罪案件的61%,该类案件在检察机关的统计口径中每年都成为数量最多的金融犯罪类型。

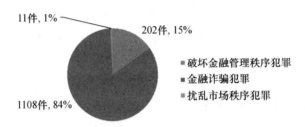

图 3-5　2015 年度上海法院金融犯罪案件类型

在2015年上海市人民法院审结的案件中,共涉及16个罪名。

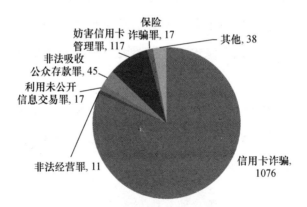

图 3-6　2015 年度上海法院金融犯罪罪名分布

结合上述犯罪统计数据,我国金融犯罪案件呈现以下特点:

第一,从数量上看,金融犯罪基本以涉银行业领域的犯罪为主。① 2016年,上海市检察机关共审查起诉涉银行业案件1597件,共计2719人,案件

---

① 涉银行业金融犯罪指涉及资金运行的金融活动中的犯罪,包括假币类犯罪、外汇类犯罪、信用卡类犯罪、非法集资犯罪、骗贷类犯罪、票据类犯罪、金融票证类犯罪、信用证类犯罪、非法经营银行业金融业务犯罪和银行业工作人员等犯罪。

数和涉案人数分别占全部金融案件的94.9%和94%。相比2015年的2073件,案件数量明显下滑,降幅达到33%。相比之下,2014年,涉证券业金融犯罪审查起诉案件数量为28件,涉保险业犯罪案件数量为64件,经历了2015年的低谷之后,2016年分别达到17件、53件,同期增长117%和56%。基本上,涉证券业与涉保险业案件在金融犯罪中占据较小比例。其中,从案件罪名分布来看,涉银行业领域的犯罪案件以信用卡诈骗犯罪案件为主。2016年占全部金融犯罪案件的61%。在信用卡诈骗犯罪中,又以恶意透支型案件为主。根据上海市高级人民法院对2015年金融刑事审判情况的通报,涉信用卡犯罪占全部审结生效的金融犯罪案件的90.9%,其中信用卡诈骗1076件,占全部金融犯罪案件的81.5%。同时,以恶意透支型信用卡诈骗为主,共计1018件,占全部信用卡诈骗犯罪的94.6%。

与之形成鲜明对比的是,涉证券业犯罪虽然受到立法和研究的重视,但案件数量较少。这类案件往往涉及知名的公众资金管理机构,涉案人员范围相对集中,身份特殊,多具有学历高、从业时间长等特点,加之涉案金额巨大,社会影响较大。根据上海市检察机关的统计,2014年,全市利用未公开信息交易、内幕交易案件的平均获利金额为人民币769万余元,平均累计交易金额为3.8亿余元。然而,这类犯罪隐蔽性高,证据识别困难,实务中司法机关难以主动介入,案件来源主要是证监会的移送。查处的难度限制了案件数量,2007年至2009年期间,上海市证券犯罪中内幕交易罪仅有1件,操纵市场与虚假陈述的案件数目为0。2014年,由于证券监管部门加大了查处力度以及交易所启用"大数据"分析系统,利用未公开信息交易和内幕交易案件增幅明显从2013年的0件和1件,分别增至18件和3件。可见,整体而言,虽然证券犯罪在立法与研究中受到广泛重视,但是到目前为止,事实上并未成为金融犯罪的主要犯罪类型。

第二,从发案规律上看,金融犯罪罪名的出现稳中有变。一方面,在诸多金融犯罪类型中,信用卡诈骗罪常年发案数量最多,其中又以恶意透支的行为类型为主。另一方面,信用卡犯罪之外的其他罪名分布与数量变化较大。从罪名分布上看,2013年,全市金融犯罪公诉案件新增逃汇罪和高利转贷罪,而在2014年包括高利转贷罪在内的六项罪名未曾出现;2014年,法院审结案件减少了变造货币、高利转贷、洗钱、窃取信用卡信息、内幕交易、泄露内幕信息六个罪名,增加逃汇罪。从数量变化上看,2012年,检察机关审查起诉的非法经营金融业务的案件达到110件,但在随后两年中降幅明显,迅速缩减到19件;2014年,法院审结的金融犯罪案件中,妨害信用卡管理、骗取贷款、票据承兑增长相对更为迅速,分别较上一年度增加185.7%、160.0%。而2016年,上海市检察机关受理的案件中,非法吸收公众存款高发,共计309件,较上一年度增加206%,一跃成为当年数量排名第二的罪名。

第三,从发展趋势上看,金融犯罪领域扩张,新类型案件不断出现,涉及行业范围渐广。近年来,上海市出现了多种新类型金融犯罪案件,例如,利用支付宝、微信等第三方支付与手机绑定实施的信用卡诈骗案、骗取银行保理案、骗取附属于信用卡的贷款案、虚假贸易逃汇案、信托理财产品发行中的商业贿赂案等,增加了司法认定的难度。同时,金融创新为金融犯罪的滋生创造了条件。例如,随着互联网金融形态发展迅速,出现了借助P2P网站发布虚假贷款信息骗取投资者资金的犯罪行为等。再如,银行在金融创新的压力下推出的产品因风险预估不足,在审核机制不够完善的情况下成为实施骗取贷款行为的对象等。

第四,从社会影响上看,涉众类案件增幅较大,社会关注度较高。2016年,上海市检察机关共受理非法吸收公众存款案件309件、集资诈骗案37件,案件数量较上一年度分别上升206%、17%。其中,涉互联网金融领域的非法集资案件自2014年首次出现后,持续增长,2015年已经达到11件,

2016年陡增至105件，增幅达855%，占全面受理的非法集资案件总数的30%，而上一年度同比仅占8%。这类案件不但犯罪手法复杂多变，难以甄别，而且涉案金额大、波及地域广、被害人人数众多，造成不良的社会影响，给刑事审判与追赃带来难题。2014年，上海市审结的涉众类金融犯罪案件共有21件，涉案金额共计13.2亿余元，涉案社会公众和被害人共计3100余人，其中有近6.8亿余元赃款未能追回。而到2015年，仅在"泛鑫案"一起案件中，集资诈骗金额就达到13亿余元，至案发共造成3000余名被害人实际损失8亿余元。

三、金融犯罪的犯罪统计与犯罪现状

上文试图通过司法机关提供的犯罪统计说明金融犯罪的现状。但是，难以回避的问题是，此处的犯罪统计主要来自于检察机关和法院，相关统计数据是相关部门筛选处理之后的结果，势必与犯罪实际情况存在差距。对此，我们认为，在根据犯罪统计推断金融犯罪现状时，应当考虑犯罪黑数带来的影响，否则难以使用犯罪统计数据说明金融犯罪的实际情况。

需要强调的，犯罪统计对于认知犯罪现象的意义并没有因犯罪黑数的存在而消失。因为"在尚未找到犯罪统计之外的适当方法的现阶段，在考虑了前述犯罪统计上的各种不足及黑数之后，对该统计所进行的解释，应当说是接近犯罪的实际情况的"；同时，鉴于犯罪黑数相对稳定，根据犯罪统计来推出犯罪现象的变化是完全可能的。[①] 基于此，结合犯罪黑数的因素考察犯罪统计数据，能够对犯罪现状予以说明。

一般认为，犯罪黑数是指犯罪的发案件数与统计中所列的案件数之间的差。在实际犯罪发生的案件数量与实际进入司法系统的案件数量之间，

---

① 参见〔日〕大谷实：《刑事政策学》，黎宏译，中国人民大学出版社2009年版，第34、35页。

均存在着不同程度的犯罪黑数。就传统犯罪而言,对不同类型犯罪的犯罪黑数已经有了相对具体的区分。根据公安部课题组在1985年、1987年、1988年进行的刑事隐案调查,杀人、抢劫、爆炸、涉枪等严重侵犯人身、公共犯罪中犯罪黑数相对较小,明数约占90%,而盗窃非机动车、扒窃等侵犯财产犯罪案件黑数较大,明数只占总数的10%。[①] 但是,目前对于金融犯罪的犯罪黑数的认知较为笼统。从总体上看,金融犯罪属于犯罪黑数较高的犯罪类型。[②] 然而,具体到金融犯罪发生的领域,犯罪黑数则有不同的表现。在信用卡诈骗中,尤其是恶意拖欠型信用卡诈骗,银行通过内控制度一般都能够及时发现案件线索并积极参与刑事司法程序,犯罪黑数相对较低,由此也导致恶意拖欠型信用卡诈骗成为历年金融犯罪中的绝对多数。但是对于票据、贷款诈骗案件,则往往因外部审计、人事交接等事件才使得案件曝光,犯罪黑数相对较高。对于涉证券业犯罪来说,违法行为之间关联性、传导性很强,案件集合多个违法行为,且侵害法益包含较为抽象的"超个人的财产利益"与"非物质利益",加之交易手段电子化、现代化等特征,具有极高的犯罪黑数。[③] 结合上海市金融犯罪的统计数据可以看出,犯罪统计中既包括如恶意透支这类犯罪黑数较小的金融犯罪,也存在诸如内幕交易等犯罪黑数较大的犯罪,于是也不难理解,为何前者在犯罪统计中占据绝对比例优势,而后者尽管受到立法与研究的重视,但是实际进入刑事司法视野的案件数量比例较小。

据此,当借助犯罪统计数据评估犯罪现状时,不能仅仅依据案件数量上升而不再对事实加以细致分析,即得出"金融犯罪形势严峻"等特征,这样

[①] 参见胡选洪:《我国犯罪黑数现象存续根据论》,载《中国刑事法杂志》2007年第1期。
[②] 参见王军、张晓津、李莹:《金融犯罪态势与金融犯罪研究》,载中国检察学研究会金融检察专业委员会编:《金融检察与金融安全》,上海交通大学出版社2012年版,第285页;刘燕:《金融犯罪侦查热点问题研究》,知识产权出版社2014年版,第15页。
[③] 参见官欣荣:《论证券越轨及其社会控制:关于证券市场违规违法犯罪的法社会学分析》,载《社会科学研究》2002年第5期。

做容易脱离实际,降低刑事立法与司法资源投入的效果。目前,从刑事立法的角度看,以往的刑法修正过程多次涉及金融犯罪的内容,通过扩大犯罪圈和增加法定刑的形式,对金融犯罪适用较为严厉的刑事政策。从刑事司法的角度看,当下的趋势是通过地方试点建设专业化金融刑事司法体制,在审判机关中推广建立金融审判法庭,在检察机关中则尝试建立金融检察工作机制。与此同时,需要引起注意的是,在刑事司法实践中,作为理论和立法讨论热点的证券犯罪数量依然处于低位,利用非公开信息交易罪等新增金融犯罪罪名较少适用,大量的司法工作却用于处理恶意透支型的信用卡诈骗犯罪案件。由此可见,立法导向与实践需求之间存在错位,要求我们重新审视犯罪现状,调整刑法规制的路径。

我国台湾地区学者张甘妹指出:"刑事政策乃达到犯罪预防目的之手段,而此手段要有效,须先对犯罪现象之各事实有确实之认识,如同医生的处方要有效,首先对疾病情况所为之诊断要正确。"[①]同理,在确定金融犯罪刑法规制路径之前,应当对金融犯罪的现状进行细致的分析。特别是依据金融犯罪统计辨别金融犯罪现状时,应结合具体的犯罪领域的犯罪黑数评估犯罪现状,对症下药,建立相对具体而有针对性的刑法规制路径,避免仅仅因为犯罪统计数据增长就增加立法、司法资源的投入,造成国家资源的浪费。

第二节 金融犯罪刑法治理的影响因素

实际上,无论是作为影响金融犯罪发生的因素,还是作为制约金融犯罪刑法规制的条件,社会、经济、政治环境共同构成了金融犯罪防控的时代背

[①] 张甘妹:《刑事政策》,台北三民书局1974年版,第111页。

景。当然,影响犯罪发生和刑罚效力的环境因素有很多。这里,仅尝试从犯罪生成的土壤中提取效果最显著的成分,从外部环境的角度促进关于刑法规制路径的思考。

一、社会环境与金融犯罪

(一) 道德变化

时至今日,人们对于道德的认知已经超越了传统的伦理学范畴,道德的影响遍及社会生活的各个方面。道德不但成为经济发展的重要因素,而且也对金融犯罪的治理表现出独有的影响力。

1. 道德与经济

即使是对于市场经济而言,也需要道德规范进行必要的社会规导和限制,道德资源已经被证明是一种可以转化的特殊社会资本,普遍的社会伦理信任可以降低市场的"交易成本"或"额外交易成本"。[①] 以诚信为例。从经济学的角度讲,诚信作为一种道德表现,虽然不同于正式的制度安排,但是交易双方的确能够基于诚信产生对于彼此的信任,减少在建立交易关系时信息处理和谈判的成本,并且当诚信的交易方自觉遵守契约时,能够减少为契约的实施和监督所支付的社会成本。退一步讲,人们不能证实道德能够给市场经济带来何种确切的好处,至少也可以达成这样的共识:普遍的诚信通过降低交易成本,转化为经济的"增长"效益。

福山曾对道德与经济的关系进行深入分析。按照福山的观点,社会美德可以通过增进社会成员之间的信任来促进经济繁荣。"信任可以在一个行为规范、诚实而合作的群体中产生,它依赖于人们共同遵守的规则和群体成员的素质。"信任是造就经济繁荣的原因之一。福山认为,所有经济行

---

① 参见万俊人:《论市场经济的道德维度》,载《中国社会科学》2000年第2期。

为都是通过群体实现的,人们必须首先学会一起工作才能创造经济价值。而群体是以相互信任为基础而产生的,即使契约与私利是人们结合成群体的重要因素,最有效的组织依然是建立在具有共同的道德价值观的群体之上,道德上的默契为成员的相互信任打下坚实的基础。高信任度下的自发性社会交往可以造就处于政府与个人、家庭之间的社会中间组织。这些社会中间组织成为市民社会的基础,也可以培育非血亲的私营企业,促进经济繁荣。① 可见,伦理道德可以影响经济发展,成为进行经济规制时不可忽视的社会因素。

2. 道德与刑罚

我国传统社会采取德治社会控制模式,比起法律,更倾向采用道德规范的方式进行社会控制。"无论是政治人还是自然人,在社会文化体系和社会控制模式中最终都统一于道德人,也即统一于社会文化体系中和社会控制模式中的圣君、贤相、清官、君子、良民。"②然而,随着多元化价值观的冲击,道德的社会规制效果降低,社会失范加剧,提高了人们对于包括刑罚在内的社会制约机制的需求。

目前,我国正处于社会转型时期——由农业文明向工业文明、由前现代化向现代化过渡,二者的转型引起了人与人之间关系的普遍调整,导致社会价值观的革新,形成了多元化的价值观体系。尤其是市场经济的建立,"削弱了政治意识形态的大一统压力,同时促进了思想平等和自由精神的生长发育"。同时,经济全球化的时代背景也让人们的价值观念从封闭走向开放,导致"经济、政治和精神文化三大领域中价值观的分离性发展,致使价值观呈现多元化趋势"。具体而言,"无论在社会的宏观背景上,还是

---

① 参见〔美〕弗朗西斯·福山:《信任:社会美德与创造经济繁荣》,彭志华译,海南出版社2001年版,"前言"第5页,第27—49页。
② 钱福臣:《道德态势与社会控制模式需求定律:受西方法治思想与模式原因的新解读》,载《环球法律评论》2006年第3期。

在个体的精神世界中,都同时存在着中国传统的价值观、从西方传入的价值观、过去'左'的一套价值观,以及在改革开放实践中形成的新的价值观等多种因素"①。

按照福山的观点,价值观的共享也是培育社会信任、形成社会群体的重要条件。他援用社会学家科尔曼(James Coleman)的论证,认为经济中的人力资本除了知识和技能以外,还包括人们相互联系在一起的能力。反过来,"人们相互联系的能力又取决于共享规范和价值观的程度的高低,以及社团能够将个人利益融进群体利益。在这些共享的价值中产生了信任"②。然而,对我国社会来说,多元化价值观带来的分歧增加了共享价值形成的难度,也使得社会信任的取得愈加困难。于是,社会信任的缺失引发社会行为的失范,给社会控制带来困难。在我国传统社会中,道德伦理规范在规制社会行为的社会控制中占据主导地位,随着多元化价值观的出现,道德伦理的社会控制作用被削弱。尤其是诸如个人主义、自由主义等西方代表性观念及行为样态逐渐进入社会后,被片面地理解、照搬,增大了社会分歧,社会控制力进一步减弱,出现了各种社会失范。由此导致的问题是,面对这个失范的社会,人们似乎只能倾向于加强执法,甚至依赖刑罚的补充完善以解决社会问题,维持社会秩序。简言之,多元化的价值观降低了社会信任,削弱了社会控制能力,导致刑罚被视作行为规制有力的补充工具。可以说,多元化价值观某种程度上也推动了重刑主义的产生。

3. 道德与金融犯罪治理

众所周知,金融是一种信用经济。诚信是金融市场潜在的伦理要求。特别是,信息不对称是金融市场的一个重要特征,金融的发展必然要求诚

---

① 刘小新:《当代中国价值多元化的几点思考》,载《首都师范大学学报》(社会科学版)2005年第3期。
② 〔美〕弗朗西斯·福山:《信任:社会美德与创造经济繁荣》,彭志华译,海南出版社2001年版,第11、12页。

信作为交易条件。因为在金融市场中,货币持有者在寻找金融交易对象和从事交易的过程中相比借款人,对于项目信息和借款人资信状况缺乏充分的了解,故而在作出交易决定时面临信息困境,引出了货币本身所承载的信任与承诺问题。① 从生态经济学的角度看,社会诚信文化是金融生态环境的组成部分,也是金融运行的基础条件之一。②

一方面,诚信思维的缺失催生金融犯罪,促使刑法参与金融规制。在我国,传统意义上的诚信观念通常建立在人身信任关系的基础上,特别是以家庭为基础的信任。"一踏出家庭圈,社会就存在着较低的信任度"③。显然,这与市场经济所要求建立在经济关系基础上的诚信并不一致。后者的缺乏使得违法金融交易信用的违规行为、犯罪行为较少受到来自道德的约束,甚至有时候,不讲信用得到的收益远大于付出的代价,违反诚信的冒险者反而受到推崇。同时,在我国金融法律制度不完善的前提下,缺乏对金融违规行为有效的法律惩处,加上道德谴责的弱化,势必激起新的"冒险",加剧行为的失范。当这种失范超出社会可以容忍的限度时,刑罚必然成为规制倚重的工具。

另一方面,由于我国诚信文化存在缺陷,影响了刑法参与金融市场规制的程度。例如,在传统观念中,人们相对缺少所有权的概念,当所有物离开所有者手中时,这是归属他人所有物的意识在不知不觉中减弱。于是,在亲友之间的借贷关系中,借方不仅缺乏所有者的"理直气壮",而且在请求返还时多半要考虑对方的"面子","恳求"返还。民间俗语中亦有"欠钱的是大爷"的说法,反映了借方不得不接受贷方急于偿还但又无可奈何的态

---

① 参见李义奇:《金融发展与政府退出:一个政治经济学的分析》,载《金融研究》2005 年第 3 期。
② 参见韩廷春:《金融生态环境对金融主体发展的影响》,载《世界经济》2008 年第 3 期。
③ 〔美〕弗朗西斯·福山:《信任:社会美德与创造经济繁荣》,彭志华译,海南出版社 2001 年版,第 56 页。

度。这种思维目前依然存在,影响着金融领域的借贷观念。基于此,有学者提出:"若承认这是一种社会缺陷,就不能把十分普遍的不诚信行为的责任全都推给行为人",在目前普遍失信的社会文化下,把金融欺诈行为进行犯罪化时应当保持必要的宽容。①

(二)技术进步

技术进步也能够影响金融犯罪的治理。

其一,对刑事立法来说,技术进步有时会造成立法真空,形成立法调整的压力。例如近年来,随着互联网技术的发展,出现了越来越多的网络犯罪。在这一背景下,2009年2月28日颁布实施的《刑法修正案(七)》中,对《刑法》第285条作了补充规定,增加了非法侵入他人计算机获取数据,或对计算机实施非法控制,或为实施这类行为提供程序工具的犯罪行为,从而完善了网络犯罪惩治的刑事立法。在金融领域,日渐发达便捷的互联网吸纳了越来越多的金融业务,网上银行、网上货币、网络交易平台等新的金融形式冲击着传统的金融形式与金融理念。随着金融财富的逐渐聚集,网络也成为金融犯罪的滋生地。犯罪分子以金融计算机网络为工具或对象实施犯罪,扰乱金融秩序,原有的刑事立法逐渐不能满足控制网络金融犯罪的需要。据统计,金融领域的计算机犯罪占计算机犯罪总数的61%,每年造成近亿元损失。②针对网络金融犯罪的现状,有观点认为,应当在《刑法》中增设破坏计算机金融资产罪,用以惩处"针对和利用计算机系统,通过对系统内有关金融资产的数据进行破坏来进行的金融犯罪"③。正如信用卡诈骗罪是信用卡得到广泛应用后的结果,鉴于技术进步不断创造新的行为类型,刑法将不得不扩大犯罪圈,以迎接技术进步带来的挑战。

---

① 参见刘远:《金融欺诈的犯罪化限度及路径》,载《法治研究》2010年第10期。
② 参见武向鹏:《网络金融犯罪的成因及其防治》,载《江西金融职工大学学报》2010年第1期。
③ 殷宪龙:《我国网络金融犯罪司法认定研究》,载《法学研究》2014年第2期。

其二，对刑事司法来说，技术进步是一把"双刃剑"。一方面，技术进步带来了更加专业的犯罪主体，给刑事司法的推进增加了难度。以网络金融犯罪主体为例，他们往往具有娴熟的计算机操作技能，要么是计算机程序设计人员，要么是计算机管理、操作、维护人员，专业性较强。与此同时，随着金融行为越来越依托网络进行，各类证券期货交易、P2P网络借贷交易平台等的出现，在提供交易便利的同时，也为金融犯罪的发生创造了更多更大的"平台"，让犯罪的甄别变得更加困难。原本就十分复杂的金融犯罪，融合了网络犯罪的匿名性、隐蔽性，增加了金融犯罪发现和取证的难度。另一方面，技术进步增加了金融犯罪的发现途径。例如，可以借助数据挖掘技术识别金融欺诈、洗钱等金融犯罪，通过将多个数据库的信息集成起来，使用数据挖掘工具寻找异常模式。① 又如，尝试利用链接分析技术监测可疑外汇资金流动等。② 实践证明，技术进步已经成为金融犯罪侦查的重要依凭。如在上海市证券犯罪的打击中，交易所"大数据"系统的使用明显提高了证券违法行为的甄别度。

（三）习俗变迁

在社会生活的诸多领域，习俗发挥着重要的行为约束作用。

以与金融相关的交易习俗为例。在中国的传统交易习俗中，"人格化交易是对中国长期以来的文化习俗与市场习惯的恰如其分的抽象表述。在以血缘、地缘建立起来的社会信任结构中，市场交换更多的是建立在个人之

---

① 数据挖掘是通过信息技术对大量数据进行探索和分析的过程，在浩如烟海的数据中提取有用、有效的信息，发现有用的模式与规律。参见李金迎、詹原瑞：《金融行业的数据挖掘技术研究》，载《现代管理科学》2009年第8期。
② 链接分析技术是搜索引擎中用来对结果进行排序的技术。其原理在于：网页被链接的次数越多，网页越重要。这一技术可以用于外汇交易分析中，将某一账户与其他账户发生交易的频度、累积金额以及与之发生交易的账户的可疑级别作为判断该账户可疑级别的依据。参见刘芳、薛蕾：《利用链接分析技术检测可疑外汇资金流动》，载《计算机工程与科学》2007年第9期。

间相互了解基础上的交换"①。人们互相交往时,"一定要问清楚对象是谁,和自己什么关系后,才能决定拿出什么标准来"②。反映在经济交往中,则表现为最强的信任存在于亲朋好友之间,尤其是比起现有的法律制度和司法手段,熟人之间的关系更值得信任和依赖。熟人社会的传统使得人与人之间的联系范围相对狭小,金融市场发展的基础相对薄弱。而当金融制度难以对此进行妥善处理时,就可能为原本基础便十分薄弱的金融市场带来危机。

例如,在民间金融领域,随着交易与市场的扩大,熟人之间的人格化交易习俗逐渐被打破,人际关系为纽带的约束机制渐渐削弱,不特定群体之间的半人格化交易、非人格化交易逐渐形成。③ 特别是随着金融市场机制的形成,利息、抵押等金融要素代替关系成为交易的约束机制为人们所认可。"从人格化交易到非人格化交易的发展,体现了市场经济的拓展性,这是市场经济的本质所在,也是其活力之源。无论是商品市场,还是要素市场,包括资金流动与借贷,都是在不断跨越地域的限制、突破群体的限制中逐渐扩大和延展的。从这一角度看,当今中国的民间借贷,只允许亲友间借贷,向不特定群体融资就变成了非法集资,被严加打击甚至判处死刑,这与市场经济的逻辑是相违背的"④。根据《最高人民法院关于审理非法集资刑事案件具体应用法律若干问题的解释》,非法集资类犯罪将亲友或者单

---

① 李义奇:《金融发展与政府推出:一个政治经济学的分析》,载《金融研究》2005年第3期。
② 费孝通:《乡土中国》,三联书店1985年版。转引自李义奇:《金融发展与政府推出:一个政治经济学的分析》,载《金融研究》2005年第3期。
③ 这里,半人格化交易的典型代表是合会,又称互助会,是一种历史悠久、分布广泛的民间融资合约,其基本组织方式是一位会主和若干位会脚定期聚会,每人每次携约定资金一起轮流借给其中一人,会主得第一次会金,会员按一定得会顺序依次得会后合约结束,按确定得会顺序规则的不同可分为摇会(抽签确定)、轮会(协商确定)和标会(对会息竞标确定)三大类。合会合约中合会成员轮流担任借款人和贷款人,是典型的民间合作互助性质的金融合约,成员之间未必都熟识,具有半人格化交易特征。参见张翔:《市场范围、交易费用和信息机制:一个民间金融合约选择的分析框架》,载《社会发展研究》2015年第2期。
④ 龙登高:《高利贷的前世今生》,载《思想战线》2014年第4期。

位内部针对特定对象吸收资金排除在犯罪之外,可以说是对传统人格化交易习俗的尊重。但与此同时,人格化交易带来的弊病却日渐突出。2011年9月,温州爆发区域性债务危机,并通过企业间的互保联保机制引发"多米诺骨牌效应",大量企业、银行、政府、民间借贷者纷纷卷入。对此,2012年3月,国务院批准设立温州金融综合改革试验区,并颁布了《浙江省温州市金融综合改革试验区总体方案》,事实上认可了民间金融活动的现实需求,试图通过政府推动金融创新,缓解金融制度与经济转型的错配问题。① 然而,改革实施的效果并不尽如人意,尤其是融资贵和融资难等核心问题并没有得到根本解决,温州的经济和产业发展也未从泥潭中走出。② 对此,有研究认为,温州模式的衰落本质上是由温州经济的人格化交易特征和关系型治理模式的内在缺陷导致的,难以适应工业化中后期阶段的发展,甚至阻碍了区域经济的产业转型升级,只有由政府主导,建立起基于非人格化交易特征的规则型交易治理体制,才能实现"温州模式"的成功转型。③ 可见,随着熟人社会的削弱和市场经济的兴起,非人格化交易将成为交易习俗的演变方向。一方面,从交易形式上看,集资行为的泛滥与非人格化交易的发展有一定程度的同步性,理应留有一定的生存空间;另一方面,集资却往往涉案金额大、社会影响深远,蕴含潜在的社会危机,尤其是容易破坏社会和谐,影响社会稳定。所以,如何在金融犯罪治理时贯彻刑法谦抑考虑犯罪化与非犯罪化,是否采取继续维护传统的交易习俗的价值取向,都是直接关系到刑罚介入效果的重要问题。也是在这个意义上,社会习俗变迁,特别是交易习俗,对于金融犯罪治理的影响应当受到重视。如果根据

---

① 参见巴曙松、叶聃:《从制度变迁看温州金融改革》,载《中国金融》2012年9月。
② 参见劳佳迪:《温州金改近三年,核心问题依然困扰》,载《中国经济周刊》2012年12月8日。
③ 参见郑勇军、叶志鹏、陈宇峰:《关系型治理与文章金融危机的再考察》,载《经济社会体制比较》2015年第2期。

交易风俗可以消化社会矛盾,那么不妨使刑罚的边界再后退一步,使刑罚的制约机制让位于其他社会制约手段。即使在必须运用刑罚进行治理的情形下,也应当考虑交易习俗的影响,体现一定的宽容性,使刑罚的程度与刑罚的社会效果相匹配。否则,将使得刑法治理难以融入社会生活进而实现治理目的。

二、经济发展与金融犯罪

(一) 经济转型与金融犯罪治理

根据历史唯物主义观点,社会经济基础决定上层建筑。社会经济环境对于政策制定具有决定性的影响,公共政策的目标、模式、原则等都受到经济环境的影响。

改革开放以来,市场经济迅速发展,影响着人们的生活,改变了原有的社会秩序。在社会经济秩序重建的过程中,引发或加剧了大量的失范行为。随着经济转型的深入,行为与规范冲突的局面难以避免。其一,规范变革落后于经济关系的革新,即使有新的规范确立,在转化为行为指南时也存在困难。经济转型过程带来观念的冲击以及价值观的多元化,新的规范在赢得人们的尊重并内化为行为准则的过程中将面临更大程度的质疑。对于金融犯罪来说,由于其多属法定犯,相较自然犯,人们难以认知其违法性。目前,刑法规制又多采用空白罪状与兜底条款,增加了公众认同的难度。其二,新规范的缺陷难以满足现实需求,进一步降低了规范的效果,加剧了失范的发生。关于近年来的金融刑事立法缺乏前瞻性、预见性的评价并不鲜见。① 法律滞后、法律虚置等缺陷所反映出来的法律体系的不完善,

---

① 一些学者认为,立法修改过于频繁是目前金融刑事立法存在的问题。因此希望金融犯罪立法具有一定的前瞻性和预见性,不宜对刑法规范进行频繁的变动,否则不利于司法人员和普通大众对于犯罪的预测。参见卢勤忠:《刑法修正案(六)与我国金融犯罪立法的思考》,载《暨南学报》(哲学社会科学版)2007年第1期。

降低了规范的公信力。于是,有些规避规范的失范行为不再受到社会道德层面的谴责,反而获得了一定程度的社会容忍。其三,规范以经济转型时期的经济政策为基础,规范的效果受到经济转型时期经济政策的制约。正所谓"最好的社会政策是最好的刑事政策",合理的经济政策能够较为适当地调整经济与社会各方面的矛盾,从而有效地遏制犯罪。在没有对经济政策和社会政策进行检讨的前提下,一旦政策实施效果不尽如人意,便盲目加大刑法打击力量,显然并不是维护经济秩序的科学选择。"经济刑法对经济犯罪可能发挥的作用,从根本上说,已经包含在经济政策之中。"①

(二)金融市场与金融犯罪治理

目前,我国金融市场发展迅速,已经初步形成了包括货币市场、资本市场、期货市场、黄金市场和票据市场在内的较为完备的金融市场体系。金融市场在资源配置当中的作用日益突显,一方面加深了金融对国内经济发展的影响,另一方面也随着经济全球化的深化显现出对国际金融市场的影响。整体而言,我国金融市场发展主要呈现出以下特点:②

一是资本市场持续快速发展,对经济金融和全社会的影响显著增强,例如直接融资比重增加,改善了传统的融资结构,分担银行体系承担的金融风险,同时加速了金融脱媒程度,给传统银行经营模式和风险管理带来新的挑战;二是金融市场管理部门、服务机构和市场投融资主体的风险监管和风险管理意识不断提高,特别是各市场主体和监管部门意识到金融风险伴随着金融市场的快速发展亦有所增加,必须增强风险意识,控制金融风险;三是随着国内各金融市场之间、国内与国际金融市场之间的关系日渐密切,各金融市场之间的联动加强,金融产品价格和风险具有较强的传递

---

① 王世洲:《德国的经济政策与经济刑法:经济犯罪互动关系研究》,载《中外法学》1999年第6期。

② 参见张望:《目前国内金融市场发展特点及对银行业的影响研究》,载《上海经济研究》2008年第5期。

性和关联性;四是金融市场创新踊跃,并在相关监管政策的鼓励下,进一步推动了市场主体进行业务和产品创新;五是金融衍生品市场发展步伐加快,"随着人民币汇率机制的改变和利率设定政策的改变,大量的金融衍生品已是辅助金融市场发展的重要工具……其发展加快了金融创新的步伐并为国民经济的稳步发展做出了重要贡献"①。

  然而,总体上,我国金融市场尚未成熟,存在许多亟待解决的问题。(1)金融体系功能失调。当前,我国金融体系的很多方面出于为传统经济增长动员资金的考虑,金融内在提升资源配置效率和降低系统性风险功能没有得到应有的发挥。例如,金融服务主要面向重资产的大企业,缺少对诸如服务业、农业、科技企业等新一轮产业结构优化升级重点行业的支持,影响了经济转型的效果。(2)金融市场结构失衡。我国金融体系的典型特征是以间接融资为主,尽管近几年直接融资发展迅速,但间接融资依然占据主导地位。②这一现象导致系统性风险主要集中在银行体系,加上银行业的低风险偏好使得信贷资源的投放难以向包含大量中小企业的新兴产业倾斜,严重影响了金融对于经济转型的支持,并进一步加剧了以中小企业为代表的实体经济的萎缩。(3)金融机构治理失范。例如,目前政策性银行与商业银行存在权责划分不清的问题,一方面商业银行参与的地方平台贷款带有一定的政策性业务性质,另一方面,部分政策性银行逐步介入商业银行业务,与之争利,双方业务均突破了原有边界。(4)金融监管失位。具体表现在,监管机构零风险导向加重了金融监管行为对金融机构日常经营的渗透,一定程度上抑制了金融创新;金融监管长期关注金融风险和金

---

① 崔玉书:《对中国金融衍生品市场现状及其存在问题的看法》,载《金融经济》2014 年第 8 期。

② 实际上,即使是在直接融资领域,银行的影响依然不容忽视。例如,在证券领域,银行的市值、收入利润规模占据上市公司整体较大比重。银行通过发行新股补充资本金,事实上就将大量的社会资金经由直接融资渠道回流到间接融资领域。参见周子章:《金融业转型:我们必须经受的艰巨考验》,载《上海证券报》2015 年 1 月 28 日。

融对国家战略的支持,导致金融消费者保护的监管目标受到忽视;现行分业监管体制与大量涌现的以大资产管理为代表的跨领域创新不匹配;中央与地方金融监管职责急需明确等。①

由此可见,尽管我国金融市场取得了长足的发展,但是依然存在许多亟待解决的问题,由此也印证了当下进行金融改革的必要性。2013年,党的第十八届中央委员会第三次全体会议部署了整个经济改革的重要内容,其中金融改革是关键且重要的组成部分。2015年9月9日,李克强总理在2015夏季达沃斯论坛上表示,我国将继续推进金融体制改革,改革步伐不会停,当然步骤会循序渐进。可以预料的是,接下来,金融市场发展将与金融改革推进并存,金融市场的发展情况将受到金融改革效果的直接影响。换句话说,我国金融市场正处于变革的过程中。

受此影响,在未来的一定时期内,金融政策及其相关的公共政策同样将呈现出不断变化、革新的面貌。所以,在相对成熟的金融市场得以建立之前,金融改革政策的制定与推行将表现为一个不断试错的过程。因为以往的经验已经表明,一些金融政策的有效性并不尽如人意,在一定程度上是值得质疑的。例如,目前金融政策中经常采用的货币政策工具之一的公开市场业务,央行在证券市场上通过买卖有价证券改变货币供给量,调节市场流动性,实现货币政策调控目标。在2002年9月到2003年12月期间,通货适度紧缩,到2009年底,货币、信贷增速高达22222%,央行频繁公开市场操作以收缩信贷,但货币、信贷的增长势头难以遏制,"这说明中国公开市场业务工具基本失灵"②。可见,在复杂多变的金融市场面前,金融政策需要被不断地修正、完善,以达到最终的政策目的。于是,在这一前提

---

① 参见巴曙松:《三中全会后中国金融改革战略与趋势展望》,载《金融市场研究》2014年第1期。

② 滑冬玲:《金融危机后中国金融改革的政策方向前瞻》,载《财会研究》2010年第14期。

下,金融犯罪的刑法治理是否要对变动的金融政策有所回应?或者说,刑事立法如何在刑法追求的稳定性与金融政策的变动性之间找到准确的定位?刑事司法是否需要发挥自身的司法能动性应对金融政策的变化?这些问题的解答,将影响着刑罚的正当性、合理性以及最终刑罚目标的实现。

三、政治环境与金融犯罪

根据马克思主义对于政治含义的理解,政治是指在特定社会经济关系及其所表现的利益关系基础上,社会成员通过社会公共权力确定和保障其权利并实现其利益的一种社会关系。在这里,政治定义中蕴含了三个基本点:其一,它强调社会政治关系是围绕一切特定利益,通过社会公共权力来形成的。其二,它强调一切通过社会公共权力来确认和保障的权利和利益要求才具有政治性。其三,它指出了政治的本质内容是政治关系,一方面遵循了辩证唯物主义和历史唯物主义的基本要求,"人们按照自己的物质生产建立相应的社会关系,正是这些人又按照自己的社会关系创造了相应的原理、观念和范畴"[1];另一方面,指出了政治的本质内容包括利益、政治权力和政治权利三种基本关系。[2]

就金融犯罪治理而言,国家对金融犯罪进行界定,与一定历史时期的公共利益需求相关。政治环境对金融犯罪治理的影响主要表现在以下几个方面:

第一,整体而言,由于涉及金融市场的安全与秩序,金融犯罪的防控本身就具有一定的政治意义。国外的金融危机经验表明,金融风险不仅仅是经济问题,更是政治与社会问题。因此,控制金融风险,维持金融市场秩序,是金融犯罪刑法治理的核心目的。从国内政治的角度看,一旦发生,不

---

[1] 《马克思恩格斯选集》(第4卷),人民出版社1995年版,第537页。
[2] 参见王浦劬等:《政治学基础》,北京大学出版社2006年版,第9—10页。

仅摧毁国家经济,而且带来社会动荡,动摇政权。其中,金融犯罪由于违背国家和法律的规制,影响金融市场的运行秩序,蕴含了大量的风险。特别是近年来日益增长的涉众性金融犯罪,不仅给广大人民群众带来巨大的财产损失,而且影响了社会稳定。其引发的社会问题已经超出刑事司法领域,成为地区性政治难题。随着金融市场的发展,金融逐渐渗透到人们的日常生活中,如近一两年出现的"全民炒股",金融以前所未有的姿态进入人们的日常生活中。从国际政治的角度看,金融危机成为国际政治格局变迁的契机。例如,2008年全球金融危机期间,20国首脑峰会应运而生并实现机制化,成为全球经济合作应对危机、联手治理的重要有效平台。国际体系格局发生转型,新兴国家群体性崛起,并在世界经济复苏中发挥重要作用。[①] 可见,金融市场也已经成为国际政治博弈的战场之一。所以,刑罚不但是国家防范金融风险必须倚重的工具,而且是国家在国内与国际层面实现政治目的的手段。从这一层面来说,金融犯罪治理因其与金融市场的关联性,相较于传统人身、财产犯罪的刑事治理,与政治的联系或许更为直观和密切。因此,应当注意到政治环境在金融犯罪刑法治理时所产生的影响。

第二,政治制度、政治组织通过分配社会资源,促使特定社会结构的形成,从犯罪学角度看,犯罪与社会的结构及其功能的运作方式有着极其密切的关系,"每一种社会结构都会衍生与其结构有关联的犯罪形态"[②]。既有的社会结构反映了当前政治体系进行社会利益分配的现状。不同的社会利益分配又能够刺激不同的社会阶层在获取利益时选择不同的方向。既得利益的优势群体可以在现有的制度环境下合法地获得利益。而相对弱势的

[①] 参见杨鲁慧:《后金融危机时期国际政治格局的变革及趋向》,载《当代世界与社会主义》2011年第2期。
[②] 林山田:《经济犯罪的犯罪学理论》,载《军法专刊》第22卷第7期。

一方,在丧失了合法手段获取同等利益的途径时,就有可能选择非法手段实现同样的目标。例如,在我国间接融资领域,国企从银行中获取融资的难度远远低于中小企业、民营企业。当后者的资金刚性需求在现有的合法的社会资源中难以得到满足时,便催生了非法集资、高利贷等非法行为的出现。

第三,传统的政治文化影响金融市场的发展。当然,我国的传统政治文化是一个十分宽泛的概念,难以进行全面的界定。但是,即使是在零星特征的罗列中,我们也可以看出事实上政治文化对于我国金融市场的影响。例如,在我国的政治文化中,关系在社会生活中受到很大程度的认可,"有关系""上面有人"成为资源优势的表现。以金融市场为例,建立政治关系已经成为一种成本节约的方式。有研究表明,在我国民营上市公司中,有政治关系的民营企业比无政治关系的企业承担着较低的利息费用和财务费用。换言之,在利率市场化以及民营企业普遍遭受信贷歧视的背景下,政治关系作为金融制度落后的一种替代性非正式机制,可减轻民营企业受到的信贷成本歧视。[1] 这一现象的出现,显示出政治文化中对于权力的崇拜和盲从以及制衡力量的匮乏。由此导致的结果是,当政治关系的建立成为节约成本的方式时,寻租行为产生,腐败蔓延,势必给当前的金融市场带来损害。腐败可以造成大量的银行不良资产,掩盖金融风险,让公众承担金融危机的恶果,并进一步加剧两极分化,从而使金融危机演化为政治危机。[2] 所以,如何预防和隔断传统政治文化的负面效应,理应引起刑法治理的注意。如果金融犯罪刑法治理缺乏这一方面的考虑,那么最有可能导致的结果是仅能在短期内打击金融犯罪,赢得数字上的成绩,但事实上只是

---

[1] 参见何靖:《政治关系:金融发展和民营信贷成本歧视》,载《山西财经大学学报》2011年第6期。

[2] 参见朱向东:《金融危机与政治腐败》,载《青海社会科学》2000年第1期。

治标不治本。

第四，从政治发展的角度看，我国正处于政治体制改革过程中，这一时代特征同样影响着金融犯罪的犯罪圈的变化。实际上，在我国，政治体制对于经济发展的影响是十分明显的。一方面，政府主导经济模式，因追求经济发展速度而忽视了发展质量，形成了 GDP 崇拜和粗放型增长模式；另外，政府控制和配置资源以及国有经济的主导地位的现实在引领经济发展的同时，一定程度上造成了效率的低下。另一方面，政治体制影响经济运行规则，政治和行政权力的过分集中以及由此导致的约束缺位，引发了诸如政治权力寻租、经济短期行为频繁、经济分配违背公平正义等问题。[①] 政治体制对金融领域也有着同样的影响。而如果回顾金融犯罪刑法治理的内容，则不难发现，政治体制的上述内容同样隐含在刑事领域。例如，在政府主导经济模式下，政府在金融发展过程中展现了超强的控制能力，在早期的金融发展规划中，国有银行组成的我国银行业利益是刑法保护的重点，这一点不但在刑事立法的诸多罪名设置中可见一斑，而且深切影响了之后的刑事司法实践。从目前的金融犯罪统计可以看出，银行类金融犯罪通常占据绝对优势，大量的刑事司法资源投入银行业的秩序维护中。[②] 然而，改革至今，国有银行却陷入越做越大的现实需求和越做越难的现实困境中，迫切需要扩大规模以弥补经营亏损，维持生存；并且由于国有银行按照政府偏好将金融资源配置到效率低下的体制内企业，从而导致形成更多的损失，进而需要更多的现金流入以维持生存。这些困境事实上也是政府控制金融产权所面临的困境，因为最终还是由政府来负责解决国有银行的问

[①] 参见刘智峰：《论政治体制改革是转变经济发展方式的关键》，载《新视野》2012 年第 6 期。
[②] 2014 年上海市检察机关共审查起诉涉银行业案件 1992 件，占当年金融犯罪总数的 96.5%。

题。① 因此，政府控制为中心的金融监管思路势必面临转型，不论是政府培育市场发展，②还是建立公共服务型政府，③均影响金融犯罪刑法治理的目标和定位。与此同时，随着证券市场、期货市场等金融市场的发展，也将采取以银行业为核心的金融监管思路，进而影响到金融犯罪刑法治理关注的视野。所以，金融犯罪刑法治理应当结合政治发展的趋势，尤其是当前的政治体制改革展开。

---

① 参见李义奇：《金融发展与政府退出：一个政治经济学的分析》，载《金融研究》2005 年第 3 期。
② 同上。
③ 参见陈剩勇、李继刚：《后金融危机时代的政府与市场：角色定位与治理边界——对当前中国经济和社会问题的观察与思考》，载《学术界》2010 年第 5 期。

第四章　金融犯罪刑事政策的挑战

前文已提及,刑法谦抑应当定位为政策指导思想。那么,它所指导的应当是何种政策?随后的研究视角将转向金融犯罪的刑事政策。在明确金融犯罪的现状及其所处的背景环境之后,此处所探讨的问题是当前金融犯罪刑事政策存在的现实挑战。

需要明确的是,从性质来看,刑事政策是一种公共政策。刑事政策反映了国家和社会应对犯罪的态度,是国家、社会应对犯罪的具体对策、方针,"一切有助于对付犯罪的战略战术、方针原则、制度体系以及措施手段,都可以包容于其中"[1]。其中,犯罪作为国家必须应对的公共问题,彰显在国家所颁布的一系列公共政策里,清晰而明确地被纳入公共治理中。因此,下面将用以预防和控制犯罪的对策——刑事政策置于公共政策的体系中予以考察,[2]希望能够形成一个连贯、纵深的思维路径。一方面,发现刑法谦抑的政策导向功能的切入点,彰显刑法谦抑的意义;另一方面,从政策的角度,思考以刑法谦抑思想贯穿至刑事立法与司法过程的可能。

---

[1] 王牧、赵宝成:《"刑事政策"应当是什么》,载《中国刑事法杂志》2006 年第 2 期。
[2] 有学者更进一步指出,刑事政策作为国家政策的一部分已经成为共识,积极借用政策学研究成果,可以增强刑事政策理论的实用性和可操作性。参见严励:《刑事政策的历时性考察——兼论刑事政策与公共政策的区别》,载《山东公安专科学校学报》2004 年第 3 期。

第一节　金融犯罪刑事政策的价值冲击：功利主义

从公共政策的角度看，法律是公共政策的表现形式。[①] 对于刑事政策而言，全国人大及其常委会颁布的刑事法律是刑事政策的载体，反映了国家的刑事立法政策。众所周知，作为公共政策的刑事政策与作为政策最后手段的刑法在本质上天然地存在冲突，例如，政策总是会应时而动，而刑法应当保持一定程度的稳定性，政策追求功利的效果，而刑法必须考虑正义的存在等。由此引发了一个问题：在刑法听从立法政策指引的过程中是否会导致刑法价值的流失，从而影响刑法的效果？进而，刑事政策该如何调整才能产生最恰当的立法？刑法谦抑的指导思想该如何在刑事政策中实现？所以，结合对金融犯罪刑事立法的梳理，下文对此探讨一二。

一、金融犯罪刑事立法概述

（一）金融犯罪刑事立法的内容

1. 前《刑法》时代的金融犯罪刑事立法

在改革开放初期，我国经济仍然遭受计划经济体制思维的影响，金融活动相对简单，金融市场还没有形成，金融监管的压力很小，并不需要处理像今天这么多纷繁复杂的金融交易。因此，受到历史发展阶段的限制，刑法规定中的金融犯罪范围也十分狭窄，主要包括外汇、货币、金融机构设立和运作中的犯罪行为。

在我国1979年第一部刑法典中，规定金融相关犯罪的条文很少。在第

[①] 在我国现行议行合一的政治体制下，从形式特征看，公共政策由党的政策、人大立法、行政决策和司法解释四部分构成。参见谢明：《公共政策导论》（第四版），中国人民大学出版社2015年版，第31、32页。

三章"破坏社会主义市场经济秩序罪"中,仅仅在第122条规定了伪造和贩运伪造的国家货币罪,以及在第123条中规定了伪造有价证券罪。同时,受到当时计划经济思维的影响,投机倒把罪成为所谓的"口袋罪",在司法实践中也适用于一些严重违反当时金融法规的行为,如倒买倒卖外汇牟利或者从事高利贷、擅自设立金融机构等。而此时,金融诈骗类犯罪也没有从诈骗罪中独立出来。对于这部刑法典中涉及的金融诈骗行为,统一适用152条诈骗罪的罪名。沿着类似的思路,全国人大常委会随后颁布了一系列"补充规定""决定",进一步明确对上述行为的严惩。例如,1982年3月8日,第五届全国人大常委会第二十二次会议通过了《关于严惩严重破坏经济的犯罪的决定》,其中第一条修改了当时刑法中关于"走私、套汇、投机倒把牟取暴利罪"的刑事处罚,将原有的非死刑罪名升格为死刑罪名,以彰显坚决打击相关犯罪活动的决心。1988年1月21日,第六届全国人大常委会第二十四次会议通过了《关于惩治走私罪的补充规定》,开始把逃汇行为纳入刑法的规制范畴。

1995年2月28日,第八届全国人大常委会第十二次会议通过了《关于惩治违反公司法的犯罪的决定》,将擅自发行股票、公司债券行为划入刑法犯罪圈。随后,6月30日,全国人大常委会第十四次会议通过了《关于惩治破坏金融秩序犯罪的决定》(以下简称《金融秩序犯罪决定》),我国系统规定金融相关犯罪的先河[①]。《金融秩序犯罪决定》涉及货币、外汇、证券、金融机构经营管理、信贷、金融票证和金融诈骗等诸多领域的犯罪行为,初步形成了我国金融刑法的基本范畴。因其明确的指向性,被认为"我国金融刑事立法发展道路上具有里程碑意义的一部法律"[②]。

[①] 根据当时全国人大常委会法制工作委员会主任顾昂然在《关于惩治破坏金融秩序的犯罪分子的决定(草案)的说明》中提及的,金融犯罪是指金融领域中破坏金融秩序的犯罪活动。

[②] 胡启忠:《金融刑法适用论》,中国检察出版社2003年版,第17页。

2. 后《刑法》时代的金融犯罪刑事立法

1997年《刑法》颁布后,第三章"破坏社会主义市场经济秩序罪"中的第四节"破坏金融管理秩序罪"、第五节"金融诈骗罪",成为受到广泛认可的金融刑法内容。其中,共包含破坏金融管理秩序罪名24个,金融诈骗罪名8个。

1998年12月29日,全国人大常委会颁布了《关于惩治骗购外汇、逃汇和非法买卖外汇犯罪的决定》(以下简称《外汇决定》),增加了骗购外汇的规定,以单行刑法的形式对外汇犯罪进行了规定,修改了《刑法》关于逃汇罪的罪状和法定刑。此时,《刑法》刚施行一年,在中国人民银行要求下,国务院就提请全国人大常委会审议《外汇决定》(草案)。立法的原因仅仅是1997年第四季度以来,随着亚洲金融危机的发展,一些不法分子千方百计骗购外汇,非法截留、转移和买卖外汇,活动十分猖獗,发案数量激增,涉案金额巨大,而《刑法》颁布之初因当时逐步放宽外汇管制形势的需要,只能按照逃汇罪处罚,没有追究骗购外汇和非法买卖外汇的刑事责任。其实,在1998年8月28日,最高人民法院为了惩治违反外汇管理的非法活动,加大打击力度,已经公布了《最高人民法院关于审理骗购外汇、非法买卖外汇刑事案件具体应用法律若干问题的解释》,为当时打击违反外汇管理的违法犯罪行为提供法律依据。但是,这一司法解释并不能解决新发生的违法行为。例如,对骗购外汇只能按伪造公文罪处罚,难以对使用假单证骗汇者给予处罚;非国有单位只有勾结国有单位共同逃汇的,才能按共同犯罪追究刑事责任,而对没有勾结国有单位的逃汇行为,则追究不了刑事责任。① 于是,在《刑法》刚刚颁布一年、新的司法解释发布两个月之后,10月

---

① 戴相龙:《对〈关于惩治骗购外汇、逃汇和非法买卖外汇犯罪的决定(草案)〉的说明》,载中国人大网,http://www.npc.gov.cn/wxzl/gongbao/1998-10/27/content_1480042.htm,2017年6月15日访问。

27日,中国人民银行在全国人民代表大会常务委员会第五次会议上提出了《外汇决定》(草案)。

1999年12月25日,第九届全国人大常委会第十三次会议通过了《刑法修正案》,结合金融市场发展情况,开始追究期货交易中的内幕交易、泄露内幕信息,编造并传播期货交易虚假信息,诱骗投资者买卖期货合约和操纵期货交易价格行为的刑事责任;增加了对擅自设立证券、期货、保险机构和伪造、变造、转让其经营许可证或者批准文件行为追究刑事责任的规定;要求证券、期货、保险机构工作人员对挪用本单位或者客户资金的行为承担刑事责任。这些规定与当时司法实践中出现的问题及其监管导向密切相关。以新纳入《刑法》的期货市场的犯罪为例。在1990年期货市场开始试点以后,发展迅速的同时也出现了很多问题。依据1999年6月国务院颁布的《期货交易管理暂行条例》,监管部门进行了大规模的清理整顿期货市场工作。期间发现了影响期货市场健康发展的一些问题,如有些单位或个人以期货信息公司或咨询公司的名义进行欺诈,致使客户资金损失等。于是,国务院在此前的第九届全国人大常委会第十次会议上曾经提出了《关于惩治期货犯罪的决定(草案)》,建议将擅自设立期货交易所、期货经纪公司等行为规定为犯罪。最终,出于刑法典统一性、司法便利性的考量,立法机关认为不宜单独出台决定,而采取《刑法修正案》的形式,"维护刑法典的完整性和稳定性"①。

2001年12月29日通过的《刑法修正案(三)》中,将"恐怖活动犯罪"增设为洗钱罪的上游罪名,并增加了"情节严重的,处五年以上十年以下有期徒刑"的量刑幅度。此前,联合国已经在1999年12月通过了《制止向恐怖主义提供资助的国际公约》(International Convention for the Suppression of

---

① 黄太云:《刑法修正案涉及的主要问题》,载《中国人大》2000年第1期。

the Financing of Terrorism），要求成员国采取立法等措施杜绝恐怖主义者获得任何直接或间接的资助。2000年3月国务院颁布的《个人存款账户实名制规定》已经为反洗钱行动的客户尽职调查提供了行政法的依据。2001年，"9·11"事件发生以后，预防和打击恐怖主义活动成为国际上的普遍共识。受全球反恐潮流的影响，《刑法修正案（三）》把"恐怖活动犯罪"列为洗钱罪上游罪名，重点在于从经济源头上遏制恐怖活动的发生，打击恐怖主义组织犯罪。

2005年2月28日，第十届全国人大常委会第十四次会议通过了《刑法修正案（五）》，在伪造、变造金融票证罪的基础上，加入了妨害信用卡管理秩序的规定，并修改了信用卡诈骗罪的行为模式，增加了"使用以虚假的身份证明骗领的信用卡"进行诈骗的情形。此次修订源自2014年全国政协全会的一个提案，供职于中国建设银行信用卡中心的政协委员赵宇梓在该提案中提出"加快完善信用卡犯罪立法，加大信用卡犯罪打击力度"。随后，2004年3月12日，中国人民银行、银监会和中国银联专门就此项提案召开了"防范银行卡犯罪法律座谈会"，呼吁加强有关立法。[①]当时，我国每年银行卡犯罪金额在1亿元左右，随着银行卡产业的高速增长，各类银行卡犯罪日趋严重，仅2004年上半年的发案数就超过2003年全年。[②]从刑事司法实践的反馈来看，信用卡犯罪已经形成了组织化的犯罪模式，各个信用卡犯罪组织进行细致分工，由不同犯罪组织的人分别实施各个环节，增加了罪名认定的难度。根据当时《刑法》的规定，只能对伪造信用卡行为以伪造金融凭证罪定罪处罚，对伪造之外的其他妨害信用卡管理、破坏金融

---

① 参见新民晚报：《一个提案促成一个刑法修正案》，http://news.sina.com.cn/o/2005-03-04/15215268564s.shtml，2015年8月20日访问。

② 参见黄太云：《〈刑法修正案（五）〉的理解与适用》，载《人民检察》2005年第6期。

管理秩序的行为无法定罪处罚。因此,《刑法修正案(五)》补充加入了妨害信用卡管理秩序的内容。同时,司法实务中也出现了大量以虚假身份骗领信用卡的行为,关于定性争议很大。有的主张定为诈骗罪,有的主张定为信用卡诈骗罪,有的则主张法无明文规定不为罪。① 对此,《刑法》在第 196 条第 1 款第 1 项"使用伪造的信用卡的"情形中增加了"使用以虚假的身份证明骗领的信用卡的",进一步完善了《刑法》关于信用卡诈骗罪的规定。与此同时,鉴于信用卡已经作为现代化交易支付手段进入普通消费领域,2004 年 12 月 29 日,全国人民代表大会常委会第十三次会议通过了《关于刑法有关信用卡规定的解释》,帮助完善信用卡相关犯罪在《刑法》中的认定,可以视为信用卡犯罪成为立法热点问题的先导。

2006 年 6 月 29 日,第十届全国人大常委会第二十二次会议通过了《刑法修正案(六)》。此次修订篇幅较大,其中 1/3 涉及金融犯罪的修订。本次修正案新增了两项金融犯罪的规定,包括第 175 条项下的有关骗用贷款、金融票证的犯罪以及第 185 条项下的有关擅自运用客户资金或其他委托、信托的财产和违规运用资金的犯罪;修正了"操纵证券、期货交易价格罪",将"操纵证券、期货交易价格"修改为"操纵证券、期货市场",同时删除了"获取不正当利益或转嫁风险"等内容;对违法向关系人发放贷款罪、违法发放贷款罪进行修正,并将认定标准改为涉及资金数额巨大或有其他严重情节,不在仅仅限于行为造成的损失;把用账外客户资金非法拆借、发放贷款罪修改为只要吸收客户资金不入账,数额巨大或造成重大损失的即可追究刑事责任,不再要求用于非法拆借、发放贷款;修订了非法出具金融票证罪,并进一步增加了洗钱罪的上游犯罪,使得洗钱罪的上游犯罪扩展为

---

① 参见韩耀元、张玉梅:《对〈刑法修正案〉(五)的解读》,http://www.xjhm.gov.cn/info/2286/30884.htm,2017 年 6 月 20 日访问。

毒品犯罪、黑社会性质的组织犯罪、恐怖活动犯罪、走私犯罪、贪污贿赂犯罪、破坏金融管理秩序犯罪、金融诈骗犯罪。

　　此次修订可以说是维护和促进资本市场健康稳定发展的重大举措。在此之前，金融领域出现了一些引人注目的大案、要案以及一些新类型的犯罪，引起了监管部门的关注，并开启了相关制度的建设。在证券领域，在《刑法修正案（六）》通过之前，2005年7月29日，《国务院办公厅转发证监会关于证券公司综合治理工作方案的通知》中已明确要求加大对证券犯罪行为的打击和涉案资产的追缴力度；2005年10月19日，《国务院批转证监会关于提高上市公司质量意见的通知》要求对上市公司出现的违法犯罪行为进行严厉查处。同时，2005年10月，《证券法》已经进行了全面的修改，《刑法》中有关操纵证券、期货的行为表述也面临与之尽快衔接的问题。证监会一方面联合人民银行、国务院国资委、银监会、海关、税务等部门建立一个全国性的上市公司综合监管体系，另一方面推动上市公司监管的法律法规制定，并积极参与到刑法修正案的立法起草过程中。[1] 正是在这一背景下，《刑法修正案（六）》纳入多项证券期货犯罪内容，修改幅度较大，"科学、合理地设定了若干具体罪名的犯罪主体范围、犯罪对象类型、危害行为种类、刑事处罚幅度，增强了刑事规范的可操作性和刑事制裁的针对性，有利于提高刑法的适用效率和效益，为证券期货市场的监管提供了强有力的保障"[2]。在银行领域，中国银行"高山案"等大案要案的暴露引起了中央领

---

[1] 参见何军:《上市公司：三大恶习不改可能被判入狱》，载《上海证券报》，http://www.cnstock.com/ssnews/2005-12-27/sanban/t20051227_967878.htm，2017年6月20日访问。

[2] 参见证监会:《维护和促进资本市场健康稳定发展的重大举措——祝贺〈刑法修正案（六）〉通过》，http://www.cs.com.cn/csnews/sylm/06/t20060703_951656.htm，2017年6月20日访问。

导的关注,①要求银监会牵头中央及国务院有关部门对银行业案件进行专项治理。② 2005年2月,银监会在全国范围内开始开展案件专项治理工作。③ 这些监管工作在实践中积累的大量金融违法案件处理经验,影响了《刑法修正案(六)》的修改内容。有来自于中国人民银行、银监会以及一些金融机构的反馈称,金融机构账外经营是当时金融市场领域非常普遍、严重的问题,由此引发了用账外客户资金非法拆借、发放贷款罪等。此外,洗钱罪上游犯罪的增加,与我国反洗钱国际合作的推进不无关系。2005年1月,我国正式成为"金融行动特别工作组"的观察员,积极签署、批准、执行联合国在反洗钱领域的一系列重要法律文件,并进行相关国内法的修改和制定,其中就包括《刑法》的修改。

2009年2月28日,第十一届全国人大常委会第七次会议通过了《刑法修正案(七)》,对内幕交易、泄露内幕信息罪进行了修补,增加了关于"老鼠仓"的规定。在此之前,证监会查处了一批"老鼠仓"案件,如上投摩根和南

---

① "高山案":2000年至2004年,李东哲、李东虎伙同袁瑛、张立滨,勾结时任中国银行黑龙江省分行哈尔滨河松街支行行长高山,采用偷换存款单位预留印鉴、伪造转账票据等手段,将河松街支行存款单位账户资金转入李东哲、李东虎实际控制的虚假公司或者空壳公司账户。李东哲、李东虎指使袁瑛、张立滨等人以提现、转账、电汇等方式将资金转出。李东哲、李东虎、高山伙同袁瑛、张立滨以非法手段占用26家存款单位存款共计人民币28亿余元,造成6家存款单位实际损失人民币8亿余元。李东哲、李东虎所控制的5家车行累计贷款总额人民币8亿元,造成实际损失人民币2亿余元。2004年12月,李东哲、李东虎、高山分别逃往加拿大。2011年7月,李东哲、李东虎相继回国自首。2012年8月9日,高山也回国自首。2014年9月12日,哈尔滨市中级人民法院一审以被告人李东哲犯票据诈骗罪、合同诈骗罪、敲诈勒索罪、行贿罪、单位行贿罪,数罪并罚决定执行无期徒刑,剥夺政治权利终身,并处没收个人全部财产。同时,被告人李东虎犯票据诈骗罪、合同诈骗罪、敲诈勒索罪,数罪并罚决定执行有期徒刑25年,并处财产刑。被告人高山犯挪用公款罪,判处有期徒刑15年。其余4被告人分别判处有期徒刑。2015年2月13日,黑龙江省高级人民法院对该案进行了二审公开宣判,维持一审判决。参见http://news.xinhuanet.com/legal/2015-02/13/c_1114366359.htm,2017年6月20日访问。

② 参见孙铭:《银监会案件稽查局获批成立,防控银行业大案升级》,http://finance.sina.com.cn/g/20080805/02405166201.shtml,2017年6月20日访问。

③ 参见刘明康:《促进交流,加强合作,共铸银行业反欺诈的坚实壁垒——刘明康主席在银行业反欺诈国际研讨会上的讲话》,http://www.cbrc.gov.cn/chinese/home/docView/2844.html,2017年6月20日访问。

方基金前基金经理唐建和王黎敏案等,影响深远,但是由于没有相关的刑法规定,只能进行行政处罚。在证监会的推动下,《刑法》完成了相关内容的修改。①

2011年,全国人大常委会通过了《刑法修正案(八)》,废止了票据诈骗罪、金融凭证诈骗罪、信用证诈骗罪的死刑,保留了集资诈骗罪的死刑。此前,在2008年11月28日通过的《中央关于深化司法体制和工作机制改革若干问题的意见》中曾提出:"完善死刑法律规定。适当减少死刑罪名,调整有期徒刑、无期徒刑和死刑之间的结构关系。"尤其是2007年死刑核准权收归最高人民法院之后,实际核准执行死刑案件数量下降,但严重命案数量并没有上升,说明死刑的威慑作用是有限的。同时,在《刑法》的死刑罪名中,也有一半以上从未适用死刑的刑罚。②"根据我国现阶段经济社会发展实际,适当取消一些经济性非暴力犯罪的死刑,不会给我国社会稳定大局和治安形势带来负面影响"③。在这样的背景下,响应中央司法改革的号召,我国开始逐渐调整刑罚结构,消减死刑适用的范围。

2015年,全国人大常委会通过的《刑法修正案(九)》,取消了集资诈骗罪、伪造货币罪的死刑。自此,我国金融犯罪不再适用死刑。同时,还把集资诈骗罪的量刑幅度由原来的四档减为三档,这一修正使得我国《刑法》中金融犯罪的法定刑规定不再有四个量刑档次。此外,《刑法修正案(九)》新增了"从业禁止"的规定。从法条的位置和罪名的设置来看,"从业禁止"就是"非刑罚处罚措施"之一,可以视为金融犯罪法定刑的一种进步与完善。④

总之,自1997年《刑法》颁布至今,先后经历了九次《刑法修正案》增补

---

① 参见证监会副主席刘新华在第五届北京国际金融博览会上的致辞,http://finance.qq.com/a/20091105/003052.htm,2017年6月20日访问。
② 参见黄太云:"刑法修正案(八)解读(一)",载《人民检察》2011年6月。
③ 《关于〈中华人民共和国刑法修正案(八)(草案)〉的说明》,载中国人大网,http://www.npc.gov.cn/huiyi/cwh/1116/2010-08/28/content_1593165.htm,2017年6月20日访问。
④ 参见刘宪权:《我国金融犯罪刑事立法的逻辑与规律》,载《政治与法律》2017年第4期。

修订,有七次修订涉及金融犯罪的罪名、罪状和法定刑。最终形成了包含38项罪名的金融犯罪刑法体系,其中包括30项破坏金融管理秩序罪的罪名,8项金融诈骗罪的罪名。

(二)金融犯罪刑事立法的新动向

整体而言,金融犯罪的犯罪圈主要呈现出扩张的趋势。从立法政策来看,除最近的两个修正案以外,修订过程表现出金融犯罪外延扩大、法定刑加重、新罪名增设等情形。如此一次次大规模的刑法典修订一方面是为了顺应社会发展,是实现刑法法益保护价值的重要手段,例如,在金融犯罪领域,期货交易市场的建立和发展衍生出的期货犯罪只能通过修正案的形式进行入罪;另一方面则是基于修补法律漏洞的客观要求,刑法修正是填补法律漏洞的唯一方式。①

到目前为止,金融犯罪的犯罪圈之扩张在刑事立法层面止步于《刑法修正案(七)》。在随后的《刑法修正案(八)》中,仅仅涉及票据诈骗罪、金融凭证诈骗罪、信用证诈骗罪的死刑消除,金融犯罪法网扩张、刑罚严厉的情势似乎出现了转折。《刑法修正案(九)》仅仅是取消了集资诈骗罪、伪造货币罪的死刑,反而展现了刑罚运用的收敛。当然,我们无法判断这究竟是金融刑法法网扩张、刑罚加重的短暂的暂停,还是永远的停止。不过,《刑法修正案(八)》表现出的转向值得注意。

从以往刑法历次的修改来看,严刑始终是指引《刑法》修改的主旨,表现为增设新罪、加重法定刑与限制有利于犯罪人的制度的适用三大轨迹。②与这一趋势紧密衔接,我国金融刑法也表现出刑事法网扩张、刑法加重等

---

① 参见李翔:《刑法修订、立法解释与司法解释界限之厘定》,载《上海大学学报》(社会科学版)2014年第3期。

② 参见邢馨宇、邱兴隆:《刑法的修改:轨迹、应然与实然——兼及对刑法修正案(八)的评价》,载《法学研究》2011年第2期。

趋势,由此引发了一些学者对于金融刑法重刑主义的担忧。[①] 到 2011 年《刑法修正案(八)》颁布时,情势似乎发生了转变。修正案削减、限制了死刑的适用,进一步调整刑罚体系,规范罪刑结构,体现了法治的进步。有评论认为,《刑法修正案(八)》将原有的"分则个罪模式"改为"总则＋分则模式",修改内容开始表现出"入罪、提高刑罚"与"出罪、减轻刑罚"同时存在,刑法机能从社会保护转向人权保障,体现了刑事立法的文明性、人道性与进步性。[②]《刑法修正案(八)》体现了我国刑法民生保护的思想,刑法正在日益变成一个"温情脉脉的以保护为主的保障法"。[③] 也有学者对此并不持乐观态度,认为《刑法修正案(八)》并没有改变严刑作为我国《刑法》修改指导思想的地位,除了死刑的扩大适用得到遏制与纠正之外,严刑的轨迹依然在此次修正中得以延续,"在做完所谓(刑罚结构的)'加减法'之后,就其对刑法的调整所得出的总体结论仍然是严刑";就整个修正案草案的讨论过程来看,主流的反响依然是例行公事式的造势,"貌似草案就是必须通过的定案",含有非理性运作的意味。[④]

总之,通过以上对立法过程的梳理可以看出,在《刑法》立法过程中,我国金融犯罪的刑事立法在近 20 年内保持着较高的修订频率。应当说,就《刑法》修订的历程来说,即使是从世界范围看,我国的《刑法》修改也是相当频繁的。刑事政策表现出对刑法的巨大影响,这种现象不仅与我国处于社会转型时期,犯罪刑事复杂多变具有一定关联,并且与我国刑事立法缺乏应有的前瞻性、刑事政策缺乏应有的持久性有关。[⑤] 有学者已经提出,当

---

① 参见如姜涛:《我国金融刑法中的重刑化立法政策之隐忧》,载《中国刑事法杂志》2010 年第 6 期;赵运锋:《金融刑法立法重刑政策评析及反思》,载《上海金融》2011 年第 5 期。
② 参见刘艳红:《〈刑法修正案(八)〉的三大特点——与前七部刑法修正案相比较》,载《法学论坛》2011 年第 3 期。
③ 参见卢建平等:《刑事政策与刑法完善》,北京师范大学出版社 2014 年版,第 99 页。
④ 参见邢馨宇、邱兴隆:《刑法的修改:轨迹、应然与实然——兼及对刑法修正案(八)的评价》,载《法学研究》2011 年第 2 期。
⑤ 参见陈兴良:《刑法的刑事政策化及其限度》,载《华东政法大学学报》2013 年第 4 期。

前的"过度刑法化"构成了我国社会治理中的一种病态现象,在旺盛社会需求的驱动下,刑事立法明显呈现单向犯罪化的特点,刑法条文和罪名数量一直处在增长中,"特别是近年刑法修正案频繁颁布所呈现出的刑法立法异常活性化,使得当前的社会治理明显染上了'刑法浪漫主义'色彩,进一步强化了具有根深蒂固历史传统的政策导向型工具刑罚观"①。因此,笔者将采取功利主义的视角,分析刑事政策与刑法的互动及其在金融犯罪防控领域的表现和存在的问题,以及可能改善的进路。

二、功利主义导向的刑事政策

(一)政策治理犯罪的传统

以往,依赖政策在刑法体系内是一个"历史悠久"的问题。政策作为国家和政府行动的工具,曾在我国刑法传统中被视为打击犯罪的手段。

新中国成立以后,刑事政策以党的政策形式存在,一直在犯罪控制领域处于最高的地位,"政策取代法律"现象时有发生。这一现象出现在我国进行法制建设的初期,在法治理念尚未建立之前,包括刑事法律在内的各种立法在内,受到当时政治环境的严重影响。一度,新中国也开始了法律建设的尝试,然而,在十年的"文化大革命"的破坏下跌入低谷,并由此造成了刑事领域的法律制度的缺位。除了制定于20世纪50年代初期的《镇压反革命条例》《惩治贪污条例》等,在近30年的实践中,一直没有出台一部刑事法典指导司法。于是,法律的缺位造就了自新中国成立到1979年《刑法》颁布这一时期利用政策代替法律的做法。因此,党的政策先于法律存在,人们的思想观念中,政策的地位也高于法律,法律的作用仅仅限于参考而非依据。一旦违背了当时的思想倾向,就可以抛开法律,依靠党的决议、

---

① 何荣功:《社会治理"过度刑罚化"的法哲学批判》,载《中外法学》2015年第2期。

会议来制定政策,发布通知。在这一时期,最受到推崇的关于法律与政策关系的论述就是:"政策是法律的灵魂,法律是政策的表现"①。

　　法律作为政策的辅助工具而存在,政策取代了法律的地位。尤其是来自于党的政策方针,更是越过法律的位阶直接适用于指导全国范围内的政策方针。在常年的司法实践中,国家机关奉行以政策为指针,只有在法律符合当下政策的情形狭隘,才予以适用,倘若遇到政策作出直接规定的情形,那么就可以直接援引政策。②这样,在法律被制定出以后,如果没有政策支持,它的执行将面临很大的困难。司法机关不能做到依照法律严格执法,直接导致犯罪活动没有得到及时控制和处理。在"严打"的过程中,政策代替法律的现象更加突出。针对当时恶化的犯罪情况,党和国家要求依法从重从快打击严重危害社会治安以及从严惩处破坏经济的犯罪分子,提出了社会治安综合治理的方针。在这一政策和方针的指导下,国家发布了诸如对未成年犯罪人实施"教育、感化、挽救",对社会治安综合治理采取"打击与预防相结合"等一系列具体的刑事政策和策略。这一期间的刑事政策通过国家政策的方式予以表达,体现出国家意志性的同时也适用国家强制力来保障实现。这种表现完全取代了刑事法律的地位。对于司法机关来说,法律的命运取决于政策,遵循政策决定的重要性远胜于法律的重要性。

　　时至今日,尽管对于政策取代法律的认识错误已经普遍得到纠正,但是,这并不能否认政策在当今国家治理中的重要性。改革开放以来,我国经历着重要的经济—社会转型。实际上,如同一切经历过转型的国家一样,随着经济—社会结构性变化对政治结构和政府治理能力带来的冲击,转型期都会带来相应的治理危机。与转型危机相并存的就是对国家治理能力的

---

① 参见武树臣等:《中国传统法律文化》,北京大学出版社1994年版,第772页。
② 参见严励等:《中国刑事政策原理》,法律出版社2011年版,第398页。

挑战,特别是,在急剧的经济和社会转型时期,国家治理的能力往往滞后。[①]如果不能够及时妥当地处理,就可能随着时间的推延而导致更为严重的国家治理危机。从我国国家治理的角度看,改革开放后,全能主义的国家形态已经消失。但是,国家在市场化和社会转型中仍然占据着主导地位。[②]从总体上看,虽然国家在经济领域的垄断逐渐解除,但是国家从来没有从经济和社会领域退却或收缩,而是通过不断的体制改革和政策调整来适应市场化和社会转型,重建国家的治理机制。[③] 因此,国家根据社会公共利益的需求,必须借助政策手段进行国家治理的调整。甚至可以说,只要在转型期内,政策工具势必是国家治理倚重的手段。

(二) 政策的功利主义倾向

按照功利主义学说创始人边沁(Jeremy Bentham)的观点,"根据功利主义原则,犯罪是指一切基于可以产生或者可能产生某种罪恶的理由而人们应当禁止的行为"[④]。无疑,"应当禁止的行为"是一个带有功利色彩的判断标准,往往取决于立法者的主观判断。

近年来,刑法逐渐由报应向功利倾向转型,功利主义对刑法的影响十分明显。例如,在遍及犯罪论、刑罚论乃至具体犯罪领域的行为无价值论与结果无价值论之争中,二者的功利主义立场依然十分坚定,前者选择规则功利主义,以行为是否符合规则来判断行为正当与否,而后者则采取行为

[①] 在现代政治分析中,国家治理是以维护政治秩序为目的,由国家最高权威通过行政、立法和司法以及国家和地方之间的分权,对社会实施控制的管理过程。参见徐湘林:《转型危机与国家治理——中国的经验》,载《经济社会体制比较》2010 年第 5 期。

[②] Geld, Alan. 1997. China's Reform in the Wider Context of Transition. in E. Bliney. ed. Crisis and Reform in China. NY: Nova Science Publishers. Inc. 转引自徐湘林:《转型危机与国家治理——中国的经验》,载《经济社会体制比较》,2010 年第 5 期。

[③] 参见徐湘林:《转型危机与国家治理——中国的经验》,载《经济社会体制比较》,2010 年第 5 期。

[④] 〔英〕边沁:《立法理论——刑法典原理》,孙力等译,中国人民公安大学出版社 1993 年版,第 1 页。转引自马克昌:《比较刑法原理——外国刑法学总论》,武汉大学出版社 2012 年版,第 23 页。

功利主义,直接以行为效果来确定行为正当性。① 可见,争议本身依旧是在功利主义领域内进行的"内部斗争"。这种趋向如此明显,以至于一位哲学家曾将刑法学家之间的争论形容为"大体是功利主义者内部的纷争"②。

另一方面,"功利主义一直以来都以指导政府行为和公共生活为自己的最终目标"③,而从政策的角度出发,功利主义也被视为政策中的伦理,为公共政策提供了合理性与合法性的基础。④ 于是,当近代刑法向功利主义转型时,政策对刑法的影响几乎成为必然。"只有在功利逻辑引入之后,由于刑罚的施加必须考虑现实的社会政治需要,政策才可能成为影响刑事立法与司法的重要因素"⑤。于是,与功利逻辑在刑法的渗透密切相关,政策已经成为刑法体系的构造性要素。

(三)金融犯罪刑事立法政策的现象与问题

实际上,刑事政策在刑法领域的活跃也是功利主义的另外一个突出表现。随着刑法功利导向的突显,20世纪以来,刑事政策不断介入和渗透于刑法领域。在这种情况下,功利导向的政策化刑法具有强烈的目的性。⑥ 这种目的性,对于金融犯罪的控制而言,表现在超越了传统的犯罪预防和控制目标,而且要求刑法承担经济、金融领域的责任,导致金融犯罪的刑事政策在不同程度上与同时期经济、金融方面的公共政策之目的发生融合。刑法与政策之间出现前所未有的亲密关系。

---

① 参见张明楷:《行为无价值论的疑问——兼与周光权教授商榷》,载《中国社会科学》2009年第1期。
② 〔美〕道格拉斯·N.胡萨克:《刑法哲学》,谢望原等译,中国人民公安大学出版社2004年版,第76页。
③ 张敬文、孟莉莉:《当代功利主义政府决策观:反思及其批判》,载《理论探讨》2005年第6期。
④ 参见李宜钊:《功利主义:公共政策中的伦理》,载《管理科学》2003年第3期。
⑤ 劳东燕:《公共政策与风险社会的刑法》,载《中国社会科学》2007年第3期。
⑥ 参见龙敏:《秩序与自由的碰撞——论风险社会刑法的价值冲突与协调》,载《甘肃政法学院学报》2010年第9期。

1. 效率目的统一下的公共政策与刑法

以目的考察为起点,功利主义将经济与公共政策在效率的目的主题中连接起来,并进一步加剧了公共政策对金融刑法领域的影响。一方面,从经济学的伦理框架看,功利主义伴随着现代政治学和经济学的产生和发展,已经成为最有影响的现代思潮之一,而功利主义道德标准实质上是一种效率原则,甚至可以说,它与马克思主义的根本道德原则是一致的:判定一个行为是否道德的最终依据,是看这个行为是否促进了生产力的发展。①另一方面,从公共政策的角度看,效率问题是公共政策所孜孜以求的重要价值目标,人们通常所说的"政绩"就是对政府公共政策的绩效评估和价值判断。② 同时,与立法相比,公共政策成本较低,对公共利益需求反应迅速,多层次、多元化的政策主体可以在不同程度进行介入,充分体现了公共问题解决中的效率优势。可见,经济与金融政策在效率目的层面取得了高度统一。相应地,金融市场乃至整个市场经济的运行有赖于政府公共政策的高效支持。

然而,金融发展对于公共政策的需求,在效率目的的统一下,出现了一个让人担忧的动向,即为了达到金融监管的效率目的,过于倚重刑事政策乃至刑法进行调整。金融乃至经济领域对于公共政策的依赖性投射到刑法领域,影响金融犯罪的刑法应对。有学者曾指出,目前的金融刑法受到实用主义思想的指导,具有明显的功利倾向,成为国家管理与规范金融秩序的一种工具。③ 例如,1998年颁布的《外汇决定》,就是中国人民银行为了打击外汇犯罪的便利,在行政措施尚未健全的情形下,直接推动而产生的

---

① 参见徐大建:《功利主义道德标准的实质及其缺陷》,载《上海财经大学学报》2009年第2期。
② 参见杨宏山:《公共政策的价值目标与公正原则》,载《中国行政管理》2004年第8期。
③ 参见姜涛:《我国金融刑法中的重刑化立法政策之隐忧》,载《中国刑事法杂志》2010年第6期。

单行刑法。再如,近年来受到社会瞩目的集资行为,尽管具体罪名适用不同,但基本上刑事政策的严厉态度却是明确的。① 然而,从金融演进的过程中,制度的不完善决定了对于行为责任的评估应当更为审慎,动辄将"不法"的后果越过行政责任而直接转化为刑事责任时,刑罚介入金融市场的正当性行为不禁引人质疑:刑罚究竟是为了金融市场的发展还是转变为扼杀创新的工具?在监管框架基本完善之前反而推进刑事政策乃至刑事立法的进度,而不考虑刑法的过度干预给金融系统自身带来的消极影响,阻碍了金融系统自身调节系统的发育,最终也将阻碍国家的金融政策目的的实现。换言之,依赖于严刑峻法来遏制金融犯罪或许能够在短期内增加金融犯罪的查处案件数量,但是却使为金融市场发展保驾护航的目标难以实现。

2. 效率目的的延伸——金融风险的应对

功利主义思想借助金融风险防控主体进一步影响着金融犯罪刑事立法政策。随着风险成为现代社会的重要特征,刑法变成国家向人民提供安全感的工具。"风险成为塑造刑法规范与理论的重要社会力量","这种塑造往往以公共政策为中介,后者由此成为刑法体系构造的外在参数"②。于是,"既然风险是现代刑法所处的结构性环境的构成因素,既然刑法中的公共政策因风险而生,那么,只要风险存在,刑法决策者作出政策导向的功利选择便不可避免。风险因素决定风险刑法存在的合理性,这是从实践理性层面对其存在合理性的论证"③。换言之,风险防范成为公共政策的重要目标,此时,刑法固有的政治性和工具性恰好也迎合了公共政策的功利导向,而成为公共政策抑或是刑事政策的手段。所以,在风险社会的背景下,公共政策成为塑造刑法体系的"外在参数"。

---

① 参见毛玲玲:《发展中的互联网金融法律监管》,载《华东政法大学学报》2014年第5期。
② 劳东燕:《公共政策与风险社会的刑法》,载《中国社会科学》2007年第3期。
③ 储槐植主编:《理性与秩序》,法律出版社2002年版,第49—52页。转引自赵运锋:《以刑制罪:刑法教义学与刑事政策学相互贯通的路径选择》,载《北方法学》2014年第5期。

其实，在实践中，几乎每次表明风险存在的事件都会引发刑法体系的外在参数——公共政策的调整。既然风险分配与管理是金融市场的重要内容，那么金融相关的决策更是与风险的变动息息相关。金融市场的突发事件引发政府态度的变化，导致金融政策的调整甚至进一步影响刑事立法的情况并不鲜见。1995年，我国"3·27"国债期货事件导致18年国债期货的暂停；2008年金融危机则直接导致CDO一类金融衍生产品的式微和全球金融监管框架的变化。① 其中，在"3·27"国债期货事件发生前后，全国还有一系列影响巨大的投机事件，如大连"玉米C511事件"（1995年）、海南"棕榈油M506事件"（1995年）、广东"籼米9511事件"（1995年）、苏州"红小豆602风波"（1996年）、上海"胶合板9607事件"（1996年）、海南"天然橡胶R708事件"（1996—1997年）、广东"豆粕系列事件"（1996—1997年）、海南"F703咖啡事件"（1996—1997年）等。这一系列重大恶性案件严重扰乱了金融秩序，导致国家选择禁止相关交易品种、交易所和交易市场，并由此开始了对包括期货市场在内的金融市场的全面清理和整顿。接着，公共政策的调整进一步引发了刑事立法的修订。在上述恶性投机事件发生后，1999年5月31日，国务院向全国人大常委会提交了《关于惩治期货犯罪的决定（草案）》，请全国人大常委会对《刑法》第174、180、181、182、225条的规定作出扩大适用范围的立法解释，使上述规范可以用于惩治期货犯罪。尽管当年这一草案并没有获得通过，但是相关内容已经在随后的《刑法修正案》中予以肯定。② 在1999年《刑法修正案》最终文本中，有六个条文涉及期货犯罪，补充规定了擅自设立期货业金融机构犯罪，伪造、变造、转让期货机构经营许可证或批准文件犯罪，期货内幕交易、泄露内幕信息

---

① 参见朱海斌：《中国政府救市的三重影响》，http://finance.21cn.com/stock/qz/a/2015/0813/11/29916059.shtml，2017年6月20日访问。
② 参见刘文革、朱兴龙：《期货市场违法犯罪的法律梳理及相关立法建议》，载《经济研究导刊》2005年11月创刊号。

犯罪，编造并传播期货交易虚假信息犯罪，诱骗投资者买卖期货犯罪，操纵期货交易价格犯罪，期货机构工作人员挪用资金犯罪以及非法经营期货业务犯罪等八种期货犯罪。可见，在风险刑法思维的影响下，刑法容易受到金融政策的影响，通过自我调整与变动的社会现实相呼应。

但是，强调刑法在风险预防时的效用进而迅速引入刑罚工具是否是一个恰当的解决方式，需要进一步论证，特别是对于金融市场的调控而言。刑法介入无疑是加强金融监管思维的衍生物，然而当前金融监管选择的路径是否恰当尚存争议的情况下即进入刑罚工具，其正当性、合理性引人质疑。毫无疑问，有效的金融决策需要理解金融体系，如果刑法过分追随当前的公共政策，能否产生良好的效果是不确定的。传统上，金融风险被视为一个否定的存在，但事实上，"随着金融理论和实践的发展，人们发现金融风险已经变成了社会经济和金融活动的一个基本属性，金融活动规模越大，金融风险聚积量也就越大，被动地以'堵'的方式处理风险问题，很难打破金融规模与风险规模同步变动的循环"①。可以说，风险的重新分配是金融体系的一项基本职能。② 或者说，金融风险是一种资源，风险通过金融体系进行转移。有学者已经提出，"应当尽快放弃以片面加强监管为主旨的监管体制改革思路，明确金融监管的目的和范围，充分发挥通过金融创新和风险配置所形成的风险市场化管理手段的作用"③。在这一认识的基础上，当金融市场出现问题时，越过民法、行政犯等前置法律，直接求助于出于保障法的刑法，随后导致的负面影响或许是更令人头疼的问题。

---

① 尹龙：《金融创新理论的发展与金融监管体制演进》，载《金融研究》2005 年第 3 期。
② 参见〔美〕兹维·博迪、罗伯特·C.默顿、戴维·L.克利顿：《金融学》，曹辉、曹音译，中国人民大学出版社 2013 年版，第 253 页。
③ 尹龙：《金融创新理论的发展与金融监管体制演进》，载《金融研究》2005 年第 3 期。

三、解决的途径

英国政治哲学家迈克尔·欧克肖特（Michael Oakeshott）认为，现代政治是理性主义政治，而理性主义政治的目的就在于解决所谓的"公认的需要"（the felt need），即运用理性解决现实的需要、问题或危机，是一种功利政治。① 在这些现实需要中间，预防和打击金融犯罪对于国家治理来说无疑也是一项重要的"公认的需要"，而刑罚权的权力属性更是抹不去的政治色彩。然而，通过上文的分析可以看出，在追求效率和风险防范的金融领域，刑法的介入更容易受到公共政策或刑事政策的影响。这从我国金融刑法频繁而大量修订中可见一斑。刑法规则的大量引入，犯罪圈与刑罚圈的扩张，是否适宜？如何才能做到进退有据？笔者认为，应当从以下角度注意协调政策对于刑事立法的影响：

首先，重视政策目标的评估，包括金融政策、刑事政策的效果评估。

对于政策而言，目标是否实现很容易被掩盖在政府采取的行动或后续的数据统计中而被忽视。人们总是假定，国家采取了政策，如果立法机关进行立法，行政机关和司法机关设计了方案并采取了行动，那么社会将获得所期望的政策效果。实际上，在评估政策效果时，人们最常见的一个问题就是将政策影响与政策产出相混淆。

举例来说，一项刑事政策的诞生，可能导致财政的支出、各级机关规则的制定、专项行动的开展以及刑事案件统计数据上的变化。所有这些，都是政府及其相关部门在政策制定后的后续"产出"，然而，这种"数豆子"的方法几乎不能说明关于政策问题的实际情况。换言之，这些内容仅仅说明了政策制定者及政策执行部门的产出，与政策的真正效果还是有区别的。

---

① 参见〔美〕迈克尔·欧克肖特：《政治中的理性主义》，张汝伦译，上海译文出版社2004年版，"译者序"以及第1、2页。

比如,一项针对外汇交易方式的行政禁令是否最终催生了另外一种交易方式的诞生?一种融资途径的犯罪化是否导致资金流向其他高风险的融资平台进而开拓新的犯罪领域?至少,这些比起金融犯罪案件统计数据而言同样重要——"我们不能只满足于计算出一只鸟扇动了多少次翅膀,而必须知道这只鸟已经飞行了多远"①。尤其对于变化多端的金融市场而言,一项金融政策的颁布将引起怎样的"蝴蝶效应",从而影响了市场风险格局,都是国家在动用刑罚处理违法违规行为时所必须考虑的问题。衡量政策产出固然重要,辨别政策给社会带来的变化或许更符合功利主义政治的原初目标。

其次,认识刑罚工具的限度——金融犯罪不是仅仅依靠刑罚便能解决的问题。

一方面,不断增长的犯罪类型和犯罪数量表明,刑罚的功能只是将犯罪控制在社会容忍的限度内,在犯罪面前,刑罚从来没有胜利过,金融犯罪也不例外。不同于传统犯罪,金融犯罪没有明显违反伦理道德的特性使得社会对此有较高的容忍度,金融犯罪变成与金融市场参与者相关、与金融资本流通相关的行业内的问题。然而,刑罚对于资本的作用是有限的。马克思曾对资本有着清醒的论断:"一旦有适当的利润,资本就胆大起来。如果有10%的利润,它就保证到处被使用;有20%的利润,它就活跃起来;有50%的利润,它就铤而走险;为了100%的利润,它就敢践踏一切人间法律;有300%的利润,它就敢犯任何罪行,甚至冒绞首的危险。"②即使是以犯罪的名义打压一种金融行为,人们也可以调整自己的行为,寻找新的行动路径,从而导致政策和法律失灵。所以,既然难以阻止资本的逐利性,那么从根本上讲,堵不如疏,一味强调刑罚,对追求资本增值的金融行为而言其威

---

① 〔美〕托马斯·R.戴伊:《理解公共政策》(第十二版),谢明译,中国人民大学出版社2015年版,第285页。
② 《马克思恩格斯全集》(第23卷),人民出版社1972年版,第829页。

慑性无疑是有限的。

另一方面,过于依赖刑罚解决金融犯罪问题,可能会超越刑事司法体系的能力。在近年来的司法实践中,非法集资等涉众类犯罪几乎是公认的司法难题。实践中,非法集资类案件大多引发群体性事件,要求政府、司法机关尽快追缴赃款、赔偿损失。然而,此类案件办理中存在的诸多疑难问题,例如,刑、民性质区分难,赃款追缴难等,往往导致无法做到"案结事了",受害群众的损失得不到及时妥善解决,导致受害群众反复上访,影响社会的和谐稳定。① 无疑,这些问题的处理是高风险的。一旦处置不当,不仅是社会稳定、和谐上的损失,更是对于整个司法体系公信力的损害。尤其是金融犯罪的出现,与社会制度的失范相关,是社会、经济各因素融合的结果。过于依赖刑罚体系,将问题的解决施加在刑事司法之上,容易忽略真正需要解决的案件背后的金融制度问题,最终治标不治本,无法达到金融犯罪刑事政策的目标。

再次,慎重对待政策与立法的转化。

笔者认为,谨慎防范金融政策、经济政策对刑事政策的影响,以及由此推动的刑事政策刑法化进程。当前,金融犯罪治理存在的一个误区是,当金融政策、刑事政策发生变动时,不但要求刑事政策配合进行变动,而且对刑事政策的诸多手段采取狭义的理解,只重视刑罚手段的运用。其中的一个典型表现就是通过推动刑事立法的修改来配合金融政策的施行。的确,刑事政策需要转化为刑法,为经济运作保驾护航,但是"并非所有的刑事政策都需要刑法化,也不是所有的刑事政策都能够刑法化,刑事政策刑法化是有一定的范围和条件限制的"②。

---

① 参见张雪樵:《当前民间借贷引发刑事犯罪的调查分析——以浙江省为样本》,载《中国刑事法杂志》2013年第9期。
② 严励:《刑事政策刑法化的理性思考》,载《政治与法律》2005年第4期。

整体而言，将政策通过立法的形式表现出来，使得政策具有更高的稳定性，符合依法治国的理念。但是，依据当代刑法谦抑原则，刑罚的发动不能忽视人权的保障，能用民事、行政等途径解决问题就不应当划入犯罪圈，能用轻刑解决的问题就应当避免使用重刑。所以，刑事政策与刑法的融合必须遵循一定的限制，否则可能导致刑法的无限扩张。有学者由此提出，将刑事政策转移到刑法领域应满足以下条件：一是只有与定罪量刑相关的刑事政策才能刑法化，二是只有被实践证明行之有效的刑事政策才能刑法化，三是只有长期、稳定的刑事政策才能被刑法化。①

最后，警惕功利主义的负面影响。

虽然，这种功利主义下公共政策与刑法导向的融合目前看来仍然难以改变，但这并不意味着我们不需要防范功利主义倾向导致的危险。尤其不能忽略的是，功利主义的刑法态度会引发诸如为惩罚无辜人提供正当理由等方面的担忧。②

"权利可能因功利主义的考虑而变得无效，因为公共福利或其他结果价值上的收益被认为足以抵消对权利的侵犯。"③实际上，在我国金融犯罪的刑事立法领域，已经出现了功利主义下对个人权利的侵害。例如，刑法中对证券、期货违法行为的入罪，就是在欠缺明确前置经济法规定的情形下作出的。用刑法评价代替经济法评价，侵害了"经济人"的基本人权，不利于形成法治经济。④

从传统刑法理论的角度看，保障人权是刑法的功能之一，刑法"一方面，

---

① 参见柳忠卫：《刑事政策刑法化的一般考察》，载《法学论坛》2010年第3期。
② 参见〔美〕约书亚·德雷斯勒：《美国刑法精解》，王秀梅等译，北京大学出版社2009年版，第19页。
③ 劳东燕：《罪刑规范的刑事政策分析——一个规范刑法学意义上的解读》，载《中国法学》2011年第1期。
④ 参见钱小平：《中国经济犯罪刑事立法政策之审视与重构：以风险社会为背景的考察》，载《政治与法律》2011年第1期。

保证凡是未违反刑法规范者,均不受国家或地区权力机关的干涉、侵犯或处罚;另一方面,则保证行为人不受超出法律规定范围以外的追诉、审判与处罚,以及不受有违人道与藐视人性尊严的残虐刑罚。刑法由于具有这种双重保证作用,乃产生保障人权的功能"①。正是为了实现刑法的这些功能,才有了对罪刑法定原则、罪刑相适应原则等刑法主要原则的坚持。如果沿袭功利主义的进路,刑法传统基本原则所捍卫的个体权利,将成为相对性的概念,可以随着社会和政治目标的改变而改变。当代许多著名的自由主义学者,如诺齐克(Robert Nozick)、德沃金(Ronald M. Dworkin)等,虽然政治社会立场不同,但是都赞同罗尔斯(John Bordley Rawls)对功利主义的批评,认定功利主义可能为了整体利益而牺牲个人利益,导致非自由的结论。② 罗尔斯指出,功利主义实际上是将适用于个人的原则运用到社会,通过对理想的立法者——不偏不倚和同情的观察者的想象把所有的人合成为一个人,没有认真地对待人与人之间的差别。或许,我们应当在适用目的论的功利主义时,将罗尔斯的公平正义列入参考,建立一个良序社会,在那里,"每个人都接受、也知道别人接受同样的正义原则;基本的社会制度普遍地满足、也普遍为人所知地满足这些原则"③。

第二节 金融犯罪刑事政策的现实影响:金融监管

众所周知,《刑法》在打击金融犯罪时,重视金融管理秩序的维护。有学者曾指出,《刑法》诞生之时,受限于计划体制的思维,立法者选择了金融管理本位主义治理金融犯罪,将金融犯罪看作对金融管理秩序的破坏。立法

---

① 林山田:《刑法通论》(上册),北京大学出版社2012年版,第21页。
② 参见李强:《自由主义》,吉林出版集团有限责任公司2007年版,第104页。
③ 〔美〕约翰·罗尔斯:《正义论》,何怀宏、何包钢、廖申白译,中国社会科学出版社2009年版,第21、22、2页。

通过选择描述式的立法逻辑,强化了刑事立法的即时性和应急性。① 显然,管理的主体是金融监管部门,于是,在进行《刑法》金融犯罪相关规范的设计时,不管立法者有意还是无意,客观上首先受制于监管部门对问题的认知与理解。这一现象不禁让人产生疑虑,金融监管部门在金融犯罪预防与控制中发挥着怎样的作用? 如何避免金融监管部门过度参与刑法带来的负面影响? 对此,笔者将结合公共政策的有关理论,围绕金融犯罪的刑事政策进行初步的探讨。

一、金融监管对金融犯罪刑事政策的影响

从金融监管对立法与司法的影响中,可以看出其对整个金融犯罪刑事政策的影响。

(一)受限的刑事立法

随着改革开放的推进,加速了我国的社会结构变迁,并导致社会利益分化逐渐加剧。身处政治权力中心的政府机构因其所处行政活动的不同领域,也开始表现出自身的利益倾向。根据公共选择理论,个人与组织在政治活动中对追求自身利益的最大化。② 因此,纯粹要求行政监管部门为抽象的"人民利益"服务,或许是过于理想的需求。

马克思主义有一个著名的论断:经济基础决定上层建筑。马克斯·韦伯(Max Weber)也认为,"显然,法律保障在很大程度上都是直接服务于经济利益的",经济利益是影响法律创制过程中最强大的因素。因为"任何保障法律秩序的权威,都要以某种方式依赖于构成性社会群体的共识性行

---

① 参见刘远:《我国治理金融犯罪的政策抉择与模式转换》,载《中国刑事法杂志》2010年第7期。
② 参见〔美〕托马斯·R. 戴伊:《理解公共政策》(第十二版),谢明译,中国人民大学出版社2015年版,第23页。

动,而社会群体的形成在很大程度上要依赖于物质利益的格局"①。所以,如果我们考察金融犯罪刑事政策表现出的偏好,实际上应当将目光转向金融监管背后的金融市场,因为金融市场的利益分配将通过监管的途径以不同的程度渗入到金融立法中来。包括刑事立法在内的金融犯罪刑事政策的目的,均受到其背后的社会群体所代表的经济利益的影响。

通过考察金融犯罪刑事政策的制定和运作过程,可以看出国家在治理金融犯罪时如何进行刑事政策的决策。在这一过程中,我们不难发现,金融监管部门似乎在一些时刻扮演了举足轻重的角色,例如,1998年全国人大常委会颁布的《关于惩治骗购外汇、逃汇和非法买卖外汇犯罪的决定》来自于中国人民银行的推动,而几次涉及金融犯罪的《刑法修正案》中,则可以发现来自金融监管部门的推动力量。特别是在我国金融刑法的规范内容中,也可以发现金融监管视角的影响。

1. 难以中立的监管部门

以我国的证券市场为例,它的存在和发展来自于政府意志,成长于行政安排,以一种强制性政府变迁的形式运行。早期,证券市场的创立是为了帮助国有企业解困改制,是"经济体制改革配套措施的'试验田'"②。所以我国证券市场发展并不完善,一度形成了国有机构独霸股市的格局。这样的利益格局给制度变迁带来了困难。显然,"既存的法律制度安排即是对此利益格局的认可和默许,任何法律制度的创新都可能被视为利益格局的挑战而面临困境"③。所以,在我国证券监管变迁中隐含的危险是,监管部门所维护的利益实际上是既得利益群体的利益,进而对利益群体之外的主

---

① 〔德〕马克斯·韦伯:《经济与社会》(第一卷),阎克文译,上海人民出版社2010年版,第453页。
② 郑彧:《证券市场有效监管的制度选择——以转轨时期我国证券监管制度为基础的研究》,法律出版社2012年版,第83页。
③ 罗培新:《我国证券市场和谐生态环境之法律构建——以理念为研究视角》,载《中国法学》2005年第4期。

体的利益缺乏保护的动力,也就缺乏对应的制度倾斜。同时,对我国"尚未成年"的证券市场而言,它不仅需要证券监管部门的监管,而且也需要政府的政策调整推进发展。由此便造成了监管机构与监管对象复杂的内在联系:一方面,在调控股市时,监管机构与监管对象之间已经形成了相互合作的路径依赖;另一方面,作为"合作关系"的必然结果,监管人员成为监管对象重要的人才输送地。[①] 所以,在既定利益格局形成以及监管建构与监管对象关系密切的前提下,很难保障行政监管与制裁的客观性与有效性,甚至可以说,监管部门的"中立性"是一个不可能达成的期待。

于是,由于监管部门与被监管者之间的复杂关系,以金融机构为代表的被监管者事实上变成了足以影响公共政策制定的利益集团,借助监管部门的口径帮助实现自身利益。从政府金融监管的过程来说,这种依赖似乎也难以避免。毕竟,"行政管理者有时候会被他们负责规制的集团所'俘获'","但是毫无疑问的是,组织严密的集团常常对规制过程发挥不相称的影响——部分是因为它们的政治资本和组织能力,部分是因为行政机构最终要依赖与它们的良好关系以及只有它们才能够提供的信息"[②]。所以,如同国有上市公司之于证监会,国有银行之于银监会,它们均成为影响着政策制定的利益集团,进一步影响着金融政策的发展方向。正如盖伊·彼得斯(B. Guy Peters)所指出的:"一些势力强大的利益集团提出的政策选择可能相当保守,只是作些渐进的改革。他们很少对他们(以及与其相关的公共机构)重要的利益所在的现状进行彻底地变革"[③]。

[①] 参见罗培新:《我国证券市场和谐生态环境之法律构建——以理念为研究视角》,载《中国法学》2005年第4期。

[②] 〔美〕凯斯·R.桑斯坦:《权利革命之后:重塑规制国》,钟瑞华译,中国人民大学出版社2008年版,第111、112页。

[③] 〔美〕盖伊·彼得斯:《美国的公共政策——承诺与执行》,顾丽梅译,复旦大学出版社2008年版,第78页。

2. 金融监管对于刑事立法的影响

目前,我国形成了较为全面的关于打击金融犯罪的法律体系,基本满足我国打击金融犯罪司法实践的需要。① 然而另一方面,令人遗憾的是,对金融监管部门、金融机构之外的利益群体,特别是普通的金融消费者的保护工作,仍然留有很多遗憾。诸如金融消费者权益保护的法律构建踯躅不前,如旨在保护投资者利益的证券民事赔偿机制的设置和运行历经波折,至今也没有形成流畅的保护机制;而证券市场私人投资者若要状告上市公司等主体违法犯罪,必须有证监会行政处罚这一前提,这"在权力、利益集团与普通投资者之间人为划出单向性豁免鸿沟"②。总之,尽管对研究者而言,难以从外部完全了解到我国公共政策出台过程,但是从目前的制度安排中,不难看出行政资源与国家刑事司法资源在合作打击金融犯罪行为时的一些偏好。

以往的政策历史表明,监管部门往往在政策博弈中占有绝对的优势地位。例如,1998年,全国人大常委会颁布的《关于惩治骗购外汇、逃汇和非法买卖外汇犯罪的决定》,就是由中国人民银行为了打击外汇犯罪的便利,直接推动而产生的单行刑法。有学者评述道,在这种立法活动中,一方面是刑法全面修订刚一年,一方面是骗汇猖獗化刚出现,在尚未采取足够行政措施的情况下,就制定了单行金融刑法,忽视了行政监管的完善,体现了单一刑事主义倾向。③ 所以,当政府机构掌握着制定政策的权力时,它甚至可以在立法中烙上部门利益的印记,并顺理成章地将公共利益部门化推向制度化、政策化甚至法律化的道路。④

---

① 参见刘宪权:《金融犯罪刑法学新论》,上海人民出版社2014年版,第72页。
② 梁德铭:《中国股市公共政策的运用与问题分析》,载《武汉金融》2008年第4期。
③ 参见刘远:《我国治理金融犯罪的政策抉择与模式转换》,载《中国刑事法杂志》2010年第7期。
④ 参见孙力:《我国公共利益部门化生成机理与过程分析》,载《经济社会体制比较》2006年第4期。

因此，不禁让人怀疑，监管部门推动刑事政策采用刑罚所制裁的对象，是否是利益博弈失败后的弱者，甚至是根本无路加入利益博弈的对象。美国政治学家阿尔蒙德（Gabriel Abraham Almond）曾指出，在贫富差距巨大的社会里，正规的利益表达渠道很可能由富人掌握，而穷人要么是保持沉默，要么是采取暴力或激进的手段来使人们听到他们的呼声。① 在我国证券市场上，尽管我国初步构建了证券投资者民事诉讼救济模式，但是证券监管机关和司法机关作出的刑事处罚却导致投资者民事权益被排除在法律救济外。② 许多中小投资者在面临权益受损时，由于个人力量薄弱、损失数额较小等原因，缺乏诉讼的动力，常常成为"沉默的大多数"，更无法参与到利益博弈的制度安排中。而在我国证券市场中存在各种准入限制，究竟是保护所有投资者的利益还是某些特定的利益集团，也是值得反思与推敲的问题。

实际上，强势的监管对象对监管部门的影响也在《刑法》中早有体现。例如，《刑法》增设骗取贷款罪的目的在于："公安机关、人民银行等部门提出，实践中一些单位和个人以虚构事实、隐瞒真相等手段，骗取银行或其他金融机构的贷款。但要认定骗贷人具有'非法占有'贷款的目的很困难……由于没有充分证据证明行为人主观上是否有非法占有的目的，致使该类案件的处理陷入两难境地，要么无罪，要么重刑。……考虑到实践中以欺骗手段获取银行和金融机构贷款，有些虽然不具有非法占有目的，但的确给金融机构造成了损失，扰乱了正常金融秩序。……骗取金融机构信用与贷款，使金融资产运行处于可能无法收回的巨大风险之中，有必要规定为犯罪。"③有学者指出，这一修订不但违反了当前民事欺诈行为由民法调整，具有"非法占有目的"方才引入刑法范围的传统介入限度，而且违反

---

① 转引自李翔：《网络社会下中国刑事立法政策的民意审视与构建》，载《山东警察学院学报》2013 年第 3 期。
② 参见刘珂：《试论证券投资者民事诉讼救济模式择优选择》，载《河北法学》2015 年 3 月。
③ 黄太云：《〈刑法修正案（六）〉的理解与适用》，载《人民检察》2006 年第 8 期。

了法律的基本价值——平等:"只要对我国当前经济社会稍有常识的人都会清楚,本罪是人民银行等金融机构强势意见的法律表达,明显存在对银行等金融机构利益过度保护之嫌,严重违背了市场经济的本质和法治平等原则。"① 强势的监管对象已经借助监管的途径影响金融犯罪刑事政策乃至刑事立法的内容,将自身对社会危险性的判断作为社会主体的判断。"金融利益团体的偏好选择将直接影响主流文化群体的决断",实质上将危害性判断的主体进行了变异,以至于现实当中存在仅仅通过社会危害性判定便将金融不法行为犯罪化的做法。② 由此,刑法犯罪化的正当性受到质疑。

更为直接的表现是,《刑法》颁布之初,对于刑法所维持的秩序的理解也是围绕着当时的金融机构——国有银行展开。刑法所旨在维护的秩序几乎等同于银行资金的安全,而银行资金安全是金融秩序的最主要体现之一。③ 从我国金融行业结构来看,我国金融体系以银行为主导,由此导致的结果是,金融发展与银行业发展正相关。与美国相比,我国 2008 年银行、证券、保险三业的比例为 80.5∶10.9∶8.6,而美国三业比例为 45.0∶16.3∶38.7;我国银行业的增加值占金融业增加值的比重高达 80%,而美国却低于 50%。④ 根据 2015 年上半年的统计,五大行不良贷款大幅攀升。仅 2015 年上半年核销的不良贷款就达到 1400 亿元,超过去年全年 1300 亿元的水平。⑤ 银行控制了主要的资金流向,其对资源的配置未必符合市场的需求。近年来,随着宏观经济的政策调整,以中小企业为代表的大量实体经济面

---

① 何荣功:《社会治理"过度刑罚化"的法哲学批判》,载《中外法学》2015 年第 2 期。
② 参见胡启忠等:《经济刑法立法与经济犯罪处罚》,法律出版社 2010 年版,第 51、52 页。
③ 参见王新:《危害金融犯罪的概念分析》,载《中外法学》1997 年第 5 期。
④ 参见周子章:《金融业转型:我们必须经受的艰巨考验》,载上海证券网,2015 年 1 月 28 日访问。
⑤ 参见余丰慧:《银行业当借利润增速走低反思回馈实体经济》,载搜狐财经,http://business.sohu.com/20150901/n420186062.shtml,2017 年 6 月 20 日访问。

临发展困境,尽管政府出台了大量支持中小企业的措施,但是银行出于风险控制的考虑,在现有的情况下很难继续作出偏向中小企业的放贷选择。由于监管部门与被监管者——以国有银行为代表的金融机构之间的千丝万缕的联系,使得在市场中占据强势地位的金融机构的利益同样反映在了立法中。近年来,刑事司法对于民间金融治理的介入就是典型的一例。有学者对此评述道:"我国对于金融活动的管理一直在'国家本位'的思想下采取'金融机构保护主义'的方式垄断几乎所有的金融行为,充满浓重的金融行政色彩",为了维护银行系统对于融资行为的垄断地位以及国家的金融管理秩序,刑法过度介入民间融资行为。[①] 2009年11月,最高人民法院、最高人民检察院联合发布了《关于妨害信用卡管理刑事案件具体应用法律若干问题的解释》,将信用卡诈骗中恶意透支犯罪的入罪标准提高为1万元。该解释引起了很大争议。有反对意见表明,信用卡透支的"善意"与"恶意"原本就难以区分,透支的风险本身是银行必须面临的商业风险,理应在信用卡发放中予以考虑;透支有合同作为前提,应当借助民事途径追究责任,并且透支发挥了信用卡作为金融工具本身的功能,并不满足普通诈骗罪中"诈骗在前,取财在后"的基本情形。在近年来关于信用卡诈骗犯罪的司法实践中发现,信用卡犯罪中恶意透支情况之所以较为突出,与银行滥发信用卡、银行自身管理和风险防范意识不足有关。然而,从该解释可以看出,法律依然强调持卡人的法律责任,对银行作为发卡人的管理缺陷问题视而不见。但这一点无疑在制度设计中被有意识地忽略了。由此可见,银行业对于推动构建透支行为入罪及入罪要件的设计起到了积极的作用。[②]

可见,随着改革深化与市场经济的发展,金融监管机构在参与政策制定亦或是随后的立法过程时,有可能受到部门利益及其背后市场利益集团的

---

① 参见杨兴培:《论民间融资行为的刑法应对与出入罪标准》,载《东方法学》2012年第4期。
② 参见毛玲玲:《金融犯罪的实证研究》,法律出版社2014年版,第159、160页。

影响。公共利益部门化、部门利益集团化给公共利益通过政策途径的实现带来难以回避的危险。这些现实困难不禁让人产生这样的担心：刑法的犯罪化、刑罚化是否沦为行政监管的工具？或者是否正在遭受背后利益集团的影响而成为过于被动的刑法？

（二）受限的刑事司法

从上文分析可以看出，金融监管对于刑事立法有着难以避免的影响。这些影响通过参与政策形成的过程表现出来。既然金融监管与金融市场之间存在密切而深远的联系，在刑事司法体系面前，金融监管的影子也时隐时现。

1. 行政认定限制刑法独立价值的实现

在预防和打击金融犯罪的程序中，行政监管与刑事司法衔接机制近年来引起了普遍的重视。按照我国国家治理的传统，通常强调同一主题下各相关部门的配合治理。为了满足整顿和规范市场经济秩序的需要，2001年，国务院发布了《关于整顿和规范市场经济秩序的决定》，开始谋求建立行政执法机关和刑事司法衔接机制。随后，2005年，公安部、中国人民银行联合发布《关于可疑交易线索核查工作的合作规定》；2005年，公安部、财政部联合发布《关于在查处经济犯罪案件工作中加强协作的通知》；2009年，公安部、保监会联合发布《关于加强协作配合共同打击保险领域违法犯罪行为的通知》，中国人民银行、银监会、公安部、工商总局联合发布《关于加强银行卡安全管理，预防和打击银行卡犯罪的通知》，对行政执法与刑事司法协助配合、信息共享等方面，规定了一系列具体的制度，使全国查处的金融犯罪案件数量大幅增加。2011年2月，中共中央办公厅、国务院办公厅转发了国务院法制办等八个部门《关于加强行政执法与刑事司法衔接工作的文件》，进一步明确了行政执法与刑事司法衔接中的职责和工作程序，标志着衔接工作获得广泛认可和重视,并已经日趋成熟和完善。① 在这一背景下,国家通过建立金融行政监管与金融刑事司法衔接机制打击金融犯罪,维护金融市场秩序。对此,我们可以看出,通过行政监管与刑事司法之间衔接机制的建立,国家期待形成流畅的金融犯罪防控系统,刑罚作为最后的威慑手段,借助衔接机制的建立与行政监管关系紧密。

这种现象是由金融犯罪的特点所决定的。金融犯罪首先属于金融不法行为,应当符合法定犯关于二次违法性的要求。按照二次违法理论的逻辑,如果行为不存在导致行政违法的情形,无论其对社会造成何种程度的危害,均不应当以犯罪定性处理,否则就是违反了罪刑法定原则。② 司法机关在认定金融犯罪行为时,依赖金融监管部门的认定。例如,在司法实践中,确定一项集资行为是否构成非法集资,抑或是认定一个行为是否构成非法经营,往往以监管部门作出的性质认定为基础。由此导致的危险是,行为是否构成犯罪,很大程度上取决于金融监管部门所作出的行政认定。这种从行政到刑事的"流水线"程序的运行,很可能会导致行政监管在金融犯罪认定过程中权力过大。换言之,刑事司法体系在个案定性时,程序衔接对实质定性的负面影响在于,容易导致刑法独立行为评价标准在行政评价面前让步,使得刑罚成为行政监管的附庸。

2. 刑法实际上承担着弥补行政监管缺陷的责任

有时,刑事司法通过刑罚的运用打击与之相关的金融不法行为,实际上是运用司法资源为金融法制的不健全买单。这在一定程度上造成了刑法不可承受之重。

因为从目的刑的角度看,刑罚因其具有预防、抑止犯罪的效果而具备正

---

① 参见闻志强:《完善"两法衔接"应当重视和正确处理三对关系——以规制非法集资行为为考察对象》,载《武汉公安干部学院学报》,2013年第2期。

② 参见田宏杰:《行政优于刑事:行刑衔接的机制构建》,载《人民司法》2010年第1期。

当性,①当刑罚的预防、抑止效果难以实现时,刑罚适用的正当性是令人质疑的。就金融刑法而言,一方面,由于金融法制不健全,刑法只能事后介入,采用事后主义的构成设计技术,难以体现刑法的预防性、遏制性。②另一方面,在一些金融不法行为的规制方面,刑事司法介入的效果不佳。如近年来刑事司法的重点对象——非法集资,由于基础性金融法律体系存在的一些严重内在缺陷,导致刑法规范的适用已经在很大程度上不能够为刑事司法实践提供可靠支持,甚至在某些方面阻碍了金融市场的发展。③尤其是,在当前金融体系转型过程中,民营企业难以得到正规金融渠道的支持,寻求其他途径获得融资似乎是不得已而为之的选择。因此,只要合法的融资渠道没有打通,这一类型的非法集资始终难以避免。

由此可见,在金融法律体系不够完备的前提下,刑法的预防、抑止效果好似空中楼阁,刑罚只能被迫充当危机救火员的角色,但却不能从根本上帮助预防、防止火灾的发生。于是,这些困难引发了金融犯罪领域刑罚适用的种种质疑,例如关于金融刑法重刑化的隐忧。有学者提出,刑法将一些造成严重后果但缺乏金融法调整的金融违法行为视为金融犯罪,背离了刑法的最后性、谦抑性精神,导致金融刑法的运行处境尴尬,存在明显的片面刑事规制特点。④

二、金融监管参与刑法规制的必然性

尽管金融监管看上去给金融犯罪刑事政策的制定带来了一些负面的影

---

① 参见〔日〕西田典之:《日本刑法总论》(第2版),王昭武、刘明祥译,法律出版社2013年版,第13页。
② 参见刘远:《金融刑法立法理念的宏观分析——为金融刑法改革进言》,载《河北法学》2006年9月。
③ 参见黄韬:《刑法完不成的任务:治理非法集资刑事司法实践的现实制度困境》,载《中国刑事法杂志》2011年第11期。
④ 参见刘远:《金融刑法立法理念的宏观分析——为金融刑法改革进言》,载《河北法学》2006年9月。

响,但是从公共政策制定的角度看,金融监管机构参与金融犯罪的刑法规制在一定程度上有其必然性。

(一) 从公共政策制定的背景看,金融市场发展依赖金融监管

政府监管的必要性取决于整个市场经济发展的程度。在市场经济发达的理想状态中,市场本身已经形成了国家治理之外的规范、制度,具有了一定程度的自治能力。市场参与者既要遵循市场形成的制度,也要遵守政府监管。二者互相补充,缺一不可。然而,对于我国而言,市场经济尚未成熟,并没有形成具备自治能力的市民社会。

从我国市场经济发展的整体环境看,我国当前的经济改革是由中央政府推动的,包含市场经济在内的市民社会仍处在培育阶段。① 市场经济作为市民社会的重要内容,其发展程度与市民社会的发育水平息息相关。必须注意的是,在我国,国家通过变革体制改变其原有的"全权性"很大程度上推进了市民社会建构空间的出现;在市民社会的成长过程中,国家通过推进市场经济以及松动身份制、单位制、行政制以及户籍制而形成了建构中国市民社会的可能性或基础性空间。②

我国市民社会发育的现状与特征决定了市场经济领域内参与主体对国家和政府的依赖。可以说,经济改革是由中央政府推动的,国家通过转变金融监管思维,改变了过去以全面管制为核心的金融监管思路,给了金融市场以生发的空间。金融市场的发展也是在国家体制变革的条件中进行。由于我国市民社会仍在培育阶段,当前的金融市场无法依靠自身建立一套

---

① 在我国,市民社会是非官方的公域和私域的合成。私域在这里主要是指不受国家行政手段超常干预的经济领域……非官方的公域是指在国家政治安排以外市民社会能对国家立法及决策产生影响的各种活动空间。参见邓正来:《国家与社会——中国市民社会研究》,北京大学出版社 2008 年版,第 272、273 页。

② 参见邓正来:《国家与社会——中国市民社会研究》,北京大学出版社 2008 年版,第 125、126 页。

符合市场经济要求的内部管理体制,因此,需要来自政府的力量进行适当监管。

例如,在银行业的改革中,政府通过允许外资银行入股中资银行,"将境外的战略投资者引入金融改革的动力中来,试图从内部治理改革推动银行改制……不仅要培育一个充满竞争力的金融市场,而且要将原有的国有商业银行培育成合格的市场主体,同时对金融市场和市场主体进行监管和规制。从这个意义上说,令人担忧的并不是外资进入的多少和外资控股的比例,而是政府的监管力度和控制能力"[1]。我国加入世界贸易组织以后,允许外资金融机构进入中国市场曾被视为加大金融市场竞争度,促使金融产品提升、价格下降的方法之一。2014年12月,国务院正式公布修改了《外资银行管理条例》,节省外资银行资本金,放宽经营人民币业务的条件,进一步促进外资银行加入中国市场。然而,竞争的引入是否有助于提升金融市场服务的品质,给广大金融消费者带来福利?曾有观点对上述推论进行了论证,认为倘若金融消费者在监管政策制定与实施过程中缺乏知情权与决策参与权,中资与外资金融机构的竞争将不一定导致整体社会福利的提高,消费者也无法享受竞争带来的"教科书意义上的好处"。[2] 可见,放任自由的竞争有可能导致社会福利的减损,这种情况下,政府的监管力度和控制能力就成为重中之重。

然而,国家和政府对于金融市场的监管若要达致理想的监管状态,需要克服的问题远不只是增强消费者在监管政策制定与实施过程中的知情权和参与权。金融监管运行受到一些中国社会内生性特征的影响,而这些影响或许会造成根本性的难题,将在一定程度上改变着金融监管的运行路径和

---

[1] 苏小勇:《外资银行入股中资银行的法律问题分析——以中国银行业的历史转型为背景》,载《经济研究导刊》2008年第1期。
[2] 参见陆磊:《信息结构、利益集团与公共政策——当前金融监管制度选择中的理论问题》,载《经济研究》2000年第12期。

行动偏好。

我国市民社会的构建与西方发达国家的条件不同,在我国,获得、维护和拓展市民社会的基础性空间的过程中,"中国社会或个人及社团表现出对国家的依附性及相对的脆弱性"。如果对照我国金融市场这一部分的培育来看,尽管国家希望培育出一个相对完善、运作流畅的金融市场,并调动金融市场自身的调节作用,但是社会与金融市场参与者依然表现出对国家强烈的依附性和相对的脆弱性。这与西方市民社会的形成截然不同,后者来自于私人资本的推动,因此其"独立性一开始就成为一大品格"。而我国市场经济发展的过程由国家推动,通过政府自身放弃经济领域的管制,推动包括金融市场在内的经济领域的发展。正如前文所言,金融监管思路的放开给了金融市场以生发的空间。因此,也使得金融市场自一开始就成长于同金融监管的互动过程中,故而形成了对政府及其监管的依附性。甚至可以说,与西方国家的治理模式不同,我国金融市场的发展过程决定了其对国家、政府的依赖在相当长的时间内难以改变。

"市场经济领域不仅是市民社会主体活动的主要场所,而且也是市民社会赖以生存和发展的基础。没有市场经济就不可能有市民社会。"[①]尽管党的十八届三中全会发布的《中共中央关于全面深化改革若干重大问题的决定》中就已经提出,要使市场在资源配置中起决定性作用,但是当经济运行中发现问题时,市场参与者对国家、政府的依赖表露无遗。甚至在一定程度上,需要依赖国家动用最后的手段——刑罚。例如,自 2015 年 6 月底以来,我国 A 股市场连番出现暴跌,监管部门开始采取一系列的救市措施。值得注意的是,暴跌的第一次转折点发生于 7 月 9 日。这一天,除了金融监管部门继续发布救市政策,与以往不同的是,公安部开始进驻证监会,排查

---

① 邓正来:《国家与社会——中国市民社会研究》,北京大学出版社 2008 年版,第 9 页。

恶意卖空股票与股指线索,开展相关金融犯罪的侦查。结果,当日股市创6年来最大涨幅,沪深股市97%个股涨停。① 而在此之前,金融监管部门曾连番出台救市措施,均未能阻止股市下跌的趋势。股市表现的这种巧合,虽然缺乏确切的数据证明,但是这种时间上的关联性无疑是一个有趣的事实。此后,形势发生了变化,A股市场在"国家队"的"关照"下也不断出现明显回升的行情。② 随着国家监管部门救市政策的持续投入,市场表现出"救市依赖症"——股市不救市便下跌。从整体而言,整个7月A股波动幅度惊人,其中三周的周振幅超过10%,而沪指跌幅超过14%,成为2009年以来表现最差的一个月。③ 然而,根据有关调查,2015年7月,投资者信心却处于修复期,信心指数较6月明显回升,股票买入指数重回乐观区间。④ 这些与实际股市表现并不一致的信心表现,至少在一定程度上反映了市场对国家或政府的依赖性。

　　同时,政府监管对于金融市场的发展具有积极的促进效果。一方面,政府可以通过降低交易成本,促进金融市场繁荣。"政府可以通过提供信息、制度、基础设施和其他种类的支持降低私人市场的交易成本,促进私人交易的发展,进而促进整个市场的发展。"⑤ 监管最直接的好处在于帮助消费者不再将时间和金钱浪费在保护自己的措施中。以金融市场中的交易为例,无论是投资股票、购买基金或信托产品,抑或是将钱存入银行,都是把金钱交给陌生人的行为。如果没有法律保护,这些行为只能是一种冒险。

---

① 参见《2015年7月9日沪深股市情况》,载中华人民共和国国家发展和改革委员会财政金融司网站,http://cjs.ndrc.gov.cn/scdt/201507/t20150709_736936.html,2017年6月20日访问。
② 参见郭施亮:《投资者为什么会对救市产生依赖》,http://www.nbd.com.cn/articles/2015-07-28/933796.html,2017年6月20日访问。
③ 参见 http://www.ocn.com.cn/chanye/201508/athxg03085129.shtml,2017年6月20日访问。
④ 参见中国证券投资者保护基金有限责任公司:《证券投资者信心调查专报》(2015年第7期),http://www.sipf.com.cn/NewCH/zxdc/08/100051.shtml,2017年6月20日访问。
⑤ 〔美〕韦兰:《公共政策导论》,魏陆译,格致出版社2014年版,第192页。

为了避免冒险带来的损失,投资者将不得不花费大量的时间调查这些金融机构。因此,政府通过监管预防欺诈或其他犯罪行为,帮助消费者消除风险。一旦消费者因此而受到损失,政府便通过制度设计协助消费者采取行动,减少损失。所以,监管通过减少风险和不确定性事实上降低了交易成本。金融监管能够在此基础上,促进私人交易的活跃和市场的繁荣。另一方面,或许是更为核心的,政府监管的介入帮助金融市场控制因信息不对称带来的道德风险和逆向选择。监管部门必须积累足够的资源和技术,阻止金融主体中擅长规避监管的"聪明人"规避监管,并随着市场变化及时调整监管细节,控制市场中的道德风险与逆向选择的趋向,从而确保金融体系的健康性。

总之,在市场经济的建设过程中,必须依赖国家借助行政监管开展的治理。毕竟,只有国家进行适度规制,才能够帮助克服自由放任带来的弊端:"首先,在自由放任的状态下,由于协调难题和集体行动困境的存在,可能出现混乱和非理性的状态……其次,自治和福利并非是单纯地满足私人偏好。私人偏好的形成受到可得机会、信息和社会压力等条件的限制,很多情况下实为无奈或无知之举。"[①]在这一层面上,行政监管有必要介入市场经济的发展过程中,防止混乱状态的发生,调整偏好的发展,增加整个社会的福利。

(二)从公共政策制定过程来看,金融监管部门是不可或缺的参与者。

首先,在政策问题确认时,金融监管部门具有参与路径上的优势。

从公共政策制定的角度看,尽管学理上对于公共政策运行过程存在不同的分类,实践中政策制定活动也并非总是井然有序、按部就班的模式,但是在整个公共政策制定过程中,确定政策所要解决的社会问题是必须完成

---

① 李洪雷:《规制法理学的初步建构》(代译序),载〔美〕凯斯·R.桑斯坦:《权利革命之后:重塑规制国》,钟瑞华译,中国人民大学出版社2008年版,第3页。

的第一步。所谓的社会问题,指的是一个社会的大部分成员和一部分有影响的人物认为某种社会状况不理想或不可取,应该引起全社会关注并设法加以改变。① 这决定着在无限的社会问题域中,有限的社会公共资源将投向哪一领域。在公共政策的制定中,政府首先需要作出抉择,在众多问题中进行取舍。由谁来决定或参与政策问题的选择,无疑对于政策制定来说是关键性的。按照托马斯·戴伊(Thomas R. Dye)的观点,"决定哪些社会问题成为政策问题,比决定解决这些问题的解决更为重要"②。政策问题并不是自然而然发生的,而是提出议题,并吸引社会和决策者的关注,敦促政府采取行动。

从我国公共政策运行的实际情况出发,公共政策的制定完全是在政府的主导下出发,即党组织和政府组织。在政策制定过程中,党组织和政府组织是我国政策问题的主要提出者,主导着政策的走向。由于党组织和政府遵循群众路线的决策规范,社会利益的表达、权衡和综合主要是通过党组织和政府内部的官员或机构来进行。因此,社会问题进入政策视域的途径大多依赖政府内部的渠道。在我国政治体制中,政府机构的各级官员都负有向上级领导汇报工作的义务,借助层层汇报,逐渐完成信息汇总,使得信息以最凝练的形式最终到达决策者的手里。因此,政府内部工作机制的设计事实上打通了政策问题传输的渠道。所以,在政策问题形成时,政府的各个部门具有天然的路径优势。

其次,在金融犯罪刑事政策的形成过程中,金融监管部门因有着金融及其监管知识上的优势而成为公共政策制定的重要参照系。

在公共政策制定的过程中,政府相关职能机构的知识优势为公共政策

---

① 参见〔美〕乔恩·谢泼德、哈文·沃斯:《美国社会问题》,山西人民出版社1987年版,第1—2页。转引自谢明:《公共政策导论》(第四版),中国人民大学出版社2015年版,第112页。
② 〔美〕托马斯·R.戴伊:《理解公共政策》(第十二版),谢明译,中国人民大学出版社2015年版,第28页。

决策者所依赖。政府的各个部门通过行政工作的经验积累,拥有丰富的知识资源。可以说,政府机关内部全国统一的信息网络是当代中国政府运作过程中发生和接收信息的最大载体。① 因此,政府机构通过长期在某一领域的管理工作,积累了相关领域的知识,并从自身利益和经验出发,形成关于该领域的政策视角,并在参与政策形成的过程中影响政策的实现。

例如,对于犯罪形势的预判通常以金融行政执法中发现的问题作为参考。金融监管部门通过日常监管和行政执法,熟知金融领域的违法违规情况,积累了丰富的经验。除了来自刑事司法系统的实务积累,这些行政执法经验也构成预判金融犯罪形势的重要参考标准。同时,在金融犯罪的预防和打击中,金融监管部门发挥着重要的作用。一方面,金融监管部门在业务管理中发现的疑似犯罪而移交的案件是金融犯罪重要的案件来源;另一方面,比起刑事司法机关,金融监管部门在金融业务方面具有专业优势,同时也掌握第一手的犯罪资料,因此经常参与到金融犯罪的司法过程中。尤其是,在一些专业性强、隐蔽性高的犯罪打击中,发挥着至关重要的作用。例如在洗钱罪的追查中,比起公安机关,中国人民银行反洗钱专门机构的贡献更为突出。② 再如,打击证券犯罪的过程中,公安、检察等司法机关工作人员的证券知识相对有限,实践经验欠缺,因而主要依靠被动接受证监会认定并移送的疑似金融犯罪案件。同时,因为法律规定模糊,制度安排缺失抑或是执法者专业素质等原因,投资者的报案或控告很难被司法部门所接受,或面临部门之间的相互推诿,反应无果。所以,对于证券犯罪的打击,证监会提供的线索占据很高的比例。甚至可以说,"证监会成为证券犯罪的刑事政策的主要反应主体"③。可见,金融犯罪专业性强、隐蔽性

---

① 参见朱光磊:《当代中国政府过程》,人民出版社2002年版,第210页。
② 参见时延安:《刑法立法模式的选择及对犯罪圈扩张的控制》,载《法学杂志》2013年第4期。
③ 张守涛:《论证券犯罪刑事政策之重构》,载《证券法苑》2012年第6卷,第389—409页。

大,决定了在形成金融犯罪决策时,行政监管部门的政策视角成为政策决策重要的参照系。

所以,实践中也不难发现,一些刑事法律、刑事政策的出台与监管部门之间存在着紧密的联系。例如,前文提及的1998年《外汇决定》的诞生背后是中国人民银行的推动,而2010年颁布的《最高人民法院关于审理非法集资刑事案件具体应用法律若干问题的解释》则是最高人民法院与银监会密切合作的产物。

三、可能的进路

随着金融监管部门实践中担负的经济与社会职能日趋广泛而专业,金融监管部门成为公共政策决策者制定金融相关政策的信息来源,同时又是公共政策决策者制定公共政策的重要依托。与此同时,在立法的制定或是司法的运作中,监管部门的"在场"都增加了利用垄断知识和特殊地位追求部门利益的可能性,导致部门利益的扩张,甚至使借助部门利益实现背后的利益集团的利益成为可能。因此,评估金融监管对于刑事政策的影响,寻找问题解决的进路是金融犯罪刑事政策不能忽视的方向。

第一,在法治的框架下培育市民社会。在宪法、法律的框架下兴起与发展市民社会,尤其是促进民间组织团体的发展壮大及其与国家或政府的有效"合作",从而与政府监管形成促进市场经济发展的合力,参与到公共政策制定的过程中,弥补非中立化的政府监管彰显出的不利影响。

第二,构建公共政策制定中的利益分享与表达机制。通过进一步完善公共政策制定的相关制度,增强公共政策制定的透明度,建立多元化的利益表达渠道,让更多的利益主体参与到政策博弈中。例如,充分完善人民代表大会制度和政治协商制度,发挥人大、政协代表作为利益表达渠道的作用,及时、有效地回应代表反映的问题,将"人民代表为人民"落到实处,培育畅通、可行、值得信赖的利益表达渠道。这也有助于构建利益分享机制,形成公正合理的公众利益表达、利益综合、利益分配机制,帮助人们理解市场经济条件下金融市场主体之间的利益分歧与冲突,并从中寻求达成利益平衡的政策方向。

第三,限制金融监管权力的扩张。一方面,对行政权力的天然扩张性,建立针对金融监管部门的约束机制,从道德、纪律、制度、法律等各个方面对监管机关进行约束,防止监管部门以公共利益的名义谋取私利,更要防止监管部门为了某个利益团体的利益而损害公共利益。另一方面,在建立行政执法与刑事司法衔接机制时,控制行政权力的影响,同时改善刑事司法体系中金融犯罪专业化机制的设计,强化刑事司法在金融犯罪面前的能动性。

第四,认识刑罚工具的价值与局限,尊重刑罚的规律,彰显刑事司法体系的独立价值。金融犯罪的发生是经济、政治、法律、文化等多种原因的结果,与刑事法网的严密程度、刑事司法体系惩治力度的大小、国家政策失误、金融管理体制不健全、金融监管乏力乃至人性本身都有着或多或少的关系。[①] 在预防与控制金融犯罪时,比起各项财经管理制度与金融监管体制的效果,刑罚在金融犯罪防范中的功效以及对于金融市场的影响相对有限。所以,金融犯罪的刑事政策在介入金融市场时,应坚持刑罚谦抑主义,遵循刑事法律科学的基本原理,并在法治的条件下进行。

第五,以金融市场的发展现状以及金融风险的评估作为金融犯罪刑事政策制定的重要参考。因为"成功的公共政策严重依赖于认识到为了改进经济效率,政府可以实施的行为的限制,以及认识到政府不作为什么时候是最好的选择"[②]。显然,这些判断应当来自于对金融市场现状及其客观规律的尊重,以及对其风险与安全状况的认知。

[①] 参见田宏杰:《宽容与平衡:中国刑法现代化的伦理思考》,载《政法论坛》2006年第2期。
[②] 〔美〕兹维·博迪、罗伯特·C.默顿、戴维·L.克利顿:《金融学》,曹辉、曹音译,中国人民大学出版社2013年版,第75页。

第五章　刑法谦抑视野下的刑法规制：以证券犯罪为例

随着证券、期货市场的发展，相关犯罪的预防与控制正受到越来越多的关注。对此，我国存在两种截然不同的态度。有的观点认为，证券刑事机制使得市场管控过于刚性，有悖于刑法谦抑主义，也会因而扼杀金融创新精神。有的观点则批评目前证券刑事定罪率过低，惩戒实效不足，反而成为证券违法犯罪甚嚣尘上的原因。所以，有学者总结称，当前证券刑法存在矛盾状态。[①] 这一观点不无道理。因此，该如何为证券犯罪的防控确定一个方向，依然具有进一步探讨的必要性。于是，笔者选择分别从证券犯罪的整体政策与具体罪名上进行讨论，结合刑法谦抑的内容与标准，探讨可能的修正路径。

第一节　证券犯罪刑事政策与刑法谦抑

针对证券违法犯罪现状，如何调整证券犯罪刑事政策，使其达到最优的规制效果？对此，可以考察的进路很多。这里将以证券犯罪的违法现状为基础，结合刑法谦抑的内容，探讨刑事政策的调整方向，确立证券犯罪防控

[①] 参见毛玲玲：《证券刑法的矛盾样态及反思》，载《中外法学》2014年第3期。

的重点所在。

一、证券犯罪刑事政策调整的基础

任何政策的调整,都必须立足于社会现实。刑事政策也不例外。显然,证券违法现状便是证券犯罪不可忽视的现实。

(一)证券违法犯罪现状

一般认为,证券犯罪属于情节最为严重的证券违法行为。同时,从广义上讲,刑事司法也属于证券监管的一部分。理想的监管状态是,行政执法与刑事执法形成流畅的衔接,携手打击证券违法违规行为,共同维护证券市场的秩序。行政监管与刑事司法的衔接除了程序设计、制度协调之外,实践中执法重点的衔接也属其中应有之义。从刑事政策调整的角度来看,包括证券犯罪在内的证券违法属于政策效果考察的当然内容。因此,下文将结合证券违法行为现状考察证券犯罪,以期更为全面地阐释当前证券犯罪的特征。

其一,与证券行政执法数量相比,进入证券刑事司法程序的案件数量明显较少。

近年来,证监会秉承着对证券违法违规零容忍的态度,强化证券监管执法,以期维护市场秩序,促进资本市场健康发展。证券行政执法数量一度呈现明显的增长趋势。2013年至2015年期间,证监会新增立案分别达到190、205、345件,连续三年增加。2016年,证监会系统新增立案案件302件,尽管低于2015年的数量,但仍旧比前三年平均数量增长23%。当年,有55起案件被移送公安机关追究刑事责任,公安机关对其中45起立案侦查,移送成案率已经创历史新高,突显了综合执法的成效。①

---

① 参见《2016年度证监会稽查执法情况通报》,载证监会网站,http://www.csrc.gov.cn/pub/newsite/jcj/gzdt/201702/t20170227_312733.html,2017年6月20日访问。

与此形成鲜明对比的是,证券刑事执法数量却很少。中国裁判文书网公布的数据显示,在公布的刑事裁判文书中,2014年内幕交易案件有8件,利用未公开信息交易案件为1件;2015年,内幕交易案件数量为7件,没有公布利用未公开信息交易案件;2016年,内幕交易案件数量为9件,利用未公开信息交易案件有2件,并且出现了唯一一件操纵证券、期货市场案件。即使是作为金融中心、金融资源高度集聚的上海,案件数量也可谓是屈指可数。2016年,上海市检察机关审查起诉涉证券业犯罪17件,而当年上海市检察院审查起诉的金融犯罪案件总数为1683件,涉证券业犯罪仅仅占据其中的1%。① 2015年,上海市法院审结生效的证券类犯罪案件为23件,其中包括1件内幕交易、泄露内幕信息案件,17件利用未公开信息交易案件,1件以非法经营罪处理的证券犯罪和4件以该罪处理的期货犯罪。②

可见,与人们对于证券犯罪多发、犯罪形势严峻的印象相比,现实中最终进入刑事司法程序的违法行为数量依然十分有限,即使近年来监管机构和司法机关屡屡表现出对证券违法违规"零容忍"的政策趋势,也未能改变这一现象。

其二,证券刑事执法与证券行政执法内容既有重合又有错位。

违规信息披露、操纵市场、内幕交易一向是证券市场监管的重点,从证监会近两年立案的案件类型来看,案件数量无疑也佐证了这一点。③ 2015年,上述三类案件分别占17%、20%、21%,2016年,上述三类案件分别占为24%、21%、15%。此外,老鼠仓与从业人员违规虽然在2016年度立案类型中占比较小,但呈现出大比例的增长,分别较上一年度增加87%、122%。由此可见,证监会提升了对以上两个领域违法行为的打击力度。

---

① 参见上海市人民检察院:《2014年度上海金融检察白皮书》。
② 参见上海市高级人民法院:《2015年度上海法院金融刑事审判情况通报》。
③ 参见《2016年度证监会稽查执法情况通报》,载证监会网站,http://www.csrc.gov.cn/pub/newsite/jcj/gzdt/201702/t20170227_312733.html,2017年6月20日访问。

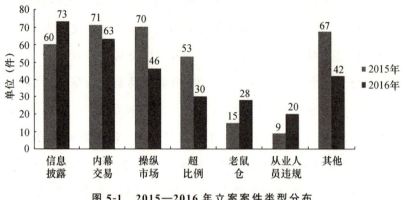

图 5-1　2015—2016 年立案案件类型分布

一方面,证券行政监管与刑事司法关注的执法重点相对一致。如果将行为类型相似的内幕交易与老鼠仓行政执法案件进行合计,2015 年与 2016 年立案数量分别可达到 86 件、91 件,分别占据当年立案总数的 25%、30%,成为当年比例最高的违法违规行为类型。2016 年前 10 个月,在移送公安的涉嫌犯罪案件中,老鼠仓占比达到 50%。[①] 与此同时,上文来自于司法机关的案件类型统计中,证券刑事执法的案件类型中内幕交易和老鼠仓占据绝对比例优势。在上海市人民检察院的统计中,二者占据涉证券业犯罪案件的 3/4,而上海市高级人民法院中则占据 78%。可见,内幕交易与老鼠仓是近年来证券行政监管与刑事司法共同关注的重点违法违规行为。

另一方面,证券行政执法与刑事执法的行为类型与比例存在明显差异。从证券行政执法的数据来看,信息披露与操纵市场成为仅次于内幕交易行为的违法违规行为类型。2016 年,二者分别占据立案案件总数的 24%、21%,比例可观。与此同时,在刑事司法实践中,操纵市场对应的操纵证券、期货市场罪的案件却数量极少,仅可查询到一例文书,上海市 2014 年、2015 年的统计中并无此类案件。与信息披露相关的罪名,如违规披露、不

[①] 参见朱宝琛:《证监会联手公安部打击证券犯罪,严防四大趋势》,载《证券日报》2016 年 12 月 27 日。

披露重要信息罪,不仅在实践中被金融犯罪司法统计所忽略,而且案件数量也很少。结合中国裁判文书网与北大法宝的统计,截至 2017 年 6 月,仅可查到两例判例。其他证券相关的犯罪,如编造并传播证券、期货交易虚假信息罪、诱骗投资者买卖证券、期货合约罪等相关犯罪更是罕见。因此,与证券行政执法案件数量众多不同,除了内幕交易行为以外的其他证券违法违规行为很少可以真正进入刑事司法程序,成为刑法规制的对象。

(二)证券违法犯罪现状分析

在解读上述证券犯罪现状时,需要注意的是,证券犯罪刑事司法案件数量与证券犯罪现状的关联性有限,单凭案件数量不足以说明当前证券犯罪的现状和证券市场违法违规行为的严重性。证券犯罪暗数较大,进入刑事司法程序的案件仅仅反映犯罪明数部分,在暗数缺乏足够的实证资料支持的情况下,难以以此推定证券犯罪的真实情况。因此,证券执法需要借助以下内容进行解读:

第一,证券市场复杂多变,违法违规行为相对隐蔽、专业,证据搜集困难,导致该领域内的执法难度高,降低了犯罪行为暴露的可能性。例如,在证券发行市场中,犯罪人利用资源优势进行内部操作,加上受害者不特定,且难以察觉自身利益受到侵害。而在证券交易市场中,犯罪人利用受害人的无知进行犯罪,罪行暴露需要时间,有一定的滞后性。比起金融市场的实际参与者,公安机关缺乏相关的专业知识技能,也在一定程度上制约着案件侦查水平。证券犯罪的专业性和复杂性进一步导致在证券犯罪侦查过程中,"实际主要的侦查工作大多由证券监管行政部门完成,公安机关主要的工作变成核实和转化行政执法机关的证据"[①]。然而,即使对于更靠近金融市场的证券监管机构而言,证券期货市场案件之复杂同样对案件查处构

[①] 杨瑷华:《证据法视野下对查办证券内幕交易罪两个问题的探讨》,载《湘潭大学学报》(哲学社会科学版)2017 年第 1 期。

成巨大的挑战。现实中,"有一些特殊案件,违法嫌疑很大,但由于案情复杂,难以获取关键证据,致使案件长期不能查清"①。证券期货市场案件普遍具有资金数额巨大、划转路径复杂、交易电子化程度高、涉及地域广泛等特点,案件认定客观需要获取资金划拨、信息传播、技术运用、人员关系等多方面的海量证据加以支撑,而巨量取证问题长期以来制约着执法效率。即使执法手段不断提升,相关措施更加完善,也不能忽略的现实是,违法违规行为也在"提升""完善"。从 2016 年出现的证券期货违法违规案件整体情况来看,行为动机更加复杂,违法手段新型化、隐蔽化更明显。② 例如,在 2016 年发现的某起市场操纵案中,违法者利用"看不穿"的账户频繁变换方式交易。表面上只存在 60 多个"伞中伞"信托账户,实际上,背后却是分布在 10 多个省份,超过 10 万个终端用户。③

第二,证券犯罪刑事司法情况受到执法技术的限制。证监会是证券违法违规行为的天然发现者,比起刑事司法机关,证监会更接近金融活动本身,因此,大多数的违规行为均始于证监会的行政调查。于是,证监会的行政调查能力对证券犯罪的发现非常重要。2014 年底,证监会建立了"六位一体"线索渠道结构。④ 2015 年,证监会立案案件 345 件,同比增长 68%,对 767 个机构和个人作出行政处罚决定或行政处罚事先告知,同比增长超过 100%,当年罚没款金额 54 亿余元,超过此前十年罚没款总和的 1.5 倍。⑤ 最新数据也显示,2016 年,证监会系统受理的有效线索 603 件中,启

---

① 肖钢:《积极探索监管执法的行政和解新模式》,载《行政管理改革》2014 年第 1 期。
② 参见《2016 年度证监会稽查执法情况通报》,载证监会网站,http://www.csrc.gov.cn/pub/newsite/jcj/gzdt/201702/t20170227_312733.html,2017 年 6 月 20 日访问。
③ 参见马婧妤:《今年证券稽查执法讲密切关注四大趋势》,载《上海证券报》2017 年 2 月 20 日第 3 版。
④ 即以交易所一线监控、举报系统、舆情监测系统为基础,以派出机构、会内日常监管部门和会外相关监管机构线索报送机制为补充的"六位一体"线索渠道结构。
⑤ 参见《2015 年度证监会稽查执法情况通报》,载中国政府网,http://www.gov.cn/xinwen/2016-01/15/content_5033276.htm,2017 年 6 月 20 日访问。

动调查率达到 91%,较去年同期增长 18 个百分点,线索发现及处理工作质量效率均有所提升。① 同时,2016 年全年行政处罚决定数量、罚没款金额均创历史新高,市场禁入人数也达到历史峰值,沪深交易所累计对 A 股上市公司发出 2195 份监管类函件。② 此外,随着 2013 年大数据系统的引入,扭转了证券案件查处难的局面。以老鼠仓为例,从 2009 年老鼠仓正式以利用未公开信息交易罪进入刑法犯罪圈到 2013 年大数据系统上线之间,仅仅有 7 例老鼠仓案件被发现,③其中还包括不构成犯罪的老鼠仓行为,老鼠仓行为的犯罪黑数非常高。案件查处主要依靠现场检查或他人举报,渠道十分有限。而到 2014 年,如前文提及,仅上海地区一年,就有 18 件利用未公开信息交易案件由检察院审查起诉。由此可见,借助于大数据技术手段,老鼠仓的犯罪暗数有了明显的降低。可以预测的是,随着证监会稽查技术的提升,越来越多的证券违法违规行为会浮出水面,并借助行刑衔接机制,进入刑事司法领域,打上证券犯罪的烙印。

第三,证券犯罪刑事司法情况一定程度上反映了当年执法资源投入情况。2015 年,证监会于 4 月底启动"2015 证件法网"专项执法行动。4 月末到 7 月初,针对股市快速上涨的态势,集中打击虚假陈述、操纵市场、变造虚假信息以及新三板领域出现的违法违规行为。随后,针对股市异常波动的状况,集中打击场外配资领域违法违规、操纵市场行为。相应地,2015 年,操纵市场案件立案共计 71 起,数量创新高,同比增长 373%。④ 在此背

---

① 参见《2016 年度证监会稽查执法情况通报》,载证监会网站,http://www.csrc.gov.cn/pub/newsite/jcj/gzdt/201702/t20170227_312733.html,2017 年 6 月 20 日访问。
② 参见谷枫、杨坪:《逮鼠打狼数据观:证监会行政处罚达峰值,交易所发 2195 份监管函》,载《21 世纪经济报道》2017 年 1 月 9 日。
③ 根据证监会的案情发布,期间发生的老鼠仓案件有 2010 年长城基金的韩刚、涂强、刘海案,以及黄林案、许春茂案、郑拓案、李旭利案,2011 年的季敏波案、夏侯文案,2012 年无相关案件。参见 http://www.csrc.gov.cn/pub/newsite/jcj/aqfb/,2017 年 6 月 20 日访问。
④ 参见《2015 年度证监会稽查执法情况通报》,载中国政府网,http://www.gov.cn/xinwen/2016-01/15/content_5033276.htm,2017 年 6 月 20 日访问。

景下,2015年6月,出现了第一起滥用高频程式化交易引起的操纵期货市场案件,即伊世顿公司操纵期货市场案。该案于2017年4月21日由上海市第一中级人民法院开庭进行了审理,目前尚未宣判。2016年,证监会安排了针对信息披露及中介机构违法以及老鼠仓的专项执法行动,相关案件类型快速增长。中介机构新增立案25件,同比增长67%;老鼠仓案件新增立案28件,同比增长87%。预计相关案件类型的变化也会在刑事执法中有所体现。

因此,出于以上因素的考量,仅仅依据证券犯罪刑事执法案件数量甚至行政执法数量进行政策调整的合理性是存在疑问的。正如有学者所指出的,"根据短期内案件数量的增减就线性推理出证券执法政策应走向'宽松'还是'紧缩',均有失严谨与科学"①。然而,这不能完全否认上述案件数量统计对于我们认识证券犯罪现状的价值。结合上述分析,至少可以明确以下三点:

其一,案件数量的增加和类型的变化说明整体上对证券违法违规行为打击力度和广度的增加。据此,我们可以把握当前公共政策的趋势,思考刑事立法与司法在其中的定位与作用。

其二,证券犯罪与证券违法违规案件数量和类型存在一定程度的重合说明当前刑法规制受到金融监管政策的影响。据此,我们得以反思证券犯罪刑法规制与证券监管之间的关系,探寻二者的协调配合机制,并体现刑法规制的独立价值。

其三,证券犯罪与证券违法违规案件数量和类型存在一定程度的差异诠释了当前刑法规制与行政执法之间的错位。据此,我们可以对照证券监管现状反思证券犯罪刑事立法设计与司法执行的偏好及其合理性,寻求提

---

① 毛玲玲:《证券刑法的矛盾样态及反思》,载《中外法学》2014年第3期。

升刑法规制效果的合理进路。

据此,再进一步言及证券犯罪刑法规制的边界,或更具现实意义。

二、证券犯罪刑事政策的价值导向

理论上,讨论证券犯罪刑事政策所遵循的价值,主要表现在功利与公正两个方面。有学者提出,当前证券犯罪刑事政策价值追求的定位是功利优先、兼顾公正,受限于证券市场的发展现状,由于我国证券监管追求的是"繁荣和发展证券市场,保证证券市场高效运行,维护市场经济秩序,最终维护社会稳定",即首先追求监管的功利价值。而公正价值仅仅在"不公正危及影响市场的稳定和安全、阻碍市场效率,破坏市场经济秩序、严重影响社会稳定"以至于功利价值难以维系的时候,才得以从保证功利价值实现的角度,暂时地越过功利价值,成为监管政策需要首先遵循的价值。[①] 还有学者提出,功利与公正都应当是刑法规制证券犯罪所遵循的价值,二者同等重要。从整个金融犯罪刑事政策的角度,"刑法规制既要有利于功利价值,又要无损于公正价值,做到两大价值的交互渗透、互相辉映"[②]。然而,笔者认为,不同于证券监管政策,在调整证券犯罪刑事政策时,从以下几个方面来说,比起功利,更应当推崇公正价值。

(一)公正价值是证券监管的一贯追求

第一,证券市场的公平、公正属于证券监管的目标。我国《证券法》中也明确规定,证券立法是"为了规范证券发行和交易行为,保护投资者的合法权益,维护社会经济秩序和社会公共利益,促进社会主义市场经济的发展"。对于证券市场监管而言,就是按照"公开、公平、公正"三公原则,保护

---

① 参见汪明亮:《证券犯罪刑事政策的价值追求和现实选择——"牛市内幕交易第一案"杭萧钢构案引发的思考》,载《政治与法律》2008年第6期。
② 彭少辉:《从内幕交易罪看金融市场的刑法规制》,载《中国检察官》2010年第6期。

市场参与者的权益。世界各国证券立法中大多都有"公开、公正、公平"的要求。国际证券监管委员会组织(IOSCO)也明确将保证证券市场的公平、效率和透明作为证券监管的目标之一。同时,国际证监会组织在《章程》序言中规定:"证券监管机构决议共同合作,确保从国内市场和国际层次更好地监管市场,以保持公正和有效的市场"。可见,保证市场的公平、公正是公认的证券监管目标。

第二,证券监管对中小投资者保护的强调突显公平、公正的价值要求。当前证券监管尤其强调中小投资者保护。"中小投资者保护既是监管工作的目的地,也是出发点"[1]。国际证监会也将保护投资者视为证券监管的目标之一,确定证券监管目标时将投资者保护作为证券监管的首要目标予以强调。在我国证券市场投资者的统计中,中小投资者占据相当高的比例。截至2016年年底,上海证券交易所市场的投资者股票开户总数为1.93亿户,个人投资者账户占比达到99.48%。[2] 中小投资者在信息获取渠道、投资知识水平、风险防范能力等方面均处于劣势,容易成为证券市场的牺牲者。同时,我国证券市场根植于政府引导的经济转型背景,在目前的证券市场上,政府行为对资源配置具有重要影响,上市公司的控制权主要在政府。因此,证券市场背后所反映的政府间利益博弈成为监管处理的重心。相比之下,在目前低下的中小投资者法律保护水平之下,中小投资者成为弱势群体,无法参与利益博弈,合法利益易被忽视。因此,监管应确保各种类型的市场参与者在市场中获得平等的待遇和信息服务,提升中小投资者在市场中的地位,强化对中小投资者的保护,均暗含着公平、公正的价值要求。

第三,当下证券监管的内容事实上已经体现了公平、公正的理念。尽管

---

[1] 朱宝琛:《证监会:加强监管,为投资者提供更多服务》,载《证券日报》2017年3月15日。
[2] 参见上文。

对此人们很难形成普遍公认的指标,并且由于涵盖面广泛、模糊,更是增加了衡量的难度,但是,从目前证券监管的传统重点内容即内幕交易、信息披露、操纵市场三方面来看,均体现了对公平、公正理念的追求。首先,禁止内幕交易体现了对公平、公正理念的追求。禁止内幕交易制度旨在防止滥用交易双方地位不平等。内幕人获得的天然的信息优势是其他投资者无法凭借正当途径可以获得的。内幕交易如同"在玩牌时给牌做记号","威胁到国内外的工业防线",正如美国证监会所担心的,"一旦足够多的人都在牌上做记号,诚实守信的投资者就不会参加游戏了"①。为了防止交易时因内幕人滥用信息优势导致市场丧失公平公正,目前世界各国基本都设计了禁止内幕交易制度以防止证券交易双方的不平等。其次,信息披露在投资者保护和金融体系的公平问题上起着不可或缺的作用。② 证券监管确立信息披露制度以提升公众投资者的弱势地位,确保其在参与交易时能够实现自身的正当权利。"强制性披露对于中小投资者而言无异于'分配正义'的保护神"③。最后,禁止操纵市场的目标在于维护证券市场的平等有序,禁止出现操纵者的市场,误导和欺诈无疑违背了交易的公平,损害了市场的公正。

第四,即使对于证券监管追求的效率目标而言,公平、公正价值也有积极的意义。众所周知,证券市场是一个信心市场。投资者的信心来源于对证券市场运行机制的认同。如果当前证券市场的运行机制存在权利、地位、机会不平等的问题,信息不对称的负面效果严重,而监管部门对此又无所作为,未能及时予以调整,那么将严重损害投资者的信心,进而影响证券

---

① 〔美〕乔尔·范伯格:《刑法的道德界限》(第四卷),方泉译,商务印书馆2015年版,第240页。
② 参见李成、李玉良、王婷:《宏观审慎监管视角的金融监管目标实现程度的实证分析》,载《国际金融研究》2013年第1期。
③ 宋晓燕:《证券监管的目标和路径》,载《法学研究》2009年第6期。

市场的发展。有实证研究表明，一国的市场价值和效率同其法律对投资者的保护程度成正比。① 可见，公平、公正也是证券市场发展的内在需求，而监管政策的制定必须对此予以考量。

罗尔斯在论及正义的原则时曾概括道："社会和经济的不平等应这样安排，使它们（1）被合理地期望适合于每个人的利益；并且（2）依系于地位和职务向所有人开放。"② 即罗尔斯正义原则中的差别原则与机会平等原则，二者均强调平等对于正义实现的必要性。"前者要求在进行分配的时候，如果不得不产生某种不平等的话，这种不平等应该有利于境遇最差的人们的最大利益，就是说，利益分配应该向处于不利地位的人们倾斜；后者要求将机会平等的原则应用于社会经济的不平等，使具有同等能力、技术与动机的人们享有平等获得职位的机会。"③ 沿着这一理念，在证券监管中，对于难以避免的信息不对称等市场问题，监管应当在制度构建、监管运行过程中关注境遇最差的人们——中小投资者的最大利益，并借助监管使得证券市场资源的分配平衡这部分人群利益。同时，在证券市场交易方面，通过禁止内幕交易、市场操纵，促进信息披露，构建机会均等的交易场景。事实上，按照罗尔斯的观点，机会均等并不能足以实现公正，制度设计需要完成的任务更多。真正的公平正义需要借助差异原则，在社会安排中最大程度地抵消诸如先天出生、经济社会优势或天赋等偶然性因素的影响。"我们必须以某种方法排除各种特定偶然性的影响，因为它们会令人们陷入冲突

---

① 参见李成、李玉良、王婷：《宏观审慎监管视角的金融监管目标实现程度的实证分析》，载《国际金融研究》2013年第1期。
② 〔美〕约翰·罗尔斯：《正义论》，何怀宏、何包钢、廖申白译，中国社会科学出版社2014年版，第47页。
③ 陈祖为：《当代西方政治哲学新论》，载郑宇硕、罗金义编：《政治学新论：西方学理与中华经验》，中国香港中文大学出版社1997年版。转引自李强：《自由主义》，吉林出版集团有限责任公司2007年版，第193页。

且诱使他们利用社会和自然偶然性来有利于自己。"①换言之,除了机会均等,证券交易制度的设计也应当最大程度地限制市场参与者先天局限的影响。至少,在考虑公正时,"应当抽象于或悬置那些关于人们及其社会地位的偶然性事实"②。可以说,如今国内或是国际证券监管均有向着这一方向演化的趋势。这一理念不仅得到认可,更是在实际操作中得到了贯彻。

(二)以公正为刑事政策价值导向符合刑法介入证券市场的定位

监管部门形成监管理念受到两大重要因素影响:对证券市场功能定位和对监管目标的认识。③

第一,以公正为刑事政策价值导向有助于弥补证券监管的不足。

首先,证券监管受到多种因素影响,具有根据短期目标适时调整的特性。政府配置资源的目标函数不仅仅是效率,还含有别的指标,比如速度、规模、市场形象,甚至还有社会稳定、民众幸福感的考虑等,这就决定了政府配置资源不可能单纯以追求效率最大化为目标,政策或监管功能或多或少会以实现社会目标为目的。④ 因此,证券监管在进行政策制定时,需要在众多指标之间进行权衡评估。现实中,效率最大化并非证券监管唯一的目标。甚至可以说,即使以"效率优先,兼顾公平"为名,监管也屡屡需要在效率与公平之间进行权衡,并且受制于当时当下的社会目标。那么,即使以"效率优先,兼顾公平"的价值导向为指引,监管政策也需要结合当时当下的社会目标解读"效率"和"公平",从而不断修正监管内容,使监管始终呈

---

① 〔美〕约翰·罗尔斯:《正义论》,何怀宏、何包钢、廖申白译,中国社会科学出版社2014年版,第105页。
② 〔美〕迈克尔·桑德尔:《公正:该如何做是好》,朱慧玲译,中信出版社2016年版,第177页。
③ 参见郝旭光、朱冰、张士玉:《中国证券市场监管政策效果研究——基于问卷调查的分析》,载《管理世界》2012年第7期。
④ 参见许小年:《转变增长方式与转变政府职能——吴敬琏、高尚全、江平、许小年四人谈》,载《财经》2005年第23期。转引自郑彧:《证券市场有效监管的制度选择——以转轨时期我国证券监管制度为基础的研究》,法律出版社2012年版,第29页。

现出实时动态变化的状态。

其次,监管政策始终是"次优"的方案和政策。沿着前文的思路,可以看出,任何监管政策或制度均需要适时平衡多种因素。"有效监管选择其实就是面临如何平衡效率与公平,起到相对公平下的最优效率的监管",所以,鉴于现实生活中难以达成理论上最优选择所需要的特定假设条件,进而,现实监管选择只能是"次优"的,而最优选择只能作为一种模型,发挥指引监管方向的作用。① 监管选择是否体现了效率或公平,是否接近理想模型,不仅需要通过制定合理的监管目标、采纳科学的监管路径进行,更需要通过"次优"监管的执行,在随后的市场表现中进行事后评估。或者说,市场的反馈是反映监管是否合理的重点所在。

最后,监管政策的执行效果受到证券市场发展现状的制约。众所周知,我国证券市场的开设是"为国有企业保驾护航",旨在为国企脱困和股份制改革服务。1996 年之后,证券市场被寄予希望,帮助国有企业输血脱困。这一设定依据的是当时的经济发展需求,在当时的时代背景下有其合理性。如今,尽管经济环境已经发生变化,我国股票市场的上市公司绝大多数依然属于国有控股公司,部分上市公司是国有垄断集团的下属企业。甚至可以说,上市公司股票价格在一定程度上反映中国国有企业的经营情况。② 证券市场的这一特征也影响了随后的监管执行。有研究表明,监管部门对于违规公司进行处罚时会考虑违规公司的产权性质,在同等违规的情况下,国有企业受到处罚的力度小于非国有企业,并且查处及时性较差。③ 在我国国有经济背景下,即使一些大型国有上市公司出现违反证券

---

① 参见郑彧:《证券市场有效监管的制度选择——以转轨时期我国证券监管制度为基础的研究》,法律出版社 2012 年版,第 29 页。
② 参见乔新生:《重新认识证券市场的功能》,载《证券时报》2016 年 3 月 14 日。
③ See Chen, D., Jiang, D., Liang, S. and Wang, F., 2011, Selective Enforcement of Regulation, China Journal of Accounting Research, 4, pp. 9—27. 转引自郝旭光、朱冰、张士玉:《中国证券市场监管政策效果研究——基于问卷调查的分析》,载《管理世界》2012 年第 7 期。

法律的情况,证券执法时也需要权衡各方利益,面临种种阻力,导致出现国有上市公司"大而不倒"的现象。加上退市机制尚不健全,证券市场优胜劣汰以及优化资源配置的功能难以实现。上市公司及其大股东违法操作损害中小股东权益的现象屡屡发生,影响了市场的公平、公正,进而损害市场参与者的合法利益。

综上所述,可以发现,证券监管及其效果受到多重现实因素影响。那么,对于实时、动态的证券监管,刑事政策是否应当追随证券监管的步伐,实时调整,保持政策理念的高度一致性?对于监管次优选择的特性和市场发展的现实制约,如何发挥刑事政策的优势,配合监管选择,弥补监管不足,使之成为最佳选择?如何体现刑事立法、司法对于证券市场发展的积极意义?显然,如果以效率优先兼顾公正来涵盖证券监管政策在现实中体现的价值导向,进而将此确定为刑事政策,未免有简化问题的嫌疑,甚至可以说,一定程度上偏离了当前证券监管的现状。因此,在确定刑事政策价值目标之前,有必要对以上问题进行回应作为确定证券犯罪刑事政策的前提。

第二,以公正为刑事政策价值导向符合刑事法的运行特征。

法强调正义。一般认为,正义蕴含公平、公正的基本内容。"正义是实定法的基本价值,是立法者的目标;与真、善、美一样,正义是绝对价值,以其自身为基础,而不是从更高价值派生出来的;平等是正义的本质。"① 按照罗尔斯的观点,对于法律和制度而言,不管如何有效率和安排有序,只要它们不正义,就必须加以改造或废除。② 在罗尔斯这里,真正的正义应当是公平的正义,正义应当在一种公平的原初状态中被一致同意。罗尔斯尤其强

---

① 张明楷:《刑法的基本立场》,中国法制出版社2002年版,第69页。
② 参见〔美〕约翰·罗尔斯:《正义论》,何怀宏、何包钢、廖申白译,中国社会科学出版社2014年版,第1页。

调平等对于正义实现的重要性。"由于每个人的幸福都依赖于一种合作体系,没有这种合作,所有人都不会有一种安逸的生活,因此利益的划分就应当能够导致每个人自愿地加入到合作体系中来,包括那些处境较差的人们。"① 换言之,从制度建构的角度来说,法律和制度所组建的合作体系应当可以对于每个人开放,使得所有人公平地具有参与合作的机会。罗尔斯倡导的正义具有一种在优先保证基本自由的框架内的平等主义的倾向。当然,"正义有着一张普洛透斯似的脸,变幻无常,随时可呈不同形状并具有极不相同的面貌"②。然而,正义原则背后隐含着的人们对于法律制度公正、公平的要求,却是难以磨灭的。甚至可以说,在法制领域,正义的原则具有普适性。由此,正义也成为法律制度构建过程中永恒的话题,公平、公正也作为正义的内容被广泛探讨。

其中,刑法尤其强调正义的价值。传统的报应理论要求刑罚的动用需满足刑罚正义。"社会通过惩罚过程的运作和对惩罚结果的确定来表述多数人接受的或通行的社会正义观念,恢复因犯罪而波动或失衡的社会整体心态。"③ 追求报应正义可谓是法律的本能,"从总体上看,任何国家、任何时期的刑事活动尤其是审判活动,总体上是在报应正义主义的旗帜下展开的"④。因此,在当前的刑法实践中,报应的主张得到较为普遍的认可,人们倾向于以刑法规定的客观危害作为报应的基础,确定惩罚适用的对象并施以刑罚,以实现对正义性的追求。

不过,在当前的证券犯罪的刑罚实践中,报应理论可以适用的犯罪类型

---

① 参见〔美〕约翰·罗尔斯:《正义论》,何怀宏、何包钢、廖申白译,中国社会科学出版社2014年版,第12页。
② 〔美〕E.博登海默:《法理学:法律哲学与法律方法》,邓正来译,中国政法大学出版社2010年版,第261页。
③ 周光权:《刑法学的向度——行为无价值论的深层追问》(第二版),法律出版社2014年版,第250页。
④ 同上书,第258页。

是十分有限的。由于证券犯罪中存在一些被害人不明显的法定犯,报应的传统理念看上去似乎失去了坚实的立足之地。因为与自然犯、被害人明显的法定犯不同,用报应理论来解释刑罚在证券犯罪中的设置与适用,困难重重。如果按照刑罚功利主义理论解释证券犯罪的刑罚实践,问题似乎变得容易。刑罚功利主义理论认为,为了预防犯罪和保全社会,刑罚应当具备根据需要适时调整的能力。进而,以对预防犯罪和保全社会进行的预判为前提,可以调整刑事政策,修订刑事立法,引导刑事司法发挥能动性。那么,对于证券犯罪而言,功利主义理论的特征似乎更为明显:根据证券市场发展的要求,国家通过刑罚设置为市场参与者的行为划定界限,以维护证券市场的秩序。实际上,证券领域公共政策对市场效率的强调和维护,更是带有浓重的功利色彩,影响了刑罚的设置和运用。

现实中,随着刑事法成文化的推进,越来越多经济领域的行为成为刑事法涵盖的内容。然而,"刑法必须应付这些法定犯,惩治这些犯罪所遵循的哲学理论,并不主要是功利主义的考虑,而是犯罪对社会的客观实际危害程度……所以,并不是对法定犯的处罚就可以远离公正目标"[1]。同时,随着法律成文化的推进,刑事法内容对于行为的评价逐渐为社会公众所接受,一些法定犯开始向自然犯转化,同样使法定犯的否定道德评价成为适用刑罚的参考。在法定犯的领域,报应理念也为公众所支持,并以此为基础讨论刑罚惩治的公正性与合理性。所以,即使在功利主义影响下,法定犯的处罚依然与公正目标紧密相连。

可见,无论是个人还是社会,心理上都有寻求公正解决问题的报应观,同时又认可追求一定的现实目标并为之付诸行动。因此,在刑事法领域,报应抑或是功利,各有其存在的价值和空间。需要注意的是,在具体情境

---

[1] 周光权:《刑法学的向度——行为无价值论的深层追问》(第二版),法律出版社2014年版,第255页。

下如何在二者之间作出选择。

其实,扩展到整个刑法领域,强调报应与预防的有机统一的观点亦不鲜见。然而,在刑事实践活动中,无论是立法还是司法,面对报应与功利相互敌对的情况,最终的结果也只能是偏向一种选择。"公正目的和功利考虑这两种刑法选择必然有一种在当时的社会条件下占上风,成为刑事实践之首选,此时,报应与功利的兼顾基本没有可能,讨论报应与预防的'有机统一'沦为纸上谈兵。"① 当面对司法适用或是立法情境时,报应与功利之间的较量必然有一个确定的胜负结果。

在我国的司法情境中,"针对具体个案、具体犯罪和具体的犯罪人而言,一旦报应目的成为首选,功利要求就被弃而不用;一旦功利需求必须满足,报应的'瓶颈'(约束力)就被突破"②。实际上,对于证券犯罪而言,在司法过程中判断证券犯罪刑罚惩治效果、是否实现政策目标是比较困难的。法官基于法律知识,能够对个案的公平正义作出判断,但却很难要求法官对案件判决对于证券市场乃至证券监管的效用作出可靠的选择。通常,法官的知识结构和经验主要体现在法律层面。一些经验丰富的法官或许可以在此基础上了解证券市场、证券监管,推测司法对于证券市场的最终效果。但是,显然,要求法官在个案判决中准确地预测司法判决在证券监管中的作用、对于证券市场产生的影响,从功利的角度进行取舍,并以此为基础进行判决,在"隔行如隔山"的今天,未免有强人所难之嫌,更增大了违反基本的报应公正理念甚至侵害人权的危险。司法效果、政策目标是否实现,令人质疑。

在我国的立法情境中,证券犯罪入罪标准和刑事责任范围的调整背后

---

① 周光权:《刑法学的向度——行为无价值论的深层追问》(第二版),法律出版社2014年版,第257页。

② 同上书,第256页。

多有着关于顺应政治、经济发展,引导证券市场发展方向的考量,从而经常表现出明显的功利主义特性。从公共政策的角度,这种情况难以避免,公共政策天然具有功利倾向。按照公共政策的理论,政策追求社会效益的最大化,是过去政策的补充和修正,也是团体利益平衡的结果,体现了统治精英的价值偏好,同时也是自利个人的群体选择。① 然而,令人担忧的是立法因过分偏向公共政策的需求而忽视刑事法运行本身要求的情况。例如,《刑法修正案(七)》在第180条中增设"明示、暗示他人从事上述交易活动"的立法,事实上就属于一种立法浪费,将原本可以借助间接正犯理论在原规范基础上可以完成的定罪工作,改为单独设立直接正犯的方式,反而增加了问题解决的难度,而"刑法与证券法之间的协调,不是在形式上追求文字相同,而是体现在违法性评价的实质效果上相互一致"②。从证券市场发展的角度来看,功利的考量容易引发"表面立法",即因急于回应市场发展需求而在立法过程中缺乏足够的基础研究,反而降低刑事法的立法质量,给未来的立法解释、司法实践设置重重障碍,未免有资源浪费之嫌。刘仁文教授就曾对当前证券犯罪立法中将证券、期货犯罪简单并列,缺乏二者差别的考量表示担忧。③

由此可见,在证券犯罪的立法和司法情境中,以功利为优先考量的政策价值,不仅难以实现,而且容易留下隐患。

实际上,从实现公正的角度,也应当对功利主义保持警醒。按照罗尔斯的思路,功利主义标准并非实现正义的合适选择。因为"没有人知道他在

---

① 以上判断来自于公共政策研究不同政治模型对公共政策的理解,分别为理性主义、渐进主义、团体理论、经营理论、公共选择理论,这些政治模型为理解公共政策的不同侧面提供了借鉴。参见〔美〕托马斯·R.戴伊:《理解公共政策》(第十二版),谢明译,中国人民大学出版社2011年版,第13—23页。
② 车浩:《从间接正犯到直接正犯——评〈刑法修正案(七)〉关于内幕交易罪的修改》,载《政法论坛》2009年第3期。
③ 参见赵希:《构建现代化的证券期货犯罪刑事制裁体系》,载《人民法院报》2016年12月14日。

社会上的地位和他的天赋,因此没有人能够修改原则以特别适合他们自己的利益"。"各方不再具备通常意义上讨价还价的基础"①。此外,哈耶克也认为,个人理性受制于特定的社会生活进程:一方面,个人理性无法离开自身而检视自身的运作,理性的运作存在逻辑上的局限;另一方面,个人理性是一种根植于由行为规则构成的社会结构之中的系统,不可能脱离生产和发展个人理性的传统和社会自上而下地审视社会生活。② 所以,哈耶克倡导,必须承认所有人对于实现其目的及福利所赖以为基础的众多因素存在不可避免的无知,否则难以实现自由,无法为未知的事件的发展提供更多机会,从而难以实现文明的发展甚至维系。③ 由此可见,即使以功利为优先考量的政策价值,何为有利于市场秩序、安全、效率的功利选择,无论对于证券市场还是对于社会生活而言,尚存在争议。因此,这些来自于刑事法运行和人们认知能力的限制,削弱了将功利作为刑事政策价值导向的现实意义。此时,无论是追求稳定的立法,还是相对能动的司法,在平衡效率与公正之间,偏向公正似乎更为妥当。

三、刑法谦抑视野下的证券犯罪刑事政策

实际上,基于目前非常有限的证券犯罪数量,加上难以预估的犯罪黑数,很难从整体上评估证券犯罪控制是否得当。即使以证券违法情况为辅助,也难以使答案变得清晰。在轰轰烈烈的"零容忍"的口号下,反而映射出证券犯罪控制的无力感。毕竟,刑事司法呈现出的有限的证券犯罪数量,未必源自刑法的克制,未必斩去了刑法的臃肿,更无法当做刑法宽容的

---

① 〔美〕约翰·罗尔斯:《正义论》,何怀宏、何包钢、廖申白译,中国社会科学出版社2014年版,第108页。
② 参见邓正来:《哈耶克的社会理论——〈自由秩序原理〉代译序》,载〔英〕弗里德里希·冯·哈耶克:《自由秩序原理》(上),邓正来译,三联书店1997年版,第13、14页。
③ 参见〔英〕弗里德里希·冯·哈耶克:《自由秩序原理》(上),邓正来译,三联书店1997年版,第29页。

注解。在时时上演戏剧化发展的证券市场面前,无法验证刑法正站在了合适的位置发挥着应有的辅助功能。更何况,即使是证券监管本身,甚至全世界的金融监管,也正走在寻找恰当的监管路径的路上。换言之,我们也无法判断,是否刑罚以外的解决方式能够或者足以解决证券犯罪的问题,甚至我们从中筛选出的值得刑罚保护的法益,有时候也是模糊的。即使在已经判罚的案件中,定罪的角度、量刑的标准也时常意味着挑战与争议。更何况,还有层出不求的新型案件考验刑法的能力。刑法的限度仿佛在证券犯罪领域尤为突出。

与此同时,人们似乎从来没有对刑罚的力量失去信任。2015年6月15日开始,国内股市连续下跌,引发市场恐慌。金融监管部门曾连番出台救市措施,均未能阻止股市下跌的趋势。直至7月9日,为了稳定股市,防范金融风险,公安部进驻证监会,排查恶意卖空股票与股指线索,开展相关金融犯罪的侦查。这一天成为股市连续暴跌的转折点。尽管随后的股市另有起伏,但是股市表现的这种巧合,似乎也验证了人们对刑法的依赖,以及刑法在金融市场中无可替代的公共服务角色。显然,在证券市场的规制体系中,刑法责无旁贷。

那么,刑事政策及其领导下的刑事立法与司法该如何应对?

需要明确的是,金融犯罪刑事立法、司法与金融监管的差异。在依法治国的背景下,行政权、立法权、司法权的权力性质、属性、定位并不相同。行政权追求效率,注重政策和制度的功利效果,无可非议。立法权为社会活动画定底线,使得法律虽然有着难以克服的滞后性,但也无法抛弃长久的法律效力。公平、正义是维持法律生命力的必然要求。而司法权为社会事务作出终局性的判断,公平、正义属于应有之义。三种权力理应存在明显的边界。如果三者定位不清,分工不明,长久下去,不但有违法治建设初衷,而且难以发挥各自的功能优势。鉴于金融犯罪刑事政策的制定必须以立法、司法的特性为起点，那么，理想的情况是，在金融市场中，刑事法体系与金融监管体系互相独立，在各自在特定的范围内参与社会治理，维持各自独立的、最优的价值取向，在功能的层面上相互配合，而不是在行动方向上保持一致的步调。只有这样，才能使金融犯罪的防控目标得以落实。

也正是基于此，应当考虑提升公正在金融犯罪刑事政策价值排序中的位阶。不仅仅是因为它最适合刑事政策及其整个运行体系，也因为它与刑法谦抑的密切关系。因为市场经济的自由属性以及金融从业者的自由利益要求刑法对金融犯罪保持谦抑的价值取向，也就是需要刑法的公正价值来为金融市场乃至金融中心的建设保驾护航。①

第二节 内幕犯罪、泄露内幕信息罪与刑法谦抑

内幕交易、泄露内幕信息罪属于高发、频发的金融犯罪类型。内幕交易伤害了证券、期货交易市场的公平、公正，破坏证券、期货市场的健康发展，一直为监管和司法部门所重视。根据我国《刑法》以及2012年3月最高人民法院、最高人民检察院联合发布的《关于办理内幕交易、泄露内幕信息刑事案件具体应用法律若干问题的解释》（以下简称《内幕交易解释》），结合证券、期货两大金融市场的行政法律法规的规定，下文将分析内幕交易、泄露内幕信息罪的犯罪圈和刑罚圈，探讨内幕交易行为的刑法规制界限问题。

一、内幕交易、泄露内幕信息罪的认定

根据《刑法》第180条的规定，内幕交易、泄露内幕信息罪是指证券、期货交易内幕信息的知情人员或者非法获取证券、期货交易内幕信息的人

---

① 参见彭少辉：《从内幕交易罪看金融市场的刑法规制》，载《中国检察官》2010年第6期。

员,在涉及证券的发行,证券、期货交易或者其他对证券、期货交易价格有重大影响的信息尚未公开前,买入或者卖出该证券,或者从事与该内幕信息有关的期货交易,或者泄露该信息,或者明示、暗示他人从事上述交易活动,情节严重的行为。

（一）内幕交易人员的界定

根据《刑法》第180条的规定,目前内幕交易、泄露内幕交易犯罪的主体有两种:证券、期货交易内幕信息的知情人员和非法获取证券、期货交易内幕信息的人员。内幕信息知情人员的范围,依照法律、行政法规的规定。可见,内幕交易罪的行政犯的特征十分突出,必须借助刑法以外的其他法律法规才能确定内幕信息的含义和范围。

根据《内幕交易解释》第1条的规定,证券、期货交易内幕信息的知情人员包括《证券法》第74条规定的下列人员:(1)发行人的董事、监事、高级管理人员;(2)持有公司5%以上股份的股东及其董事、监事、高级管理人员,公司的实际控制人及其董事、监事、高级管理人员;(3)发行人控股的公司及其董事、监事、高级管理人员;(4)由于所任公司职务可以获取公司有关内幕信息的人员;(5)证券监督管理机构工作人员以及由于法定职责对证券的发行、交易进行管理的其他人员;(6)保荐人、承销的证券公司、证券交易所、证券登记结算机构、证券服务机构的有关人员;(7)国务院证券监督管理机构规定的其他人。还包括《期货交易管理条例》第81条第12项规定的下列人员:由于其管理地位、监督地位或者职业地位,或者作为雇员、专业顾问履行职务,能够接触或者获得内幕信息的人员,包括:期货交易所的管理人员以及其他由于任职可获取内幕信息的从业人员,国务院期货监督管理机构和其他有关部门的工作人员以及国务院期货监督管理机构规定的其他人员。

根据《内幕交易解释》第2条的规定,非法获取证券、期货交易内幕信息的人员包括:"(一)利用窃取、骗取、套取、窃听、利诱、刺探或者私下交易等手段获取内幕信息的;(二)内幕信息知情人员的近亲属或者其他与内幕信息知情人员关系密切的人员,在内幕信息敏感期内,从事或者明示、暗示他人从事,或者泄露内幕信息导致他人从事与该内幕信息有关的证券、期货交易,相关交易行为明显异常,且无正当理由或者正当信息来源的;(三)在内幕信息敏感期内,与内幕信息知情人员联络、接触,从事或者明示、暗示他人从事,或者泄露内幕信息导致他人从事与该内幕信息有关的证券、期货交易,相关交易行为明显异常,且无正当理由或者正当信息来源的。"即非法手段型、特定身份型、积极联系型的非法获取内幕信息的人员。

可见,在刑事立法中,我国内幕交易主体采用了"知情人员和非法获取内幕信息的人"的二分法界定。然而,整体上,证券、期货内幕交易主体法律规定依然缺乏明确性。

一方面,关于内幕信息的知情人范围,《刑法》采取空白罪状的形式,要求参照其他法律、法规来确定具体的特征。根据《证券法》第74条第7款中关于国务院证券监督管理机构规定的其他人这部分内容,则因超越了《立法法》第8条规定的只有法律才能制定犯罪与刑罚的要求,有不当扩大刑法的处罚范围之嫌。[1]《刑法》采取空白罪状的形式,使得处罚范围模糊,也削弱了刑事处罚的根基。另外,有学者也指出,《刑法》《内幕交易解释》《证券法》以及《期货交易管理条例》对知情人员的规定只是从外延或者人员种类范围上所作的划定,并非从内涵上界定这类人员,因此,应当以交易行为进行时行为人是否具有与特定的内幕信息相关的管理地位、职务或者业务作为考察内容。[2] 可见,目前对于知情人员的规定,仅仅初步划定了范围,并

---

[1] 参见张祥宇:《证券内幕交易罪主体问题研究》,载《上海政法学院学报》(法治论丛)2016年第1期。

[2] 参见肖中华:《内幕交易、泄露内幕信息罪之规范解释》,载《法治研究》2016年第4期。

没有使主体特征变得清晰。

另一方面,关于如何界定非法获取内幕信息的人,同样引发了理论界和实务界的争议。有观点认为,"非法"意味着获取内幕信息进行交易的途径应当是违法的。① 而有观点则认为,"只要非内幕信息知情人员获得了其不该知悉的内幕信息,不管其使用了什么方式,都属于非法获取"②。相应的,对于《内幕交易解释》上述规定的理解也不尽相同。《内幕交易解释》第2条规定:非法获取证券、期货内幕信息的人员是指通过非法手段知悉证券、期货内幕信息的人员,按照这个解释,可以明确地看出,对于非法获取,仅仅指以非法方式获取内幕信息的人员为内幕交易罪的主体。③ 相反,有学者则认为,《内幕交易解释》尽管沿用了《刑法》两类主体用语,但是在界定"非法获取内幕信息的人"时并没有限制主语,具有强烈的认同内幕交易主体涵盖获悉内幕信息的任何人的解读倾向。④ 只不过,如果按照这种解释方式,《证券法》第74条实际上就没有存在的必要,因为"只要规定任何知悉内幕信息的人都不得交易就界定了内幕交易的主体范围,根本不需要费劲列举各类主体了"⑤。

实际上,内幕交易主体二分法也给司法实践带来了挑战。例如,在"杭萧钢构内幕交易案"中,陈玉兴与杭萧钢构公司成都办事处主任罗晓君喝茶聚会时了解到了内幕信息,随后进行了相关操作。由于陈玉兴不属于

---

① 参见张祥宇:《证券内幕交易罪主体问题研究》,载《上海政法学院学报》(法治论丛)2016年第1期。
② 刘宪权:《证券期货犯罪理论与实务》,商务印书馆2005年版,第350页。
③ 参见张祥宇:《证券内幕交易罪主体问题研究》,载《上海政法学院学报》(法治论丛)2016年第1期。
④ 参见曾洋:《证券内幕交易主体识别的理论基础及逻辑展开》,载《中国法学》2014年第2期。
⑤ 彭冰:《内幕交易行政处罚案例初步研究》,载张育军、徐明主编:《证券法苑》(第三卷)(上),法律出版社2010年版,第108页。转引自曾洋:《证券内幕交易主体识别的理论基础及逻辑展开》,载《中国法学》2014年第2期。

《证券法》列举的"知情人",只能以"非法获取内幕信息的人"认定。但是陈玉兴是在聚会期间无意中从杭萧钢构工作人员处获得内幕信息,按照常理难以认定其采取"非法获取"。按照当时刑法学界的通说,"非法获取内幕信息"应当是采取非法手段或途径获取信息,被动获取不应当构成犯罪。因此,在本案中,公诉机关通过大量事实证明陈玉兴不是被动听到内幕信息,而是主动采取"套取"的非法手段获得内幕信息,以赢得法院的支持。①

然而,如果从客观的违法性论出发,将违法性的实质界定在对法益的侵害与威胁方面,那么违法性与行为人的主观能力以及有无故意、过失均没有关系,只要现实侵害或威胁到法益即可。沿着这一思路,或可以将内幕交易犯罪的主体扩展到所有知情人。同时,按照信息平等理论,证券市场中所有主体均拥有平等获悉信息的机会,内幕交易是对这种法律上公平与公正的践踏。② 因此,从上述角度出发,不难得出应当以任何知情人作为内幕交易的主体的结论。与此同时,从司法机关的角度来说,鉴于司法机关难以取得相应的证据区别"故意地偷听"和"偶尔地听到",如果将"非法"限定为"故意地非法",将大大增加指控非内幕人员犯本罪的难度。③ 于是,一些司法机关实践中也倾向于支持放宽对"非法"的理解,降低指控的阻力。因此,可能的结果是,虽然刑法中采用了"内幕信息的知情人""非法获取内幕信息的人"的表述并由此引发了一些争议,但是支持宽泛理解内幕交易主体范围的理论探讨更容易受到司法实践的支持,内幕交易、泄露内幕交易主体范围已经出现扩张至所有知情人的倾向。

但是,如果对这种倾向不加以限定和预防,极有可能导致犯罪圈的过度

---

① 参见陈海鹰、朱卫明、叶建平:《泄露内幕信息罪、内幕交易罪的若干问题探析——由"杭萧钢构案"展开》,载《法治研究》2008 年第 3 期。

② 参见曾洋:《证券内幕交易主体识别的理论基础及逻辑展开》,载《中国法学》2014 年第 2 期。

③ 参见王政勋:《证券、期货内幕交易、泄露内幕信息罪研究》,载《中国刑事法杂志》2003 年第 4 期。

扩张,违背刑法谦抑理念。有学者提出,虽然原则上任何知悉内幕信息的人都是知情人,但知情人与获取内幕信息之间应当具有因果联系和非偶然标准。为了证券市场的健康有序发展,应当适当放宽知情人认定的形式限制,以"知悉"作为知情人认定的实质标准,但是根据因果联系和非偶然性标准,将"偶然知悉"内幕信息的行为人排除在知情人之外。① 还有学者提出,需要判断主体是否负有禁止交易的义务,义务来源既可以是身份上的特殊性,也可以是行为人的先行行为所导致的义务。② 在刑事司法层面,对于内幕交易、泄露内幕信息罪的主体范围,也有所取舍。例如,对于被动型获取内幕信息的人员能否认定为非法获取内幕信息的人员依然未能达成共识,因此,并未成为《内幕交易解释》认定的犯罪主体,但如果与传递信息的人员具有犯意联络,则可能构成内幕交易、泄露内幕信息罪的共犯。③ 尤其需要注意的是,行政法与刑事法的标准不同,行政违法行为与刑事犯罪的社会危害程度不同,因此,在行政处罚层面,为市场监管的需要,内幕交易行为主体扩展至所有人并无问题。但是,在犯罪认定时,有必要对内幕交易行为的主体进行限制,尤其需要防范根据行政认定直接判定犯罪主体资格的做法。犯罪行为主体的认定应当按照刑事法的原则和逻辑独立判断,结合法益被侵害的严重程度,并严格遵循刑事证明标准,将主体的认定主导权交由法官,预防出现行政违法与犯罪"无缝衔接"的危险。

(二) 内幕信息的界定

我国《刑法》第180条并没有直接规定何为内幕信息,仅仅在第3款中

---

① 参见吴昉昱:《我国证券内幕交易主体之理论解读与规则构建》,载《政治与法律》2015年第7期。
② 参见张祥宇:《证券内幕交易罪主体问题研究》,载《上海政法学院学报》(法治论丛)2016年第1期。
③ 此处,被动型获取内幕信息人员必须是非内幕信息知情人员的近亲属或者与其关系密切的人,并且必须明知是内幕信息知情人员泄露的内幕信息或者明知是他人非法获取的内幕信息。参见苗有水、刘晓虎:《〈关于办理内幕交易、泄露内幕信息刑事案件具体应用法律若干问题的解释〉的理解与适用》,载《人民司法》2012年第15期。

规定依照法律、行政法规的规定来确定。目前,相关的规则体系主要包括以下内容:

根据《证券法》第75条的规定,证券交易活动中,涉及公司的经营、财务或者对该公司证券的市场价格有重大影响的尚未公开的信息,为内幕信息:"(一)本法第六十七条第二款所列重大事件①;(二)公司分配股利或者增资的计划;(三)公司股权结构的重大变化;(四)公司债务担保的重大变更;(五)公司营业用主要资产的抵押、出售或者报废一次超过该资产的百分之三十;(六)公司的董事、监事、高级管理人员的行为可能依法承担重大损害赔偿责任;(七)上市公司收购的有关方案;(八)国务院证券监督管理机构认定的对证券交易价格有显著影响的其他重要信息。"根据《期货交易管理条例》第81条第11款的规定,内幕信息是指可能对期货交易价格产生重大影响的尚未公开的信息,包括:国务院期货监督管理机构以及其他相关部门制定的对期货交易价格可能发生重大影响的政策,期货交易所作出的可能对期货交易价格发生重大影响的决定,期货交易所会员、客户的资金和交易动向以及国务院期货监督管理机构认定的对期货交易价格有显著影响的其他重要信息。可见,《证券法》《期货交易管理条例》均采用了"内涵界定+外延列举"的立法模式。但是,从具体内容看,证券、期货市场中的内幕消息还是存在显著差异的。从上述条文中可以看出,证券市场的内幕信息涉及的主要是有关公司的经营、财务或者其他对公司证券市场价格

---

① 包括:"(一)公司的经营方针和经营范围的重大变化;(二)公司的重大投资行为和重大的购置财产的决定;(三)公司订立重要合同,可能对公司的资产、负债、权益和经营成果产生重要影响;(四)公司发生重大债务和未能清偿到期重大债务的违约情况;(五)公司发生重大亏损或者重大损失;(六)公司生产经营的外部条件发生的重大变化;(七)公司的董事、三分之一以上监事或者经理发生变动;(八)持有公司百分之五以上股份的股东或者实际控制人,其持有股份或者控制公司的情况发生较大变化;(九)公司减资、合并、分立、解散及申请破产的决定;(十)涉及公司的重大诉讼,股东大会、董事会决议被依法撤销或者宣告无效;(十一)公司涉嫌犯罪被司法机关立案调查,公司董事、监事、高级管理人员涉嫌犯罪被司法机关采取强制措施;(十二)国务院证券监督管理机构规定的其他事项。"

有重大影响而未公开的信息,强调信息源主要来自于证券标的公司;而期货市场的内幕信息则是对期货交易价格产生重大影响的政策信息或者客户资金和交易动向,并未强调特定期货合约与信息的关联性。① 所以,国家政策以及交易所会员、客户的资金和交易动向等很少构成证券内幕信息,但却更可能构成期货市场的内幕信息。

目前,对于内幕信息应当具备哪些特征,理论上争议很大。有学者认为,内幕信息应具有两个特征:未公开性和敏感性。② 有的学者则认为,秘密性和重要性是内幕信息的特征。③ 有的观点指出,内幕信息应当有三个基本要素,即为内幕人员所知悉、属于未公开的信息、具有价格敏感性。④ 有观点则支持内幕信息应当具有未公开性、重大性和确切性三个特征。⑤ 还有学者认为,认定内幕信息应当具备四个条件:一是尚未公开的信息;二是真实、准确的信息,以区别于利用谣传的证券、期货操纵行为或虚假陈述的欺诈行为;三是与可转让证券发行人或可转让证券有关的信息;四是影响证券、期货市场价格波动的信息。⑥ 而有学者则认为,内幕信息的四个条件应当具备重要性、未公开性、相关性与准确性。⑦

尽管存在多种观点,但是从目前的制度体系看,重要性和秘密性依然属于内幕信息的核心特征。其他特征可以被二者所涵盖、消解。正如有学者

---

① 参见陈洁、曾洋:《对"8·16光大事件"内幕交易定性之质疑》,载《法学评论》2014年第1期。
② 参见薛瑞麟:《金融犯罪研究》,中国政法大学出版社2000年版,第262页。
③ 参见胡启忠:《金融犯罪论》,西南财经大学出版社2001年版,第268页;闻志强:《内幕信息的认定标准和司法适用分析》,载《西南交通大学学报》(社会科学版)2015年第1期。
④ 参见郭立新、杨迎泽主编:《刑法分则适用疑难问题解》,中国检察出版社2000年版,第86页。
⑤ 参见胡光志:《论证券内幕信息的构成要素》,载《云南大学学报》(法学版)2002年第4期。
⑥ 参见孙昌军、易建华:《关于内幕交易罪几个问题的研究》,载赵秉志主编:《新千年刑法热点问题研究与适用》(下),中国检察出版社2001年版,第842—844页。
⑦ 参见张小宁:《论内幕交易罪中"内幕信息"的界定》,载《昆明理工大学学报》(社会科学版)2009年第3期。

指出的,相关性并非内幕信息的特征,真实性或客观性内涵于重要性而不应作为判断内幕信息的独立标准,有关涉案信息在交易当时是否客观存在、相对确定的判断是对重要性特征的实质解释、合理延伸。①

关于内幕信息的重要性,我国《证券法》第75条规定以是否对公司证券的市场价格有重大影响来判断重要性,而《期货交易管理条例》则在界定内幕交易时指明"可能对期货交易价格产生重大影响的尚未公开的信息"。然而,必须承认的是,重要性是一个非常具有弹性的概念。其认定需要综合各方面考量确定是否会对证券、期货的市场价格产生实质性的影响。在进行重要性判断时,主观上,通常以普通投资者的合理判断为前提,如理性的普通投资者并不认为该信息是重要的,则不能得出该信息足以影响公众判断的程度;客观上,也需要参考信息公开前后的价格是否发生重大的实质性变动。同时,可以结合"客观、相对确定性"的标准对涉案信息是否具有重要性、属于内幕信息进行判断。② 尽管《证券法》并没有将信息的真实性或客观性视为内幕信息的特征,但是司法实践中对此的关注与争议并不鲜见。显然,如果行为人依据谣传、猜测进行证券、期货交易,或者散播该信息,就不应以内幕交易或泄露内幕信息行为进行追究。而行为人如果只是根据具有抽象可能性、事实上尚未确定的信息进行交易,即使交易者主观上认为该信息具有影响市场交易价格的重要性,据此进行交易或泄露信息,该信息也不属于内幕信息。另外,相对的确定性意味着只需要与公开的信息性质基本一致,并不要求信息达到完整准确的标准。③ 此外,在判断

---

① 参见肖中华:《内幕交易、泄露内幕信息罪之规范解释》,载《法治研究》2016年第4期。
② 同上。
③ 例如,在肖时庆受贿、内幕交易案中,肖时庆作为中石化下属上市公司财务顾问,从光大证券总监处获知光大证券拟借壳中石化下属上市公司北京化二有限公司,与中石化正在谈判过程中,于是,肖时庆指使他人多次买入让壳公司北京化二有限公司的股票。后来证明,借北京化二之壳的是国元证券而非光大证券。肖时庆获知的信息虽然存在错误,但是"北京化二让壳重组"这一基本事实已经客观存在且相对确定,并未影响最终的定罪量刑。

交易行为是否受到内幕信息的影响时,司法实践中并不要求内幕信息是影响行为人交易决定的唯一因素,"只要行为人获取的内幕信息对促进其交易决定有一定的影响,即帮助其在一定程度上确信从事相关交易必定获得丰厚的回报,就应当认定行为人是利用内幕信息从事内幕交易"[①]。

与此同时,内幕信息的秘密性判断与内幕信息敏感期起始终止的确定密切相关。根据《内幕交易解释》,内幕信息敏感期是判断"非法获取证券、期货交易内幕信息的人员"的要素之一。同时,内幕信息敏感期的认定直接影响到证券交易成交额、期货交易占用保证金数额、获利或者避免损失数额的计算以及其他情节的认定,影响内幕交易犯罪的定罪量刑,因此往往成为案件争议的焦点。

根据《内幕交易解释》第 5 条的规定,内幕信息敏感期是指内幕信息自形成至公开的期间。内幕信息必须以在国务院证券监管机构指定的报刊、媒体发布的方式公开。关于内幕信息公开之时的认定,《内幕交易解释》中对于内幕信息的公开时间采用"形式公开论"的认定方法,[②]只需要审查内幕信息在中国证券监督管理委员会制定的媒体披露内容和时间,并结合中国证监会出具的认定意见作出判断即可。然而,从行政监管与司法实践来

[①] 指导案例第 756 号:《肖时庆受贿、内幕交易案——因获取让壳信息而只是他人购买让壳公司股票,后借壳公司改变的,是否影响内幕信息的认定》,载《刑事审判参考》(总第 85 集),法律出版社 2012 年版。

[②] 关于内幕信息公开时间的认定,理论上存在两种不同的标准。"形式公开论"认为,只要内幕信息依照法定形式予以披露,即为公开。"实质公开论"则主张,内幕信息被一般投资者广泛知悉和理解方可以认定内幕信息公开。其中,作为"实质公开论"最具代表性的"有效市场理论"认为,判断内幕信息公开与否应当以该信息是否对市场产生有效影响为标准,即内幕信息通过任何方式披露后,必须经过市场充分消化吸收并引发证券、期货交易价格波动后,才能认定该信息真正公开。目前,我国《证券市场内幕交易行为认定指引(试行)》第 11 条规定,内幕信息公开,是指内幕信息在中国证监会指定的报刊、网站等媒体披露,或者被一般投资者能够接触到的全国性报刊、网站等媒体揭露,或者被一般投资者广泛知悉和理解。可见,证监会采取"形式公开论"与"实质公开论"相结合的标准。但由于"实质公开论"的实施以高度发达的证券市场和高超水平的判断主体为背景,不符合当前我国证券市场的发展现状,加上"实质公开论"的抽象性给司法实践带来困难,并且由于我国停牌制度的设立,内幕信息形式公开也能产生实质公开的效果,因此,《内幕交易解释》仅仅采取"形式公开论"。参见王涛:《内幕信息敏感期的司法认定》,载《中国刑事法杂志》2012 年第 11 期。

看,由于信息在不同时间点公布的详略不同,内容侧重不同,因此,确定具体的内幕信息公布时点依然存在认定上的困难。例如,处理并购重组信息时,除了并购重组信息本身会对股价产生重大影响外,并购重组的方式、交易的具体价格也都具有相当的重要性,在公布之前也都可能构成内幕信息。① 此时,涉及几个内幕信息敏感期的判断,如何确定具体起止日期,均是现实挑战。

关于内幕信息的形成时间的判断则较为复杂。根据《内幕交易解释》第5条,《证券法》第67条第2款所列的"重大事件"的发生时间,第75条规定的"计划""方案"以及《期货交易管理条例》第85条第11项规定的"政策""决定"等的形成时间,认定为内幕信息的形成之时。但是,对于能够影响内幕信息形成的动议、筹划、决策或者执行人员,应当区别于普通的内幕信息的知情人员,内幕信息的敏感期应当自其动议、筹划、决策或者执行初始时间开始起算。② 可见,内幕信息形成时间的认定分为两种情况:一种是将相关法定的"重大事件""计划""方案""政策""决定"等的发生或形成时间视为内幕信息的形成时间;一种针对特殊人群,即影响内幕信息形成的动议、筹划、决策或者执行人员,由于他们对自身行为所产生的市场影响具有较高的确信度,并且这类人员深度参与了内幕信息的形成过程,所以将其动议、筹划、决策或者执行的初始时间认定为内幕信息的形成时间。尽管《内幕交易解释》作出了如此区分,但是在具体案件中,从动态的信息形成过程中截取某一时间点进行认证,依然存在难度,需要充分的论证。尤其是,内幕信息的类型多达数十项,加上每个案件的具体情况存在差异,确认统一的或类型化的形成标准存在现实的困难。对此,有学者认为,可以通

---

① 参见彭冰:《内幕交易行政处罚案例初步研究》,载《证券法苑》2010年第3卷,第86—130页。
② 参见苗有水、刘晓虎:《〈关于办理内幕交易、泄露内幕信息刑事案件具体应用法律若干问题的解释〉的理解与适用》,载《人民司法》2012年第15期。

过建构类型化司法判断规则,同时辅以更接近个案专属特征的指导性案例细化例外情形的司法裁判规则予以解决。① 司法实践中,也有相反意见,认为受制于现实案件的多样性、复杂性,类型化司法判断规则难以形成,反而不如在《内幕交易解释》作出的判断标准之上,着重以一项基本原则为核心进行判断,即"某事实的发生是否表明相关重大事项已经进入实质操作阶段并具有很大的实现可能性"。当信息体现该原则时,信息才会对证券、期货的交易价格产生重大影响,进而据此认定内幕信息的形成。②

如今,如何界定内幕信息依然众说纷纭,现实事件中的界定问题依然存在大量的争论空间。2013年轰动一时的光大乌龙指事件中,光大证券利用系统错单交易信息在股指期货市场、ETF基金中对冲交易,被证监会认定为内幕交易。通报中指出,"根据《证券法》第七十五条第二款第(八)项和《期货交易管理条例》第八十二条第(十一)项的规定,'光大证券在进行ETF套利交易时,因程序错误,其所使用的的策略交易系统以234亿元的巨量资金申购180ETF成分股,实际成交72.7亿元'为内幕信息"。然而,关于错单交易是否构成内幕信息,在认定过程中出现了大量争议。光大证券在乌龙指事件之后为了弥补亏损而采取的行动定性为内幕交易的合法性、合理性也受到质疑。证监会(2013)20号《市场禁入决定书》中提到:"本案是我国资本市场上首次发生的新型案件,虽然《证券法》和《期货交易管理条例》列举的内幕信息主要是发行人自身相关的信息或与政策相关的信息,但同时规定证监会有权就具体信息是否属于内幕信息进行认定。"对此,正如有学者所言,"证监会的坦言似乎暗示将错单交易信息视为内幕信息仍有探讨的必要",本案中将内幕信息的范围扩展到发行人自身范围之

---

① 参见谢杰:《内幕信息形成时间司法认定问题研究——以法释[2012]6号司法解释第5条为中心的刑法解析》,载《中国刑事法杂志》2013年第5期。

② 参见王涛:《内幕信息敏感期的司法认定》,载《中国刑事法杂志》2012年第11期。

外的外部信息还需要更为充分的法理依据。① 同时,证监会强调自身有权就具体信息是否属于内幕信息进行认证,暗示着如何确定内幕信息的认定标准,并非仅仅是一个法解释学方面的问题,背后也存在着监管部门对证券期货市场运行、监管政策的全局性考量。无论是法律适用的技术层面还是证券期货市场运行规律的角度,光大乌龙指事件中的处理结果在法律规则的准确把握和市场逻辑的理性坚守方面均值得商榷。② 而这些现实,进一步加剧了内幕信息认定的难度。可以确定的是,当相对更加专业的监管部门对于内幕信息的界定并不明朗的情况下,刑事责任的追究应当采取更加谨慎的态度。对于在行政监管中还存在性质争议的情况,除非明确符合罪行法定的严格要求,否则不宜动用刑罚手段进行追究。

(三) 内幕交易行为的界定

根据《刑法》第180条的规定,需要承担刑事责任的内幕交易行为有四类,即买入或者卖出该证券,从事与该内幕信息有关的期货交易,泄露该内幕信息,明示、暗示他人从事上述交易活动。实施以上任何一种行为均可构成犯罪。

根据具体行为的差异,行为人可以被认定为内幕交易罪、泄露内幕信息罪或者内幕交易、泄露内幕信息罪。实际上,内幕交易罪和泄露内幕信息罪的区别在于行为人自己是否在知悉内幕信息后实际实施了买卖证券、期货合约的行为。如果仅仅泄露内幕信息,或者明示、暗示他人从事相关交易的,成立泄露内幕信息罪;如果自己从事相关交易的,则成立内幕交易罪。如果二者皆有,则应当认定为内幕交易、泄露内幕信息罪。如果在同一案件中,从事了与某一内幕信息有关证券、期货交易,同时又泄露了另一

---

① 参见李西臣:《错单交易信息何以成为内幕信息——析证监会处罚光大证券"乌龙指"案》,载《兰州学刊》2016年第5期。
② 参见陈洁、曾洋:《对"8·16光大事件"内幕交易定性之质疑》,载《法学评论》2014年第1期。

个内幕信息的,只需认定内幕交易、泄露内幕信息罪一罪即可,并不适用数罪并罚。

其中,关于明示、暗示他人从事内幕交易活动的行为,在实践中究竟是属于内幕交易还是泄露内幕信息,判断的基础取决于交易活动是否与自身利益相关。一般情况下,明示、暗示他人从事与内幕信息有关的交易活动应当属于泄露内幕信息的行为。但是,当明示、暗示自己的近亲属从事相关交易时,鉴于行为人与交易活动实行者之间的特殊关系,存在一定程度的利益混同,应当视为自己从事相关交易。同时,如果明示、暗示他人从事相关交易,并自己从中获利的,此种情况应视为泄露内幕信息与内幕交易间接实行犯的竞合,以内幕交易定性为宜。①

在证券、期货内幕交易认定的过程中,行为人是否"知悉"或"利用"内幕信息是评价的基础要件。对于知悉而言,其对于内幕交易认定的价值在逻辑上并不存在质疑:如果不知悉内幕信息,何来内幕交易?同时,按照前文所述,内幕交易行为人已经扩充至知情所有人的情况下,行为主体的身份特征已经失去了纳入内幕交易主体立法的必要,此时,只要知悉内幕信息,其行为就有内幕交易的嫌疑。具体而言,当行为人全部或部分地参与了内幕信息形成或发展过程时,如果有直接证据证明,确定知悉并无异议。如果缺乏直接证据,目前则采取推定的形式。例如,根据《中国证监会行政处罚决定书》([2010]2号),在认定佘鑫麒知悉内幕交易时,除了列举佘鑫麒的职务外,还加入职责范围、出勤情况等方面,结合佘鑫麒的交易时点与内幕信息形成、传递和公开的时点高度重合的现象,并指出佘鑫麒本人否认知悉但未能提出可靠证据证明的情况,最终推定佘鑫麒知悉内幕信息。在证监会《中国证监会行政处罚决定书》([2017]64号)中,通过行为人冯

---

① 参见肖中华:《内幕交易、泄露内幕信息罪之规范解释》,载《法治研究》2016年第4期。

玉露的身份职责和工作关系、日常联络内容,加上异常交易行为等证据判断其知悉内幕信息。需要注意的是,这种推定的方式虽然在行政处罚中常见,但依然可以被相反证据推翻,上述行政处罚决定书中均明确行为人没有提供充分合理解释或提出的证据不能推翻认定事实。因此,如果在刑事司法中运用,需要采用更严格的证据证明要求以排除合理怀疑,达到刑事诉讼法所要求的证据确实、充分标准,以控制刑罚的打击面。

同时,关于内幕交易行为是否包含"利用内幕信息"的要求,即认定内幕交易究竟应采取"利用"还是"知悉"标准,也存在争议。对此,制度层面也存在差异。《证券法》第73条规定:禁止证券交易内幕信息的知情人和非法获取内幕信息的人利用内幕信息从事证券交易活动,采取了"知悉＋利用＝内幕交易"的判断标准。但是,《证券法》第76条、第202条,《刑法》第180条均没有对此作出明确的表述,反而采取的是"知悉＋交易＝内幕交易"的立法模式。同时,在相关的行政法规、规范性文件和司法解释中,"利用"的规定也存在分歧。实际上,在司法实践中,鉴于"利用"事实上反映的是交易者的主观状态,需要司法机关判断交易者如何进行交易活动。因而对于司法机关来说,认定行为人"利用"内幕信息存在现实困难。有学者认为,《刑法》并没有将利用内幕信息作为行为认定的要求,但是如果行为人构成犯罪的情况下,行为人的交易和泄露行为应当与内幕信息具有关联性。① 只要从时间吻合程度、交易背离程度和利益关联程度等方面证明内幕交易与内幕信息有关即可。② 但也有学者认为,内幕交易行为认定必须包含"利用内幕信息"要件。从本质上,内幕交易犯罪惩处的并非交易本身,而是源于利用具有操作性或欺骗性的方法进行与之相关联的证券、期

---

① 参见刘宪权:《金融犯罪刑法学新论》,上海人民出版社2014年版,第336页。
② 参见肖中华、马渊杰:《内幕交易、泄露内幕信息罪认定的若干问题——以"两高"司法解释和证监会规章的比较为视角》,载《贵州大学学报》(社会科学版)2013年第1期。

货交易,其目的是为了防止内幕交易的知情人员以及非法获取内幕信息的人员滥用信息优势。如果忽视该逻辑起点,法律就失去了规制的基础。同时,仅仅采用"知悉＋交易＝内幕交易"的认定模式,容易导致司法实践中过宽的打击范围,影响市场的稳定和公平。① 尤其是,随着金融市场的发展,当运用丰富的金融工具从事专业性和量化的长期操作时,如果仅仅以行为人知悉了内幕信息并进行了交易就认定为内幕交易犯罪,反而会削弱投资者参与金融市场的动力,制约金融市场的发展。例如,做市商参与的交易、安定操作中的承销商交易、具有规范的信息隔离机制的委托交易等交易中,均存在符合制度设计初衷,不违背内幕交易预防目的的"知悉＋交易"的情况,此时如果以违法犯罪一概而论,不仅形成了过宽的打击面,影响市场公平,而且违背了金融交易本身的发展规律。②

具体到司法实践中,是否要求"利用内幕信息"也存在不同的司法态度。在黄光裕案件中,法院认为,被告人黄光裕"作为证券交易内幕信息的知情人员,在涉及对证券交易价格有重大影响的信息尚未公开前,买入该证券,且内幕交易成交额及其所控制的股票账户在内幕信息公告日的账面收益额均特别巨大,情节特别严重",其行为已经构成内幕交易罪。可见,本案中,并未强调利用行为,而采用了"知悉"的认定标准。但是,在上海祖龙案中,被告人是否利用内幕信息是裁判说理关注的重点之一。判决书结合案情对被告人是否具有主观故意进行了论证:"被告人对股票投资的风险有相当的认知,其高息筹集资金买卖创兴科技,意图非常明确……一方面积极推进创兴科技的资产注入计划,另一方面积极组织资金用于买卖创兴科技",进而得出被告人具有利用内幕信息买卖股票的故意。于是,有学者提出,

---

① 参见陈晨:《内幕交易犯罪司法实务演进研究》,载《证券法苑》2016年第18卷,第416—433页。

② 参见曾洋:《证券内幕交易的"利用要件"》,载《环球法律评论》2013年第6期。

"在法律规则明确规定不采用'利用要件'的情况下,现实案件裁判却仍被反复提及,正是清楚地表明了该要件的存在价值:内幕交易行为本身的自然属性决定了,内幕交易的构成要件,'利用要件'是一个绕不过去的逻辑节点。"[1]基于此,即使司法实践中存在"利用"的证明之难,也无法从法理上支持消除利用要件的必要性。另外,比起司法证明的难度,金融市场的公平、公正才是内幕交易定罪量刑的逻辑起点。加上为复杂的证券期货市场发展空间考虑,也应当慎用过宽的刑事打击面。

对此,《内幕交易解释》在沿用《刑法》第180条思路,认定内幕交易时并未提及"利用"。但是,《内幕交易解释》列举了内幕交易的法定豁免情形,实际上给内幕交易行为认定留下了弹性的操作空间。其中第4条规定,不属于《刑法》第180条第1款规定的内幕交易情况有:"(一)持有或者通过协议、其他安排与他人共同持有上市公司百分之五以上股份的自然人、法人或者其他组织收购该上市公司股份的;(二)按照事先订立的书面合同、指令、计划从事相关证券、期货交易的;(三)依据已被他人披露的信息而交易的;(四)交易具有其他正当理由或者正当信息来源的。"尤其是最后一项兜底条款,强调存在交易有正当理由或有正当信息来源的情况。换言之,即使存在知悉且有交易的情况,实际上也可以通过这一条件予以豁免,只不过豁免的范围、程度尚需进一步解释。

实际上,在证监会的执法中,通常会采取推定的方式,从客观行为推导出主观上利用内幕信息的特征,即采取综合知悉与(敏感期的异常)交易一同推定利用的法律推定认定规则。因此,判断何为内幕交易敏感期内的异常交易就成为重要因素。根据《内幕交易解释》第3条的规定,判断"相关交易行为明显异常",要综合以下情形,从时间吻合程度、交易背离程度和

---

[1] 曾洋:《证券内幕交易的"利用要件"》,载《环球法律评论》2013年第6期。

利益关联程度等方面予以认定:"(一)开户、销户、激活资金账户或者指定交易(托管)、撤销指定交易(转托管)的时间与该内幕信息形成、变化、公开时间基本一致的;(二)资金变化与该内幕信息形成、变化、公开时间基本一致的;(三)买入或者卖出与内幕信息有关的证券、期货合约时间与内幕信息的形成、变化和公开时间基本一致的;(四)买入或者卖出与内幕信息有关的证券、期货合约时间与获悉内幕信息的时间基本一致的;(五)买入或者卖出证券、期货合约行为明显与平时交易习惯不同的;(六)买入或者卖出证券、期货合约行为,或者集中持有证券、期货合约行为与该证券、期货公开信息反映的基本面明显背离的;(七)账户交易资金进出与该内幕信息知情人员或者非法获取人员有关联或者利害关系的;(八)其他交易行为明显异常情形。"在此基础上,从客观事实角度进行推定,并赋予法定的抗辩理由,排除了四种情形,即:"(一)持有或者通过协议、其他安排与他人共同持有上市公司百分之五以上股份的自然人、法人或者其他组织收购该上市公司股份的;(二)按照事先订立的书面合同、指令、计划从事相关证券、期货交易的;(三)依据已被他人披露的信息而交易的;(四)交易具有其他正当理由或者正当信息来源的。"

然而,在何种情况下可以推翻上述推定,并不清晰。例如,在《中国证监会行政处罚决定书》(李际滨、黄文峰)([2010]29号)一案中,证监会认为:"根据《证券法》的规定,内幕信息知情人'知悉'内幕信息后从事了相关证券的买入或者卖出,就可以推断其买卖行为系'利用'了内幕信息,除非有充分的理由与证据排除这种推断。本案中,虽然不排除二位当事人独立的'分析判断'可能会对其交易行为有一定的影响,但由于其交易行为本身已经符合《证券法》第二百零二条内幕交易违法行为的构成要件,且证明其利用内幕信息从事内幕交易的相关证据清楚而有说服力,当事人的辩解不足以推翻对其内幕交易行为的认定。"这里,证监会虽然在一定程度上承认二位当事人独立的"分析判断"可能会对其交易行为有所影响,但也只是简单说明行为人辩解不足以推翻对其内幕交易行为的认定。显然,在推定规则依然有待进一步明确与完善的情况下,刑事司法对此应当体现出更加保守、谨慎的态度。

最后,《内幕交易解释》笼统地将证券与期货交易违法行为合并规制,对于二者的实质差别欠缺考量。整体上,目前对于期货交易违法违规行为缺乏明确的认定标准,如如何区分交易或与其他交易场所、合法与非法变相期货交易等方面尚且没有统一标准,给监督执法带来现实困难。在民事法律层面,我国关于期货市场交易者民事赔偿制度的主要规定——《最高人民法院关于审理期货纠纷案件若干问题的规定》中并没有规定内幕交易的侵权责任,也没有相关期货市场违法违规行为的民事责任认定、损失计算、举证责任、责任承担、因果关系等内容。因此,在刑事法律层面,期货交易违法违规行为的认定和追责更加困难。从市场功能方面看,证券市场是投融资平台,融资方通过发行直接或间接融资产品获取资本,而期货市场是根据标准化合约在未来一定时间内实现实物或现金交割的平台,具有价格发现功能。二者功能不同,规制违法违规行为的重点理应有所区分。有学者提出,由于期货市场相关交易品种的交易价格与交易量同时受到期货合约的供求关系和现货市场相关商品或者基础资产的交易价格与交易量影响,期货内幕交易较证券内幕交易更加复杂多变,期货内幕信息与期货内幕交易行为均体现出跨市场性,因此,期货内幕交易应当围绕交易跨市场性的特征进行有针对性的规则建构。[①] 如今,经历了20多年的发展,我国上市期货期权品种已达52个,覆盖了农产品、金属、能源和化工等国民经济主要产业领域,对金融体系乃至整个经济的影响逐渐加深。但是,目前期货

---

① 参见谢杰:《最新内幕交易犯罪司法解释的缺陷与规则优化》,载《法学》2012年第10期。

市场规制体系尚不完全,刑法治理更是简单粗糙,虽然相关制度的完善只是时间的问题,但是考虑到以内幕交易为代表的违法行为对市场发展的负面影响,刑罚是否介入、如何介入问题值得尽早提上日程。

(四)情节严重的认定

根据《内幕交易解释》第 6 条和第 7 条的规定,情节严重的情形包括:"(一)证券交易成交额在五十万元以上的;(二)期货交易占用保证金数额在三十万元以上的;(三)获利或者避免损失数额在十五万元以上的;(四)三次以上的;(五)具有其他严重情节的。"情节特别严重包括以下情形:"(一)证券交易成交额在二百五十万元以上的;(二)期货交易占用保证金数额在一百五十万元以上的;(三)获利或者避免损失数额在七十五万元以上的;(四)具有其他特别严重情节的。"

但是,结合《内幕交易解释》实施过程中引发的争议来看,上述标准看似清晰,实则存在问题,有标准虚置的嫌疑。一方面,证券内幕交易与期货内幕交易仅仅以"证券交易成交额"与"期货交易占用保证金"加以区分,意味着《内幕交易解释》对期货市场保证金交易的特点,"对期货内幕交易犯罪的核心要素是否与相应的证券内幕交易犯罪存在实质性或者重大量化差异问题没有进行考察"[1]。过于简化的区分将削弱规则的实用性。另一方面,内幕交易犯罪"情节严重"标准过低长期受到理论界的诟病,[2]实践中行政处罚的内幕交易案件数额大多远超内幕交易犯罪情节严重标准且并未进入刑事追诉程序。于是,导致入罪标准虚置限制司法的作用,并且留下了选择性执法的巨大空间,不利于司法公平、公正。"如果在行政处罚和刑事处罚的过程中,通过大致估算或'估堆'来在这两者之间'拨来拨去',那将是

---

[1] 参见谢杰:《最新内幕交易犯罪司法解释的缺陷与规则优化》,载《法学》2012 年第 10 期。
[2] 参见刘宪权:《论内幕交易犯罪最新司法解释及法律适用》,载《法学家》2012 年第 5 期。

一件非常可怕的事情。"①

在实践中,还有一项时常引发争议的内容是判断情节严重、情节特别严重以及罚金适用基数的违法所得的计算。所谓内幕交易的违法所得,指的是证券、期货交易内幕信息的知情人员或者非法获取内幕信息的人员,在涉及证券的发行以及证券、期货交易或者其他对证券、期货交易价格有重大影响的信息尚未公开前,买入或者卖出该证券,或者从事与该内幕信息有关的期货交易,或者基于因泄露而获悉内幕信息的交易所获得的利益或者避免的损害。对此,《刑法》《内幕交易解释》给出了笼统的表述,但是具体到认定标准,并没有形成统一的操作性规则,引发了理论和实践中饱受争议的一系列问题。一般认为,行为人利用内幕消息买进卖出实际交易所获取的利益理应计入犯罪数额。但是,当行为人利用利好消息买进未卖出或者只卖出部分证券期货时,其间发生的价格上升但是尚未套现的利益部分,如何计算?鉴于内幕交易过程同时也是时间经过过程,其间不同的时间节点对认定犯罪数额的意义不同,如何确定基准时间,决定了违法所得的认定。违法所得的确定不仅作为犯罪数额标准之一影响定罪,直接作为内幕交易危害程度的判断标准,而且成为刑罚的依据,决定宣告刑的轻重,并成为追缴的对象。因此,违法所得的确定成为案件中控辩双方常见的争议焦点之一。

本质上,内幕交易犯罪的"原罪"即为信息优势的滥用。即刑法反对任何人将个人收益建立在其特别拥有的内幕信息之上。所以,无论是利好还是利空信息,原则是应当适用实际成交差额规则计算内幕交易所实现的经济价值,即以建仓成本与平仓金额之间的价差认定内幕交易违法所得。如果过程中出现其他市场因素的介入,理想的状态则是摒除其他市场因素的

---

① 张心向:《我国证券内幕交易行为之处罚现状分析》,载《当代法学》2013年第4期。

影响进行计算。

其一,计算违法所得应当兼顾其他市场因素对市场价格的影响。在司法审判中,其他市场因素对价格的影响经常成为辩护人质疑内幕交易违法所得计算范围过广的理由之一。但对于内幕信息究竟对市场价格产生了多大程度的影响,其他市场因素在价格变动中的作用如何等问题,证明与说理的难度很高,反而往往被司法的说理所回避。但是,如果承认内幕交易属于不当利用信息优势的情形,那么,信息优势理应与收益相关联。"内幕交易违法所得司法判断应当定位于信息价值通过金融商品交易行为直接或间接转化为实施内幕交易犯罪行为的个人经济价值。"① 所以,在司法审判中,应当承认辩护人或被告人可以将内幕信息与交易所得无关抑或是存在市场其他介入因素作为交易所得计算时的抗辩事由,只是由辨方承担举证责任,并由法院对理由和依据进行司法审查并作出符合法理的回应。这样,才能将刑法对内幕交易的危害性的回应反映到裁判中。

其二,计算违法所得应当考虑内幕信息价值的时效性。按照实际成交差额计算面临的另一个问题是,如果行为人在内幕消息公开很长时间后才陆续抛出股票,此时内幕信息的价格影响已经为市场全部吸收。倘若当前以实际平仓价格为基准计算违法所得,在市场已经充分吸收内幕信息的情况下,实际成交价格是否还属于内幕信息影响下的结果?反过来,如果行为人按照内幕信息进行了内幕交易操作之后,并赶在内幕信息公开之前迅速完成交易行为,那么,交易行为带来的收益实际上与内幕信息公布后对市场的重大影响无关,无法体现刑法所保护的内幕信息的经济价值,此时能否认定为违法所得,同样存有疑问。不过,从刑法规制内幕交易的目的来看,刑法的态度是禁止知悉内幕信息的人在内幕信息带来的信息优势存

---

① 刘宪权:《内幕交易违法所得司法判断规则研究》,载《中国法学》2015年第6期。

续期间内从事证券期货交易。如果承认内幕信息运用与个人获利之间的直接相关性，那么，在逻辑上，只有违法所得与内幕信息体现的价值存在因果联系时，才能够将其认定为内幕交易违法所得。因此，可能的进路是，"重大信息对市场具备影响能力期间内的违法所得应当予以计算；内幕信息失去影响之后，或者由其他非该重大信息因素影响下的市场价格波动所获取的利润，不能计算为内幕交易违法所得"①。由此，需要判断内幕信息的影响，其中就涉及信息优势持续时间的界定问题。换言之，违法所得的计算应当考虑"在认识到内幕信息的形式公开与社会公众消化吸收的时间差的基础上，为信息优势的存续期间设置合理的形式的标准"。因此，有学者提出参照《证券法》第45条第2款规定进行确定。② 根据该条款，在相关信息被形式公开后，行政部门设置了5日的期限保证内幕信息公开并被一般投资人所知悉、理解，消解相关专业机构和人员与社会公众在信息掌握程度上的差异。该期限或可以作为违法所得计算时的参考期限。③

其三，计算违法所得应妥善处理内幕信息经济利益与行为人持仓利益之间的对应性关系。从行为认定的角度看，一般认为，只要行为人在信息未公开前买入证券，或从事期货交易，无论事后是否平仓，均不影响内幕交易犯罪的成立。然而，具体到案发前没有平仓的交易，如何认定违法所得，确定行为危害性，现实中争议较大。司法实践中，在行为人运用利好消息实施交易的情况下，只要在内幕消息公开后抛售其所持有的证券的，无论何时，即以实际获利计算违法所得，但对于行为人未抛售的，消息兑现时按照案发日的账面所得计算，消息未兑现时按照复牌日虚拟市值计算。④ 此

---

① 刘宪权：《内幕交易违法所得司法判断规则研究》，载《中国法学》2015年第6期。
② 该款规定："为上市公司出具审计报告、资产评估报告或者法律意见书等文件的证券服务机构和人员，自接受上市公司委托之日起至上述文件公开后五日内，不得买卖该种股票。"
③ 参见郭献朝：《内幕交易罪违法所得的计算方法》，载《人民司法》2016年第22期。
④ 参见罗开卷：《利好型内幕信息复牌后未兑现的违法所得认定》，载《人民司法》2014年第8期。

外,还存在的做法是对于案发前全部未平仓的情况,司法中存在以信息公开当日收盘价作为核算违法所得基准价格;对于案发时部分未平仓的,以实际成交均价为基础核定违法所得。① 但是,上述标准似乎都不能解释行为人采取未平仓行为时对未平仓部分收益的心理预期,与行为人的主观故意存在错位。此时,在法理上拟制内幕信息经济利益与内幕交易者持仓利益之间的对应性关系,并以此核定内幕交易违法所得不可避免,值得进一步探讨。另外,对于未平仓的情况,也需要结合其他市场因素对价格的影响,尤其是有长期持有嫌疑的情形,应当注意避免不当加重刑事责任。另外,在利空消息的情况下,如果行为人没有实际抛售股票的,不宜作为犯罪处理;对于实际抛售的,证监会曾公布一个避免损失犯罪所得的计算公式:犯罪所得＝累计卖出金额—卖出证券在基准日的虚拟市值—交易费用。其中,基准日的虚拟市值是指内幕信息公开后股票复牌当日收盘价乘以已经抛售的股票数量。同时,扣除所有的交易费用。这一公式虽运用于行政处罚的情境,对于刑罚运用的环节,事实上也值得倡导。因为在避免损失的内幕交易中,"行为人购买股票时合法,必然需要售卖股票,该费用与犯罪行为本身并非存在为了犯罪而付出的直接关系,更多的是需要付出的费用被犯罪行为所利用"。所以,"交易费用并非纯粹的犯罪成本,在犯罪数额中予以扣除具有一定的合理性"②。

其四,计算违法所得应当注意限定内幕信息传递者的处罚范围和责任边界。关于内幕信息传递者的违法所得,即泄露内幕信息、建议内幕交易的违法所得计算问题,根据《内幕交易解释》第10条第2款,内幕信息的泄露人员或者内幕交易的明示、暗示人员未实际从事内幕交易的,其罚金数额按照因泄露而获悉内幕信息人员或者被明示、暗示人员从事内幕交易的

---

① 参见刘宪权:《内幕交易违法所得司法判断规则研究》,载《中国法学》2015年第6期。
② 万志尧:《内幕交易刑事案件"违法所得"的司法认定》,载《政治与法律》2014年第2期。

违法所得计算。对此,实践中常存在的问题是,如果内幕信息传递已经形成信息链,在计算信息传递者的违法所得时,是否需要将后续的其他所有内幕交易违法所得计入?如果存在传递内幕信息的情况,但信息接受者并没有从事内幕交易,如何处理?本质上,链条上所有的信息者都具有违反市场信息平等原则的嫌疑,都有可能利用信息优势获得利益。如果按照条件因果关系标准,"内幕信息连续传递至终端的整个链条上的内幕交易结果,客观上都是由初始环节的信息传递者造成",那么都应当由内幕信息的传递者承担责任,即使没有从事内幕交易行为,依然不能直接排除责任。显然,这种处理方式容易导致过大的处罚范围,并且难以设定一个有效的处罚边界或者归责边界。对此,有学者提出,可以考虑将内幕信息初始传递者的罪量限定于后续首次内幕交易违法所得,即将被建议者或被泄露者传递信息的直接接收人实施的交易行为等同于其本人行为。①

二、内幕交易、泄露内幕信息罪的刑罚设置

根据《刑法》第 180 条的规定,对触犯内幕交易、泄露内幕信息罪的犯罪人,"情节严重的,处五年以下有期徒刑或者拘役,并处或者单处违法所得一倍以上五倍以下罚金;情节特别严重的,处五年以上十年以下有期徒刑,并处违法所得一倍以上五倍以下罚金。单位犯前款罪的,对单位判处罚金,并对其直接负责的主管人员和其他直接责任人员,处五年以下有期徒刑或者拘役"。即,在刑种方面,主刑为拘役和有期徒刑,附加刑为罚金刑;在刑罚力度方面,法定最高刑为 10 年有期徒刑,个人犯罪的,适用倍比罚金制,最高金额为违法所得的 5 倍;单位犯罪的,罚金无限额。

同时,《刑法修正案(九)》规定:在《刑法》第 37 条后增加一条,作为第

---

① 参见刘宪权:《内幕交易违法所得司法判断规则研究》,载《中国法学》2015 年第 6 期。

37条之一:"因利用职业便利实施犯罪,或者实施违背职业要求的特定义务的犯罪被判处刑罚的,人民法院可以根据犯罪情况和预防再犯罪的需要,禁止其自刑罚执行完毕之日或者假释之日起从事相关职业,期限为三年至五年。"故而,证券期货从业人员利用职务之便或者违背职业要求的特定任务从事内幕交易,有可能被法院判处三到五年的从业禁止。一般认为,刑法规定的从业禁止属于保安处分,实质上是由法院判决决定采取的带有预防性质的非刑罚措施,因此《刑法》规定的从业禁止与行政处罚互相独立。虽然根据《证券法》第233条规定①,证监会可以通过行政处罚的方式对涉案证券从业人员采取市场禁入措施,但是当案件进入刑事审判环节,人民法院依然可以根据案情独立判决被告人在特定期限内不得从事证券业务。同时,即使证监会的行政处罚中并没有市场禁入措施,法院也可以依法作出从业禁止的判决。根据《最高人民法院关于时间效力问题的解释》②,该条款适用于2015年10月31日以后实施的内幕交易、泄露内幕信息罪。

从刑罚配置体系的角度,目前刑罚包括自由刑和财产刑,辅助以从业禁止措施,对于经济犯罪而言,是较为合理的处罚结构。如果以一般认为的三年有期徒刑作为轻重罪的分界线,可以看出,内幕交易、泄露内幕交易罪的自由刑设置了从拘役到10年重罪的量刑幅度,刑量跨度适中。同时,内幕交易犯罪的行为人滥用内幕信息优势牟取私利,罚金刑的适用也符合刑法处置贪利型犯罪的刑罚目的。而内幕信息优势的滥用及获利往往与职业便利相关,从业禁止的处置也有助于实现特殊预防目的。然而,具体而言,

---

① 《证券法》第233条规定:"违反法律、行政法规或者国务院证券监督管理机构的有关规定,情节严重的,国务院证券监督管理机构可以对有关责任人员采取证券市场禁入的措施。前款所称证券市场禁入,是指在一定期限内直至终身不得从事证券业务或者不得担任上市公司董事、监事、高级管理人员的制度。"

② 《最高人民法院关于时间效力问题的解释》第1条规定:"对于2015年10月31日以前因利用职业便利实施犯罪,或者实施违背职业要求的特定义务的犯罪的,不适用修正后刑法第三十七条之一第一款的规定。其他法律、行政法规另有规定的,从其规定。"

目前的刑罚设计比较粗糙,有待进一步完善,主要表现在:其一,证券犯罪与期货犯罪法定刑标准相同,难以体现证券犯罪与期货犯罪、证券市场与期货市场受害程度的区别。其二,该法定刑标准同样适用于利用未公开信息罪,难以体现内幕交易、泄露内幕信息罪与利用未公开信息罪的法律实质与经济特征。其三,单位犯罪的罚金刑没有明确处罚数额,与自然人实施内幕交易犯罪相比,缺乏区分,难以体现罪刑法定的原则,不利于司法实务的明确执法。[①] 可以说,目前刑罚圈的框架较为合理,但是由于具体内容相对粗糙,适用方面缺乏配套规则,有削减刑罚目的实现之嫌疑。

三、刑法谦抑视野下的内幕交易、泄露内幕信息罪

从上文可以看出,目前,我国关于内幕交易、泄露内幕信息罪的犯罪圈与刑罚权已经初步形成了框架,但远未完善。对照帕克关于刑事制裁谨慎使用的标准,内幕交易的刑法规制并没有完全达到。

例如,从主体的角度,内幕交易的主体界限并非没有争议。再如,虽然实践中关于主体行为与危害结果之间存在因果关系已经达成了基本共识,但是,实际上,与其他证券违法犯罪相比,内幕交易的"可责难性"并没有那么明显。[②] 即使就内幕交易行为本身而言,也很难厘清影响证券市场价格的复杂多样的因素,并从中分离出内幕交易的作用效果。另外,因为主体身份差异、行为产生的时间节点不同等因素的影响,将具体的行为进行性质认定并与刑事责任匹配依然存有难度。此外,在现实中,证券犯罪也存在"选择性执法"的现象,在传统的三大类案件中,内幕交易一直是近年来

---

① 参见赵希:《构建现代化的证券期货犯罪刑事制裁体系》,载《人民法院报》2016年12月14日。

② 有学者提出,与虚假陈述和操纵市场价格行为中的积极"欺诈"行径相比,内幕交易的"可责难性"反而没有那么明显。证券市场中所有人都是基于"信息"作出投资决策,内幕交易与交易相对人的损失之间不存在法律上的因果关系。参见顾肖荣、张国炎:《证券期货犯罪比较研究》,法律出版社2003年版,第349、350页。

的执法重点。从这一层面上看,很难说明对内幕交易的额外"关照"是公平的。

　　整体上,鉴于内幕交易、泄露内幕交易罪的案件很少,考虑到犯罪黑数,此时强调刑法的克制似乎不合时宜。但是,从内幕交易犯罪定罪量刑中暴露出的问题来看,刑法谦抑恰恰不可或缺。正是上述不足和争议的存在,才昭示着刑法谦抑的意义。一方面,当下的司法实践具有明显的弹性空间,需要以刑法谦抑为指导思想,确定司法能动的发挥余地;另一方面,鉴于当下规则的不完善,未来立法的完善只是时间问题,那么刑法谦抑则可以通过指导当前的司法,为未来立法提供经验性依据。于是,刑法谦抑便有了跨越现在与未来的价值。

主要参考文献

一、著作

陈浩然：《应用刑法学总论》，华东理工大学出版社2005年版。

陈兴良：《经济刑法学》(各论)，中国社会科学出版社1990年版。

陈学军：《金融犯罪面面观》，中国法制出版社1996年版。

陈正云：《刑法的经济分析》，中国法制出版社1997年版。

〔德〕埃里克·希尔根多夫：《德国刑法学：从传统到现代》，江溯、黄笑岩等译，北京大学出版社2015年版。

〔德〕李斯特：《德国刑法教科书》，徐久生译，法律出版社2006年版。

〔德〕卡尔·恩吉施：《法律思维导论》，郑永流译，法律出版社2004年版。

〔德〕列奥·施特劳斯、约瑟夫·克罗波西主编：《政治哲学史》，李洪润等译，法律出版社2009年版。

〔德〕罗克辛，《德国刑法学总论》，王世洲译，法律出版社2005年版。

〔德〕马克斯·韦伯：《经济与社会》(第一卷)，阎克文译，上海人民出版社2010年版。

邓宇琼：《金融犯罪案件公安实务研究》，中国人民公安大学出版社2004年版。

邓正来：《国家与社会——中国市民社会研究》，北京大学出版社2008年版。

高铭暄、马克昌：《刑法学》，北京大学出版社，2001年版，

顾肖荣、张国炎：《证券期货犯罪比较研究》，法律出版社，2003年

郭云忠:《刑事诉讼谦抑论》,北京大学出版社 2008 年版。

何荣功:《自由秩序与自由刑法理论》,北京大学出版社 2013 年版。

胡启忠:《金融刑法适用论》,中国检察出版社 2003 年版。

胡启忠,《金融犯罪论》,西南财经大学出版社 2001 年版。

胡启忠等:《经济刑法立法与经济犯罪处罚》,法律出版社 2010 年版。

劳东燕:《风险社会中的刑法:社会转型与刑法理论的变迁》,北京大学出版社 2015 年版。

黎宏,《日本刑法精义》,法律出版社 2008 年版。

李强:《自由主义》,吉林出版集团有限公司 2007 年版。

林山田:《刑法通论》(上册),北京大学出版社 2012 年版。

刘明祥、冯军等:《金融犯罪的全球考察》,中国人民大学出版社 2008 年版。

刘宪权:《金融犯罪刑法学新论》,上海人民出版社 2014 年版。

刘宪权:《证券期货犯罪理论与实务》,商务印书馆 2005 年版。

刘燕:《金融犯罪侦查热点问题研究》,知识产权出版社 2014 年版。

马克昌:《比较刑法原理——外国刑法学总论》,武汉大学出版社 2012 年版。

毛玲玲:《金融犯罪的实证研究》,法律出版社 2014 年版。

〔美〕安塞尔·M.夏普、查尔斯·A.雷吉斯特、保罗·W.格兰姆斯:《社会问题经济学》,郭庆旺译,中国人民大学出版社 2015 年版。

〔美〕保罗·萨缪尔森、威廉·诺德豪斯:《经济学》,萧琛等译,商务印书馆 2013 年版。

〔美〕道格拉斯·N.胡萨克:《刑法哲学》,谢望原等译,中国人民公安大学出版社 2004 年版。〔美〕道格拉斯·胡萨克:《过罪化及刑法的限制》,姜敏译,中国法制出版社 2015 年版。

〔美〕E.博登海默,《法理学——法律哲学与法律方法》,邓正来译,中国政法大学出版社 2004 年版。

〔美〕哈伯特·L.帕克:《刑事制裁的界限》,梁根林等译,法律出版社 2008 年版。

〔美〕凯斯·R.桑斯坦:《权利革命之后:重塑规制国》,钟瑞华译,中国人民大学出版社 2008 年版。

〔美〕理查德·波斯纳:《法律的经济分析》,蒋兆康译,法律出版社 2012 年版。

〔美〕迈克尔·桑德尔:《公正:该如何做是好》,朱慧玲译,中信出版社 2016 年版。

〔美〕迈克尔·欧克肖特:《政治中的理性主义》,张汝伦译,上海译文出版社 2004 年版。

〔美〕乔尔·范伯格:《刑法的道德界限》(第四卷),方泉译,商务印书馆 2015 年版。

〔美〕托马斯·R.戴伊:《理解公共政策》(第十二版),中国人民大学出版社 2015 年版。

〔美〕约翰·罗尔斯:《正义论》,何怀宏、何包钢、廖申白译,中国社会科学出版社 2009 年版。

〔美〕约书亚·德雷斯勒:《美国刑法精解》,王秀梅译,北京大学出版社 2009 年版。

〔美〕弗朗西斯·福山:《信任:社会美德与创造经济繁荣》,彭志华译,海南出版社,2001 年版。

曲伶俐等:《刑事政策视野下的金融犯罪研究》,山东大学出版社 2010 年版。

〔日〕大谷实:《刑事政策学》,黎宏译,中国人民大学出版社 2009 年版。

〔日〕平野龙一:《刑法的基础》,黎宏译,中国政法大学出版社 2016 年版。

〔日〕平野龙一:《刑法的基础》,黎宏译,中国政法大学出版社 2016 年版。

〔日〕西原春夫:《刑法的根基与哲学》,顾肖荣等译,法律出版社 2004 年版。

〔日〕西田典之,《日本刑法总论》(第 2 版),王昭武、刘明祥译,法律出版社 2013 年版。

谭秉学、王绪祥:《金融犯罪学概论》,中国社会科学出版社 1993 年版。

汪丁丁:《经济学思想史进阶讲义》,上海人民出版社 2015 年版。

王明星:《刑法谦抑精神研究》,中国人民公安大学出版社 2005 年版。

吴富丽:《刑法谦抑实现论纲》,中国人民大学出版社 2011 年版。

吴宗宪:《西方犯罪学》,法律出版社 2006 年版。

夏吉先:《经济犯罪与对策》,世界图书出版公司 1993 年版。

熊永明、胡祥福:《刑法谦抑性研究》,群众出版社 2007 年版。

薛瑞麟:《金融犯罪研究》,中国政法大学出版社 2000 年版。

严励等,《中国刑事政策原理》,法律出版社 2011 年版。

〔英〕F.A.冯·哈耶克:《自由秩序原理》,邓正来译,三联书店 1997 年版。

〔英〕F.A.冯·哈耶克:《个人主义与经济秩序》,邓正来译,三联书店 2003 年版。

张甘妹:《刑事政策》,台北三民书局 1974 年版。

张明楷:《刑法的基础观念》,中国检察出版社 1995 年版。

张明楷:《刑法的基本立场》,中国法制出版社 2002 年版。

张明楷:《责任刑与预防刑》,北京大学出版社 2015 年版。

张明楷:《刑法学》(第五版),法律出版社 2016 年版。

郑彧:《证券市场有效监管的制度选择——以转轨时期我国证券监管制度为基础的研究》,法律出版社 2012 年版。

中国检察学研究会金融检察专业委员会编:《金融检察与金融安全》,上海交通大学出版社 2012 年版。

周光权,《刑法学的向度——行为无价值论的深层追问》(第二版),法律出版社 2014 年版。

周光权:《行为无价值论的中国展开》,法律出版社 2015 年版。

二、论文

巴曙松,叶聃:《从制度变迁看温州金融改革》,载《中国金融》2012 年 9 月。

巴曙松:《三中全会后中国金融改革战略与趋势展望》,载《金融市场研究》2014 年第 1 期。

白建军:《金融犯罪的危害、特点与金融机构内控》,载《政法论坛》1998 年第 6 期。

白建军:《论我国银行业的刑法保护》,载《中外法学》1998 年第 4 期。

车浩:《从间接正犯到直接正犯——评〈刑法修正案(七)〉关于内幕交易罪的修改》,载《政法论坛》2009 年第 3 期。

陈辐宽:《检察机关介入金融监管的依据与标准》,载《法学》2009 年第 10 期。

陈洁、曾洋:《对"8·16 光大事件"内幕交易定性之质疑》,载《法学评论》2014 年第

1 期。

陈龙鑫:《金融犯罪控制研究:以国际金融中心建设为背景》,载《公安研究》2013 年第 10 期。

陈剩勇、李继刚:《后金融危机时代的政府与市场:角色定位与治理边界——对当前中国经济和社会问题的观察与思考》,载《学术界》2010 年第 5 期。

陈雪强:《浅议后金融危机时代我国金融犯罪的界定》,载《犯罪研究》2012 年第 5 期。

陈永生:《我国刑事误判问题透视——以 20 起震惊全国的刑事冤案为样本的分析》,载《中国法学》2007 年第 3 期。

陈正云:《波斯纳的刑法经济分析理论述评》,载《比较法研究》1996 年第 4 期。

高西有:《中国金融体制的效率评价及改革》,载《经济与管理研究》2000 年第 6 期。

官欣荣:《论证券越轨及其社会控制:关于证券市场违规违法犯罪的法社会学分析》,载《社会科学研究》2002 年第 5 期。

顾肖荣、陈玲:《必须防范金融刑事立法的过度扩张》,载《法学》第 2011 年第 6 期。

顾肖荣:《金融刑法的制度能力建设与抵御金融风险》,载《法学》2009 年第 8 期。

韩廷春:《金融生态环境对金融主体发展的影响》,载《世界经济》2008 年第 3 期。

何荣功:"社会治理'过度刑罚化'的法哲学批判",载《中外法学》2015 年第 2 期。

贺小勇:《论金融全球化趋势下的中国金融法律问题》,载《法学论坛》2000 年第 4 期。

胡业勋:《自然犯与法定犯的区别——法定犯的超常性》,载《中国刑事法杂志》载 2013 年第 12 期。

姜涛:"我国金融刑法中的重刑化立法政策之隐忧",载《中国刑事法杂志》2010 年第 6 期。

劳东燕:"公共政策与风险社会的刑法",载《中国社会科学》2007 年第 3 期。

劳东燕:"罪刑规范的刑事政策分析——一个规范刑法学意义上的解读",载《中国法学》2011 年第 1 期。

劳东燕:《公共政策与风险社会的刑法》,载《中国社会科学》2007 年第 3 期。

李西臣：《错单交易信息何以成为内幕信息——析证监会处罚光大证券"乌龙指"案》，载《兰州学刊》2016年第5期。

李义奇：《金融发展与政府退出：一个政治经济学的分析》，载《金融研究》2005年第3期。

李宜钊："功利主义：公共政策中的伦理"，载《管理科学》2003年第3期。

林山田：《经济犯罪的犯罪学理论》，载《军法专刊》第22卷第7期。

林喜芬：《中国应确立何种金融检察政策——基于宽严相济理念的思考》，载《四川师范大学学报》2013年第5期。

林喜芬、黄翀：《中国金融检察建议的现状、运行与展望——基于上海市实证数据的初步考察》，载《四川师范大学学报》（社会科学版）2014年第5期。

刘淑珺：《日本刑法学中的谦抑主义之考察》，载《刑事法评论》（第22卷）。

刘宪权：《我国金融犯罪刑事立法的逻辑与规律》，载《政治与法律》2017年第4期。

刘宪权：《内幕交易违法所得司法判断规则研究》，载《中国法学》2015年第6期。

刘宪权：《论内幕交易犯罪最新司法解释及法律适用》，载《法学家》2012年第5期。

刘晓勇：《监管者的视角：金融体制改革三十年回顾与展望》，载《经济社会体制比较》2008年第4期。

刘远：《金融欺诈的犯罪化限度及路径》，载《法治研究》2010年第10期。

刘远：《我国治理金融犯罪的政策抉择与模式转换》，载《中国刑事法杂志》2010年第7期。

刘远、赵玮：《论我国金融刑法的罪名体系》，载《政治与法律》2005年第5期。

刘远："金融刑法立法理念的宏观分析——为金融刑法改革进言"，载《河北法学》2006年9月。

刘咏梅、刘建、陈茹英：《金融检察探究》，载《人民检察》2012年第12期。

陆磊："信息结构、利益集团与公共政策——当前金融监管制度选择中的理论问题"，载《经济研究》2000年第12期。

罗培新："我国证券市场和谐生态环境之法律构建——以理念为研究视角"，载《中国法学》2005年第4期。

马克昌:《我国刑法也应以谦抑为原则》,载《云南大学学报法学版》2008年第5期。

毛玲玲:"发展中的互联网金融法律监管",载《华东政法大学学报》2014年第5期。

毛玲玲,《证券刑法的矛盾样态及反思》,载《中外法学》2014年第3期。

〔美〕路易斯·亨金:《人权概念的普遍性》,载《中外法学》1993年第4期。

潘功胜:《新常态下的中国金融改革》,载《金融论坛》2015年第6期。

彭志刚:《我国金融犯罪调查模式本土化问题》,载《江西社会科学》2013年第10期。

彭少辉:《金融犯罪新罪名司法适用的实证分析和理性反思》,载《上海市经济管理干部学院学报》2012年第1期。

钱福臣:《道德态势与社会控制模式需求定律:受西方法治思想与模式原因的新解读》,载《环球法律评论》2006年第3期。

钱小平:"中国经济犯罪刑事立法政策之审视与重构:以风险社会为背景的考察",载《政治与法律》2011年第1期。

施茂林:《金融犯罪之具象与刑事司法析论》,载《朝阳商管评论》2012年5月1日。

时延安:"刑法立法模式的选择及对犯罪圈扩张的控制",载《法学杂志》2013年第4期。

宋晓燕,《证券监管的目标和路径》,载《法学研究》2009年第6期。

苏惠渔、孙万怀:《刑法的意义与国家刑权力的调整——对人权两〈公约〉的刑法评释》,载《华东政法学院学报》2001年第2期。

苏小勇:"外资银行入股中资银行的法律问题分析——以中国银行业的历史转型为背景",载《经济研究导刊》2008年第1期。

苏新茗:《全球金融危机与金融监管改革:解决之道》,载《国际金融研究》2010年第1期。

苏永生:《刑法谦抑主义的西方图景与中国表达》,载《法学杂志》2016年第6期。

田成有:《理性主义与经验主义之争的法律视角》,载《甘肃政法学院学报》2002年第8期。

万俊人:《论市场经济的道德维度》,载《中国社会科学》2000年第2期。

万志尧:《内幕交易刑事案件'违法所得'的司法认定》,载《政治与法律》2014年第2期。

王崇青:《行政认定不应作为行政犯认定的前置程序》,载《中国刑事法杂志》2011年第6期。

王登辉:《犯罪黑数的原因与对策研究》,载《公安学刊——浙江警察学院学报》2017年第3期。

汪明亮:《证券犯罪刑事政策的价值追求和现实选择——"牛市内幕交易第一案"杭萧钢构案引发的思考》,载《政治与法律》2008年第6期。

王世洲:《刑法的辅助原则与谦抑原则的概念》,载《河北法学》2008年第10期。

王新:《危害金融犯罪的概念分析》,载《中外法学》1997年第5期。

王世洲:《德国的经济政策与经济刑法:经济犯罪互动关系研究》,载《中外法学》1999年第6期。

王涛:《内幕信息敏感期的司法认定》,载《中国刑事法杂志》2012年第11期。

王震:《刑法的宣示性:犯罪黑数给我们带来的思考》,载《烟台大学学报》(哲学社会科学版)2015年第5期。

吴昉昱:《我国证券内幕交易主体之理论解读与规则构建》,载《政治与法律》2015年第7期。

萧凯:《美国金融检察的监管功能:以暂缓起诉协议为例》载《法学》2012年第5期。

肖中华:《内幕交易、泄露内幕信息罪之规范解释》,载《法治研究》2016年第4期。

肖中华:《内幕交易、泄露内幕信息罪之规范解释》,载《法治研究》2016年第4期。

谢杰:《论融资犯罪金融风险的刑事控制》,载《新疆警官高等专科学校学报》2012年第2期。

谢杰:《最新内幕交易犯罪司法解释的缺陷与规则优化》,载《法学》2012年第10期。

谢杰:《内幕信息形成时间司法认定问题研究——以法释[2012]6号司法解释第5条为中心的刑法解析》,载《中国刑事法杂志》2013年第5期。

熊秋红:《冤案防范与权利保障》,载《法学论坛》2010年第4期。

杨兴培、朱可人:《论民间融资行为的刑法应对与出入罪标准》,载《东方法学》2012年第4期。

尹龙:《金融创新理论的发展与金融监管体制演进》,载《金融研究》2005年第3期。

殷宪龙:《我国网络金融犯罪司法认定研究》,载《法学研究》2014年第2期。

袁林、吕垚瑶、吕昭义:《金融风险防范视野下我国金融刑法创新研究》,载《西南政法大学学报》2013年第3期。

曾洋:《证券内幕交易主体识别的理论基础及逻辑展开》,载《中国法学》2014年第2期。

詹建红:《困境与出路:我国刑事程序分流的制度化》,载《当代法学》2011年第6期。

张安军:《国家金融安全动态监测分析》,载《国际金融研究》2014年第9期。

张明楷:《司法上的犯罪化与非犯罪化》,载《法学家》2008年第4期。

张明楷:"行为无价值论的疑问——兼与周光权教授商榷",载《中国社会科学》2009年第1期。

张书清:《民间借贷的制度性压制及其解决途径》,载《法学》2008年第9期。

张心向:《我国证券内幕交易行为之处罚现状分析》,载《当代法学》2013年第4期。

张雪樵:"当前民间借贷引发刑事犯罪的调查分析——以浙江省为样本",载《中国刑事法杂志》2013年第9期。

朱大旗、危浪平:《关于金融司法监管的整体思考——以司法推进金融法治为视角》,载《甘肃社会科学》2012年第5期。

赵秉志:《论我国宪法指导下刑法理念的更新》,载《河北法学》2013年第4期。

赵运锋:《金融刑法立法重刑政策评析及反思》,载《上海金融》2011年第5期。

周晓亮:《西方近代认识论论纲:理性主义与经验主义》,载《哲学研究》2003年第10期。